D1697697

BANK- UND FINANZWIRTSCHAFTLICHE FORSCHUNGEN   BAND 226

Institut für
Schweizerisches Bankwesen
der Universität Zürich

Schweizerisches Institut für
Banken und Finanzen
an der Universität St. Gallen

Moderne Performance-Messung

Ein Handbuch für die Praxis

von
Prof. Dr. Heinz Zimmermann
Dr. Markus Rudolf
Dr. Stefan Jaeger
Dr. Claudia Zogg-Wetter

Verlag Paul Haupt Bern · Stuttgart · Wien

Heinz Zimmermann (1958), Dr. rer. pol., ist Professor für Volkswirtschaftslehre mit Schwerpunkt Finanzmarkttheorie an der Universität St. Gallen und Direktor am dortigen Schweizerischen Institut für Banken und Finanzen (s/bf-HSG). Daneben ist er Dozent an der Universität Basel und Mitglied verschiedener Verwaltungsräte im Finanzdienstleistungsbereich. Er studierte Wirtschaftswissenschaften an den Universitäten Bern, Rochester N.Y. und am MIT, Cambridge.

Stefan Jaeger (1965), Dr. oec. HSG, ist geschäftsführender Partner der ALMAFIN AG in St. Gallen. Er studierte Wirtschaftswissenschafen mit den Schwerpunkten Finanzmarkttheorie, Ökonomie und Bankbetriebswirtschaftslehre an der Universität Zürich und promovierte an der Universität St. Gallen mit einer Arbeit über Anlagestrategien für Pensionskassen. Er ist überdies als Dozent für Finanzmarkttheorie tätig.

Markus Rudolf (1966), Dr. oec. HSG, studierte Betriebswirtschaftslehre und Mathematik an der Universität Trier. Nach seiner Assistententätigkeit am s/bf-HSG bei Prof. Dr. Heinz Zimmermann lehrt er seit dem 1. Januar 1995 als Dozent an der Universität St. Gallen Finanzmarkttheorie. Er promovierte an der HSG mit einer Arbeit über Portfoliotheorie und Portfolio Insurance.

Claudia Zogg-Wetter (1963), Dr. oec. HSG, studierte an der Universität St. Gallen Wirtschaftswissenschaften mit der Vertiefungsrichtung Quantitative Wirtschafts- und Unternehmensforschung. Während ihrer Tätigkeit als wissenschaftliche Mitarbeiterin am s/bf-HSG beschäftigte sich hauptsächlich mit empirischen Fragen zu Derivativmärkten und Performance-Messung und promovierte an der Universität St. Gallen mit einer Arbeit zur Informationsleistung des SMI-Futuresmarktes. Zur Zeit arbeitet sie in der Privatwirtschaft im Bereich Risk Management von Banken.

Die Deutsche Bibliothek – CIP-Einheitsaufnahme

Moderne Performance-Messung : Ein Handbuch für die Praxis /
von Heinz Zimmermann ...
– Bern ; Stuttgart ; Wien : Haupt, 1996
(Bank- und finanzwirtschaftliche Forschungen ; Bd. 226)
ISBN 3-258-05398-7
NE: Zimmermann, Heinz ; GT

Vorwort

Das vorliegende Buch ist eine Einführung in die modernen Methoden der Performance-Messung. Diese Verfahren wurden seit den sechziger Jahren parallel zum Fortschritt der Finanzmarktforschung entwickelt und haben die Leistungsbeurteilung im professionellen Asset Management nachhaltig geprägt. Eine Vielzahl wissenschaftlicher Arbeiten machen die Performance-Messung heute zu einer breiten und aktiven Forschungsrichtung innerhalb der angewandten Finanzmarkttheorie. Der Themenbereich ist entsprechend vielfältig: Probleme der Renditemessung, Einsatzmöglichkeiten von Mehrfaktormodellen bei der Performance-Attribution und bei der Beurteilung des Investments Styles gehören ebenso zum Gegenstandsbereich der Performance-Messung, wie die Beurteilung des Anlageerfolgs unter dem Gesichtspunkt des Shortfall-Risks oder des Anlage- oder Reporting-Zeithorizonts. Ein zunehmend wichtiges Thema ist schliesslich die Ausgestaltung optimaler, anreizkompatibler Management-Fees. Das vorliegende Buch ist eine Einführung in die vielfältigen Fragestellungen. Es wird versucht, die einzelnen Themen auf anschauliche Weise darzustellen und den Beitrag der Forschung aufzuzeigen. Eine einführende Arbeit kann hingegen nie den neuesten Stand der Forschung widerspiegeln, insbesondere in einem Bereich, der starken Veränderungen und Innovationen unterworfen ist. Über Survivorship-Bias, Performance-Messung mit zeitvariablen Risikoparametern, Schätzrisiken, etc. wird man deshalb im vorliegenden Buch wenig erfahren; sie würden den Rahmen eines Einführungstextes sprengen. Die im Buch behandelten Themen waren Gegenstand verschiedener Forschungsarbeiten und Ausbildungsaktivitäten des Schweizerischen Instituts für Banken und Finanzen der Universität St. Gallen. Die Autoren danken den Mitarbeiterinnen und Mitarbeitern des Instituts für viele wertvolle Kommentare und Anregungen. Für die redaktionelle Unterstützung sind wir Petra Fässler, Jürgen Krüger, Christian Pirkner und Susanne Schär zu grossem Dank verpflichtet.

St. Gallen, im März 1996   Prof. Dr. Heinz Zimmermann
       Dr. Markus Rudolf
       Dr. Stefan Jaeger
       Dr. Claudia Zogg-Wetter

Inhaltsverzeichnis

Kapitel 1

Einleitung: Performance-Messung und strategische Vermögensallokation 1

1.1 Einleitung..2

1.2 Performance-Messung und strategische Vermögensallokation 4

1.3 Anforderungen an die Performance-Messung 8

1.4 Wachsender Stellenwert der Performance-Messung 14

1.5 Aufbau des Buches 17

1.6 Literatur 19

Kapitel 2

Rendite und Risiko.. 23

2.1 Grundlagen..24

2.2 Durchschnittsrenditen 25

2.3 Durchschnittsrendite mit Ein- und Auszahlungen 28

2.4 Stetige Renditen..31

2.5 Volatilität von Renditen..35

2.6 Inflation, Risiko und Renditen schweizerischer Anlagen..................................39

2.7 Portfolios...44

2.8 Betas..48

2.9 Zusammenfassung 54

2.10 Literatur 55

Kapitel 3

Kapitalmarktorientierte Performance-Messung 57

3.1 Literaturübersicht..58

3.2 Performance-Messung als Teil des Asset Managements....................................63

3.3 Passives und aktives Portfoliomanagement..65

3.4 Risikoadjustierte Performance-Messung 67

3.5 Messen von Markt-Timing 77

3.6 Die Wahl des richtigen Benchmarks..82

3.7 Zusammenfassung 83

3.8 Literatur 84

Kapitel 4

Performance-Attribution 89

4.1 Grundlagen..90

4.2 Performance-Attribution für eine Pensionskasse............................93

4.3 Performance-Attribution mit einer Währungskomponente 98

4.4 Probleme des Grundmodells...103

4.5 Zusammenfassung 106

4.6 Literatur 107

Kapitel 5

Identifikation des Investment Style mit einem Asset-Class-Faktormodell...... 109

5.1 Einleitung..110

5.2 Mehrfaktormodelle als Ausgangspunkt 111

5.3 Das Asset-Class-Faktormodell von Sharpe 113

5.4 Management Style von schweizerischen Aktienfonds......................115

5.5 Zusammenfassung 126

5.6 Anhang: Einige Betrachtungen zum Bestimmtheitsmass...................127

5.7 Literatur 129

Kapitel 6

Management Fees – eine ökonomische Betrachtung 131

6.1 Heutige Situation 132

6.2 Leistungsabhängige Vermögensverwaltungsgebühr........................133

6.3 Bestimmung der Basis-Fee 138

6.4 Bestimmung der optimalen Leistungspartizipation 138

6.5 Anreizeffekte von Performance Fees..142

6.6 Grundprobleme bei der Umsetzung..145

6.7 Zusammenfassung 148

6.8 Literatur 149

Kapitel 7

Shortfall Risk 151

7.1 Einleitung 152

7.2 Rekapitulation der Portfoliotheorie 152

7.3 Einführung in den Shortfall Risk Approach 155

7.4 Der Shortfall-Risk-Ansatz 158

7.5 Portfoliooptimierung unter Shortfall-Restriktionen 161

7.6 Die Efficient Shortfall Frontier 163

7.7 Telser-Kriterium 165

7.8 Shortfall Risk und Pensionskassenmanagement 166

7.9 Zusammenfassung 170

7.10 Literatur 171

Kapitel 8

Optionen und Ausfallrisiko 175

8.1 Strategische Steuerung des Ausfallrisikos mit Optionen 174

8.2 Eine historische Langzeitanalyse der Absicherungseffekte einer Put-Strategie 179

8.3 Der Risiko-Rendite-Tradeoff aufgrund von Optionspreisen 183

8.4 Exkurs: Das Schreiben von Call-Optionen auf vorhandene Aktienbestände 184

8.5 Ist die Ausfallwahrscheinlichkeit ein geeignetes Mass
    zur Feststellung von Ausfallrisiken? 186

8.6 Ein alternativer Ansatz zur Messung von Ausfallrisiken:
    Lower Partial Moments (LPM) 188

8.7 Die modifizierte Effizienzlinie 189

8.8 Optionen, Ausfallvolatilität und effiziente Risikoabsicherung 191

8.9 Zusammenfassung 193

8.10 Literatur 194

Kapitel 9

Zeithorizont, Anlagestruktur und Performance 199

9.1 Rendite, Varianz und Zeithorizont: Statistische Grundlagen 198

9.2 Zeithorizont und Portfoliozusammensetzung im Mean- Variance-Portfolio-
Selektionsmodell 202

9.3 Ausfallwahrscheinlichkeit und Zeithorizont: Aktienrisiko in der
kurzen und langen Frist 205

9.4 Ausfallwahrscheinlichkeit, Zeithorizont und Anlagestruktur 207

9.5 Performance und Zeithorizont 211

9.6 Risiko als Put-Optionspreis und der Effekt des Anlagezeithorizonts 214

9.7 Langfristige Optionen und dynamische Replikation: Der Einfluss des Anlagezeithori-
zonts 217

9.8 Anwendung: Anlagehorizont versus Planungshorizont bei Vermögensanlagen und Kon-
sequenzen für die Performance 223

9.9 Zusammenfassung 226

9.10 Literatur 227

Abbildungsverzeichnis

Abbildung 1.1: Vier Dimensionen der Performance-Messung..5
Abbildung 1.2: Performance-Messung im Asset-Management-Prozess 6

Abbildung 2.1: Verteilung der stetigen Aktienrenditen 1926-1990 35
Abbildung 2.2: Verteilung der stetigen Obligationenrenditen 1926-1990 36
Abbildung 2.3: Sharpe-Ratio einer Diversifikation zwischen schweizerischen Bonds und Ak-
tien...47

Abbildung 3.1: Performance-Messung als Bestandteil des Asset Managements 63
Abbildung 3.2: Verschiedene Ebenen des Investitionsmanagement-Prozesses 66
Abbildung 3.3: Messen der Überschussrendite gegenüber der Security Market Line
(Jensen-α)..69
Abbildung 3.4: Statistische Performance-Messung: Valsuisse-Fonds 01/1984 bis 10/1990 ...70
Abbildung 3.5: Unterschied zwischen der Treynor-Ratio und dem Jensen's Alpha..............74
Abbildung 3.6: Verzerrung der Jensen-Measure bei Timing-Aktivitäten 78
Abbildung 3.7: Relevanter Benchmark bei Markt-Timing..79

Abbildung 4.1: Performance-Attribution nach Brinson/Hood/Beebower (1986)....................90
Abbildung 4.2: Performance-Komponenten eines aktiven Portfolios 93

Abbildung 5.1: Geschätzte Portfolioanteile von Namenaktien, Inhaberaktien und
Partizipationsscheinen in schweizerischen Anlagefonds...121
Abbildung 5.2: Geschätzte Portfolioanteile von hoch-, mittel- und schwachkapitalisierten
Aktienindizes in schweizerischen Anlagefonds 123

Abbildung 6.1: Break-even-Punkt zwischen Flat Fee und Performance Fee 141
Abbildung 6.2: Entwicklung der Performance Fee in Abhängigkeit der Volatilität des
Portfolios...143
Abbildung 6.3: Performance Fee in Abhängigkeit der Korrelation zwischen Portfolio und
Benchmark...143

Abbildung 7.1: Efficient Frontier, gebildet aus zwei Asset-Klassen......................................155
Abbildung 7.2: Wahrscheinlichkeitsverteilung von stetigen Aktienrenditen 156
Abbildung 7.3: Wahrscheinlichkeitsverteilung standardisierter Aktienrenditen...................157
Abbildung 7.4: Shortfall-Linien bei konstantem Target von 3% 160
Abbildung 7.5: Shortfall-Linien bei konstanter Shortfall-Wahrscheinlichkeit von 5% 160
Abbildung 7.6: Roy-Kriterium Minimierung der Shortfall-Wahrscheinlichkeit bei
gegebenem Target von 6%..161
Abbildung 7.7: Kataoka-Kriterium Maximierung des Target Return bei gegebener
Shortfall-Wahrscheinlichkeit von 1%..162

Abbildung 7.8: Verschiedene Shortfall-Tangenten bei alternierenden Targets und
    wechselnden Shortfall-Wahrscheinlichkeiten.. 163
Abbildung 7.9: Efficient Shortfall Frontier 164
Abbildung 7.10: Telser-Kriterium 165
Abbildung 7.11: Graphische Darstellung der Investitionspolitik einer Pensionskasse bei ver-
    schiedenen Deckungsgraden (μ_l= 5%, R_s^* = 0, k = 5%) nach dem
    Telser-Kriterium 169

Abbildung 8.1: Verteilung der Aktienrenditen, die mit Out-of-the-Money-Put-Optionen
    zu 100% abgesichert wurden (Floor = 90%) 179
Abbildung 8.2: Verteilung der Aktienrenditen, die mit Out-of-the-Money-Put-Optionen
    zu 100% abgesichert wurden (Floor = 90%) 180
Abbildung 8.3: Verteilung der Aktienrenditen, die mit At-the-Money-Put-Optionen zu
    100% abgesichert wurden (Floor = 100%) 183
Abbildung 8.4: Verteilung der Aktienrenditen einer Covered-Call-Strategie
    (Cap = 110%) 185
Abbildung 8.5: Diversifikationsmöglichkeiten zwischen US-Aktien und CH-Aktien: Mini-
    mum-Volatilität-Portfolio (MVP): CH-Aktienanteil = 59%,
    US-Aktienanteil = 41%, Durchschnittsrendite = 8,3%,
    Volatilität = 16,9% 189
Abbildung 8.6: Diversifikationsmöglichkeiten zwischen US-Aktien und CH-Aktien in
    einem Mean-Lower Partial Moments Diagram. Minimum Downside
    Portfolio (MDP): CH-Aktienanteil = 72%, US-Aktienanteil = 28%,
    Durchschnittsrendite = 8,0%, Ausfallvolatilität = 12,8% 190
Abbildung 8.7: Portfoliokombinationen zwischen Aktien und Obligationen sowie der
    mit Put- Optionen abgesicherten Aktienposition 192

Abbildung 9.1: Binomialer Random Walk der Aktienkurse 200
Abbildung 9.2: Stetige Aktienrenditen aufgrund binomialer Aktienkursveränderungen 200

Tabellenverzeichnis

Tabelle 2.1: Anlagerendite an einem Beispiel 24
Tabelle 2.2: Zahlenbeispiel jährlicher Rendite auf quartalsweiser Basis 25
Tabelle 2.3: Verschiedene Verzinsungsperioden 32
Tabelle 2.4: Einfache versus stetige Renditen: Umrechnungsbeispiele 33
Tabelle 2.5: Zahlenbeispiel 34
Tabelle 2.6: Beispiel zur Volatilitätsberechnung 38
Tabelle 2.7: Faktoren zur Annualisierung von Volatilitäten 38
Tabelle 2.8: Statistische Eigenschaften der Pictet-Rätzer-Indexrenditen für schweizerische
Aktien und Bonds, 1926-1990 41
Tabelle 2.9: Statistische Eigenschaften der Renditen typischer PK-Anlagekategorien I,
1950-1990 43
Tabelle 2.10: Rendite-Risiko-Verhältnis (Sharpe-Ratio) für PK-Anlagekategorien 44
Tabelle 2.11: Beispiel zur Berechnung von β 51

Tabelle 3.1: Beispiel schweizerische Anlagefonds 64
Tabelle 3.2: Rendite- und Risikoeigenschaften der Fonds (01/1984 bis 10/1991) 71
Tabelle 3.3: Regressionseigenschaften der Fonds 72
Tabelle 3.4: Vergleich risikoadjustierter Performance-Masse für Anlagefonds 76
Tabelle 3.5: Markt-Timing-Eigenschaften der Fonds 81

Tabelle 4.1: Die vier Komponenten der Portfoliorendite 92
Tabelle 4.2: Strategische Asset Allocation für das Portfolio einer schweizerischen
Pensionskasse 94
Tabelle 4.3: Performance-Komponenten eines CH-Pensionskassen-Portfolios. Alle
Angaben in Prozent, stetige Renditen 95
Tabelle 4.4: Berechnung der einzelnen Performance-Komponenten für das 5. Quartal 96
Tabelle 4.5: Performance-Komponenten für amerikanische Pensionskassen 97
Tabelle 4.6: Strategische Asset Allocation bei Währungsabsicherung der
Auslandsanlagen 100
Tabelle 4.7: Performance-Komponenten eines internationalen Portfolios. Alle Angaben
in Prozent, stetige Renditen 101
Tabelle 4.8: Berechnung der einzelnen Performance-Komponenten 102

Tabelle 5.1: Beschreibende Statistik der Fondsrenditen, annualisiert,
02/1985 bis 12/1991, T=83 116
Tabelle 5.2: Verwendete Segmentierung des CH-Aktienmarktes 117
Tabelle 5.3: Merkmale der verwendeten Aktienindizes 118
Tabelle 5.4: Risiko-Rendite-Vergleich verschiedener Aktienmarktsegmente, annualisiert
02/1985 bis 12/1991, T=83 119
Tabelle 5.5: Investment Style schweizerischer Fonds bei Namen- und Inhaberaktien
bzw. Partizipationsscheinen als Faktoren 120
Tabelle 5.6: Investment Style schweizerischer Fonds bei verschieden kapitalisierten
Aktienindizes als Faktoren 122
Tabelle 5.7: Performance der schweizerischen Fonds, monatliche Daten.
(Benchmark: Pictet mD N, Pictet mD I, Pictet mD PS) 124

Tabelle 5.8: Performance der schweizerischen Fonds, monatliche Daten.
             (Benchmark: SMI, MILO, SILO) 125
Tabelle 6.1: Performance Fee bei unterschiedlichen Korrelationen 137
Tabelle 6.2: Basis-Fee bei unterschiedlichen Korrelationskoeffizienten 138
Tabelle 6.3: Die Werte in dieser Tabelle bilden Ausgangspunkt zur Berechnung der
             optimalen Partizipation 140

Tabelle 7.1: Datengrundlage für die nachfolgenden Anwendungsbeispiele 154
Tabelle 7.2: Der Zusammenhang zwischen Shortfall Risk und standardisierten
             Portfoliorenditen 157
Tabelle 7.3: Beispiel: Durchschnittsrendite = 9%, Volatilität = 2,5% 158
Tabelle 7.4: Investitionspolitik einer Pensionskasse bei verschiedenen Deckungsgraden
             ($\mu_l = 5\%$, $R_s^* = 0$, $k = 5\%$) 168

Tabelle 8.1: Portfolioabsicherung durch Diversifikation zwischen Aktien und Bonds:
             „symmetrische" Risikobewirtschaftung 174
Tabelle 8.2: Absicherung von Verlusten durch Put-Optionen 177
Tabelle 8.3: Portfolioabsicherung durch Put-Optionen: „asymmetrische
             Risikobewirtschaftung" (Beispiel: Mindestportfoliowert = 90% des
             Jahresanfangsvermögens) 181
Tabelle 8.4: Portfolioabsicherung durch Put-Optionen: „asymmetrische
             Risikobewirtschaftung" (Beispiel: Mindestportfoliowert = 100% des
             Jahresanfangsvermögens) 183
Tabelle 8.5: Asymmetrischer Risiko-Rendite-Tradeoff: Wie hoch ist das
             Gewinnpotential (Exposure) bei unterschiedlichen Absicherungsniveaus
             (Floors)? 184
Tabelle 8.6: Ausfallerwartung und Ausfallvolatilität – eine Illustration 188
Tabelle 8.7: Internationale Diversifikation und die verschiedenen Risikomasse ... 190

Tabelle 9.1: Ausfallwahrscheinlichkeiten für verschiedene Anlagezeitperioden ... 206
Tabelle 9.2: Wahrscheinlichkeiten für eine negative Renditedifferenz zwischen
             Aktien (S) und Bonds (B) bei verschiedenen Zeithorizonten 207
Tabelle 9.3: Aktienanteile in Abhängigkeit des Zeithorizonts 210
Tabelle 9.4: Erforderlicher Zeithorizont zur Identifikation der Überschussrendite ... 214
Tabelle 9.5: Put-Optionskosten in Prozent des Anfangsvermögens bei unterschiedlicher
             (sicherer) Mindestverzinsung und unterschiedlichem Zeithorizont ... 216
Tabelle 9.6: Prozentuale Partizipation an positiven Kursentwicklungen (Exposure) bei
             unterschiedlicher (sicherer) Mindestverzinsung und unterschiedlichem
             Zeithorizont 217
Tabelle 9.7: Zahlenbeispiel zur Portfolioabsicherung mit synthetischer Put-Option und
             Bestimmung des delta-äquivalenten Aktienanteils........................... 221
Tabelle 9.8: Aktienanteile einer dynamischen (zyklischen) Absicherungsstrategie bei
             unterschiedlicher (sicherer) Mindestverzinsung und unterschiedlichem
             Zeithorizont in Prozent 222
Tabelle 9.9: Anlage- gegenüber Planungshorizont: Erwarteter Renditeverzicht bei allzu
             kurzfristig orientierter Anlagestrategie... 224

Kapitel 1

Einleitung:
Performance-Messung und strategische
Vermögensallokation[1]

Die modernen, kapitalmarkttheoretisch orientierten Methoden der Performance-Messung haben sich seit den grundlegenden Arbeiten von H. Markowitz in den fünfziger Jahren und W. Sharpe und M. Jensen in den sechziger Jahren zu einem Standard der kapitalmarktbezogenen Leistungsbeurteilung entwickelt. Im vorliegenden, einleitenden Kapitel wird ein kurzer Überblick über die Entwicklung der finanzmarkttheoretischen Ansätze geboten sowie die Rolle und Bedeutung der Performance-Messung als Teil der strategischen Vermögensallokation hervorgehoben. Es wird insbesondere argumentiert, dass die Performance-Messung als zentrales finanzielles Führungsinstrument auszugestalten ist. Die Anforderungen an sowie die Gründe für den wachsenden Stellenwert der Performance-Messung werden eingehend diskutiert. Schliesslich wird der Aufbau der vorliegenden Schrift umrissen.

1.1 Einleitung 2

1.2 Performance-Messung und strategische Vermögensallokation 4

1.3 Anforderungen an die Performance-Messung 8

1.4 Wachsender Stellenwert der Performance-Messung 14

1.5 Aufbau des Buches 17

1.6 Literatur 19

---

[1]*Das vorliegende Kapitel beruht auf Teilen von Zimmermann (1992), Abschnitte 2 und 3 und aus Zimmermann/Arce/Jaeger/Wolter (1992), Abschnitt 5.*

1.1 Einleitung

Die vorliegende Arbeit befasst sich mit der Erfolgskontrolle und -steuerung von Vermögensanlagen, kurz „Performance-Messung" genannt. Die methodische Grundlage bildet die moderne Portfolio- und Finanzmarkttheorie. Seit über dreissig Jahren hat dieses Forschungsgebiet Ansätze entwickelt, welche die *Bewertung von Anlagen im Kapitalmarktgleichgewicht* ermöglichen. Diese Bewertungsmodelle stellen die theoretische Grundlage für die Performance-Messung dar, indem sie den Erfolg der Anlagepolitik an der vom Kapitalmarkt entschädigten Rendite für „vergleichbare" Anlagen bemessen. Ausgangspunkt dieser Literatur bildet zweifellos die von Harry Markowitz in den fünfziger Jahren entwickelte Theorie der Portfolio Selection[2]. Im Rahmen dieses Ansatzes werden quantitative Methoden aufgezeigt, mit Hilfe derer sich *effizientere* Portfolios finden lassen, d.h. wie kann bei einem gegebenen Risiko ein höherer Ertrag oder ein gegebener Ertrag mit einem geringeren Risiko erreicht werden. Dies setzt voraus, dass sich das Risiko einer Anlage messen lässt. Markowitz hat dafür eine statistische Masszahl vorgeschlagen, nämlich die Varianz der erzielten Erträge. Er hat seinen Ansatz insbesondere im Hinblick darauf entwickelt, institutionellen Investoren in den USA Möglichkeiten aufzuzeigen, ihr Vermögen unter gleichzeitiger Kontrolle des Risikos ertragbringender anzulegen. Dem Ansatz fehlt hingegen die *Bewertung* der Anlagerisiken durch den Kapitalmarkt, also die Berücksichtigung des Kapitalmarktgleichgewichts bei der Portfolioselektion. Dies ist allerdings eine unabdingbare Voraussetzung, damit beurteilt werden kann, ob und in welchem Umfang die eingegangenen Risiken vom Kapitalmarkt überhaupt entschädigt werden. Dieser Schritt wurde durch das Capital Asset Pricing Model (CAPM), das von William Sharpe u.a. entwickelt wurde[3], vollzogen. Mit dem CAPM erlebte die Performance-Messung eine wahre Blüte. In der Tat bestand eine erste (wenn nicht die überhaupt erste) Anwendung respektive der erste empirische Test des Modells in der Beurteilung der Performance amerikanischer Anlagefonds. Das Bestechende des Modells ist die Möglichkeit, mit Hilfe einfacher Quotienten respektive einer einfachen Regressionsgleichung die Performance auf statistisch zuverlässige Weise zu beurteilen; die entsprechenden Arbeiten gehen auf Fischer Black, Michael Jensen, Jack Treynor und William Sharpe zurück[4].

Mit der Weiterentwicklung der Finanzmarkttheorie wurden auch die Performance-Tests erweitert. Insbesondere die Arbitrage Pricing Theory (APT), wel-

---

[2]Vgl. *Markowitz (1952), (1959).*

[3]Vgl. *beispielsweise Sharpe (1964) sowie Sharpe/Alexander (1990), Kapitel 8, für umfassendere Literaturhinweise.*

[4]Vgl. *Sharpe (1966), Jensen (1969) und Black/Treynor (1972).*

che von Stephen Ross[5] als Alternative zum CAPM entwickelt wurde, ermöglicht eine flexiblere und mehrdimensionale Spezifikation des relevanten Benchmarks und damit eine differenziertere Analyse und Beurteilung der Performance. Das Problem all dieser Ansätze liegt in der Annahme, dass die Performance durch eine „buy-and-hold"-Strategie erreicht wird: ein Portfolio wird zum Zeitpunkt x erworben und unverändert bis zum Zeitpunkt y gehalten. Werden Umschichtungen zugelassen, so können die üblichen Tests irreführende Implikationen erzielen. Insbesondere stellen passive Indizes keine gültigen Benchmarks mehr dar. Robert Merton hat beispielsweise gezeigt, wie die Performance strategischer Portfolio-Umschichtungen (als sog. „Markt-Timing" bezeichnet) mit Hilfe der Option Pricing Theory (OPT) bewertet werden kann. Die Optionspreistheorie kann überdies dazu verwendet werden, performanceabhängige Vermögensverwaltungsgebühren zu bewerten.

Aus diesen Ausführungen erkennt man, dass die Methoden zur Performance-Messung von jeher im Zentrum des Interesses der Finanzmarktforschung gestanden und dass eine *Vielzahl* theoretischer und empirischer Arbeiten den heutigen Erkenntnisstand geprägt haben. Die nachstehende Auswahl an Texten ist geeignet, Stand und Entwicklungsperspektiven der wissenschaftlichen Literatur zur Performance-Messung überblicksmässig darzustellen:

- Sharpe/Alexander (1990), Kapitel 22 und 23: Lehrbuchmässige Darstellung der Elemente des Portfolio-Managements und der Methoden der Performance-Messung.

- Elton/Gruber (1991), Kapitel 22: Überblicksmässige Darstellung der Methoden der Performance-Messung, einschliesslich neuerer empirischer Untersuchungen und einer umfangreichen Bibliographie.

- Solnik (1996): Darstellung des Portfolio-Management-Prozesses, des Stellenwerts der Performance-Messung mit besonderer Berücksichtigung internationaler Gesichtspunkte.

- Grinblatt (1986/87): Einfache Übersicht über die Verfahren der benchmarkabhängigen und benchmarkunabhängigen Verfahren der Performance-Messung.

- Grinblatt/Titman (1992): Übersicht über den wissenschaftlichen Stand der Literatur.

---

[5]*Vgl. Ross (1976).*

- Ippolito (1993): Kritischer Überblick über die empirische Literatur zur Performance-Messung und Interpretation der Ergebnisse auf dem Hintergrund effizienter Finanzmärkte.

- Lakonishok/Shleifer/Vishny (1992): Analyse der Performance der amerikanischen Vermögensverwaltungsindustrie auf dem Hintergrund industrieökonomischer und institutioneller Faktoren.

- Logue (1991), Kapitel 5: Einfach verständliche Übersicht über die in der Praxis verwendeten Verfahren der Performance-Messung im Hinblick auf die Anwendungen für Pensionskassen.

- Zimmermann (1992): Übersicht über die finanzmarkttheoretischen Ansätze der Performance-Messung unter Berücksichtigung von Mehrfaktormodellen und Performance Fees.

Diese Literatur bildet gleichzeitig den Bezugsrahmen für die vorliegende Arbeit.

1.2 Performance-Messung und strategische Vermögensallokation

Zunächst soll der Begriff der „Performance" geklärt werden. Dieser wird in der Praxis der Vermögensverwaltung, aber auch in der Theorie recht unterschiedlich verwendet. In der vorliegenden Arbeit genügt die folgende Begriffsfassung:

> Unter „Performance" versteht man die Abweichung der Rendite auf einer Vermögensanlage von einem zugrunde gelegten Vergleichsportfolio, dem sog. *Benchmark*. Letzteres ergibt sich aus der Definition einer Anlage*strategie*.

Die Anlagestrategie ihrerseits widerspiegelt die langfristige oder „normale" Vermögensallokation und leitet sich aus dem Anlagezweck, bei einer Pensionskasse beispielsweise aus den geplanten Leistungsverpflichtungen, ab. Die Performance-Messung bildet deshalb einen integrierten Bestandteil der strategischen Vermögensallokation („strategic asset allocation")[6]; konkret ist sie das zentrale finanzielle Führungsinstrument für die Entscheidungen, welche sich

---

[6]*Sharpe (1990) liefert eine Einführung und Übersicht über den Asset-Allocation-Prozess.*

aus der Definition, Implementation und Auswertung der Anlagestrategie ergeben.

Aus den nachfolgenden Ausführungen wird deutlich werden, dass die
„Performance-Messung" ein vielschichtiger und komplexer Prozess ist und dass
es letztlich nicht bloss um die „Messung" eines Tatbestandes geht. Man mag in
den Ausführungen etwa vier Dimensionen des Problems erkennen
(vgl. Abbildung 1.1).

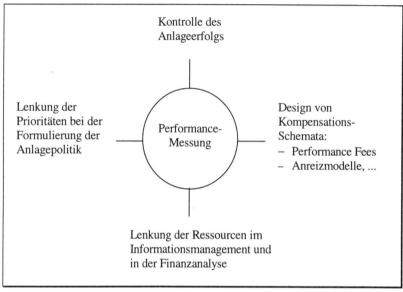

Abbildung 1.1: Vier Dimensionen der Performance-Messung

Zunächst geht es um die Kontrolle des Anlageerfolgs. Die Performance-
Messung muss jedoch ebenso geeignet sein, die gesetzten Prioritäten bei der
Formulierung der Anlagestrategie zu überprüfen und allenfalls neu zu definie-
ren. Lässt sich beispielsweise mit einer strikten inländischen Diversifikation der
Anlagen ein erwünschtes, maximales Ausfallrisiko innerhalb des gesetzten
Zeithorizonts überhaupt realisieren? Von welchen Erwartungen, Szenarien, Pa-
rametervorgaben ist die Antwort auf die vorangehende Frage abhängig? Ebenso
verhilft eine Performance-Messung zu einer besseren Allokation von Ressourcen bei der Analyse von Märkten, Sektoren, Anlagen, Wirtschaftsdaten, etc.
Stellt man beispielsweise im Laufe der Zeit fest, dass die erreichte Performance
zu 93% auf strategischen Faktoren beruht, aber 80% des Overheads auf die Be-
schaffung und Auswertung fundamentaler Titelinformationen zurückzuführen
ist, so wäre wahrscheinlich eine Reallokation der Ressourcen angezeigt. Letztlich haben die vorangehenden Ausführungen ergeben, dass die Messung und
Kontrolle der Performance auch im Zusammenhang mit dem Design von Kom-
pensationsstrukturen höchst relevant ist.

Es wird nicht das Ziel der vorliegenden Schrift sein, die konkreten Probleme, die bei der praktischen Umsetzung der dargestellten Ansätze auftreten, zu diskutieren. Man findet in Abbildung 1.2 den Ablauf des Asset-Allokationsprozesses, wie er aufgrund der vorangehenden Ausführungen etwa strukturiert werden könnte[7].

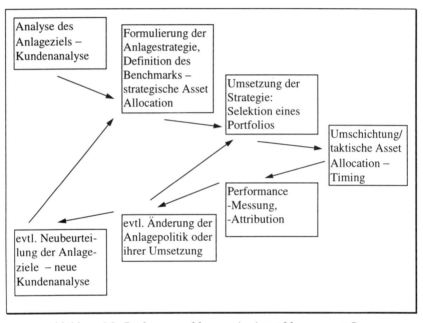

Abbildung 1.2: Performance-Messung im Asset-Management-Prozess

Es werden sieben Phasen unterschieden: In den ersten beiden Phasen wird, wie aus den Ausführungen des Abschnitts hervorgeht, aufgrund der Kundenanalyse respektive der vorgegebenen Anlageziele die Anlagestrategie formuliert, was zur Definition des Benchmarks führt. Die nächsten beiden Phasen betreffen die Umsetzung der formulierten Strategie: die Wahl eines konkreten Portfolios sowie die Umschichtung aufgrund ändernder Einschätzungen und Kapitalmarktkonditionen. Die Performance-Messung und Performance-Attribution schliessen sich unmittelbar daran an und bezwecken, aufgrund der erzielten Ergebnisse Änderungen der Anlagestrategie oder in deren Umsetzung vorzunehmen. Dazu kann mittelfristig durchaus eine Neuverteilung der erteilten Mandate gehören, oder im Extremfall wird die Performance-Analyse sogar eine Neubeurteilung des Kunden respektive der Leistungsziele nahelegen.

---

[7] *Vgl. auch Sharpe/Alexander (1990), Kapitel 1 und 22, für eine Diskussion dieser Gesichtspunkte.*

Dieser durch die Performance-Messung ausgelöste Rückkoppelungseffekt ist von zentraler Bedeutung zur Steuerung des Asset-Management-Prozesses hinsichtlich einer optimalen Formulierung, Umsetzung und Erreichung der erforderlichen Leistungsziele. Er widerspiegelt die Tatsache, dass die Performance-Messung als Kontrollinstrument insbesondere auch eine Lenkungsfunktion im Asset Management erfüllt. Ergibt sich aus der festgestellten Performance eine Notwendigkeit, einen systematisch höheren Teil der Währungsrisiken zu hedgen, also den Benchmark zu ändern? Oder sind die erzielten Währungsverluste rein zufälliger Art gewesen, beispielsweise durch ein schlechtes Timing beim Abschluss der Terminkontrakte bedingt? Wahrscheinlich liegt der wissenschaftliche Beitrag zu den behandelten Problemen vor allem darin, systematisch die richtigen Fragen bei der Beurteilung der Anlage-Performance zu stellen. Ebenso zeigen die Ausführungen, dass die Performance-Messung einen zentralen Baustein des Risk Controlling im Asset Management darstellt.

Der Finanzmarkttheorie wird etwa vorgeworfen, dass sie bezüglich der Messung der Anlage-Performance a priori ein Vorurteil einnimmt: Da die Märkte weitgehend effizient sind, ist die Erreichung einer überdurchschnittlichen Anlage-Performance sehr unwahrscheinlich. Tatsächlich wird dieses Argument durch eine Vielzahl empirischer Untersuchungen über die Performance von Anlagefonds bestätigt. Neben der Frage, ob Anlagefonds geeignete Untersuchungsobjekte zur Feststellung des ökonomischen Werts von Informationsvorteilen darstellen, muss hervorgehoben werden, dass die Finanzmarkttheorie den ökonomischen Wert aktiver Informationsverarbeitung durchaus anerkennt. Finanzmärkte werden nicht von selbst informationseffizient, sondern nähern sich diesem Zustand erst durch das Bemühen vieler Marktteilnehmer, Informationen gewinnbringend auszunutzen[8]. Da dieser Prozess mit Kosten verbunden ist, werden entsprechende Aktivitäten erst unternommen, wenn sie vom Kapitalmarkt im Durchschnitt mit einer positiven Rendite (besser wäre es, von einer ökonomischen Rente zu sprechen) entschädigt werden, oder in unserer Terminologie: wenn sich damit im Durchschnitt die Performance verbessern lässt. Nur stellt sich die Frage: Welche Informationen haben für welchen Asset Manager welchen Wert? Oder um die Formulierung von Professor Klaus Spremann zu verwenden: Wie kann ein Finanzanalyst feststellen, ob er einen komparativen Vorteil gegenüber dem „Markt" aufweist, Informationen aus dem Kapitalmarkt zu gewinnen[9]? Die regelmässige Analyse des Anlageerfolgs mit Hilfe der in den nachfolgenden Kapiteln beschriebenen Ansätze trägt zur Beantwortung dieser aus ökonomischer Sicht zentralen Fragestellung bei.

---

[8] *Vgl. Grossman/Stiglitz (1980).*

[9] *Komparative Vorteile würden auch nahelegen, dass es einzelnen Asset Managern systematisch gelingen müsste, überdurchschnittliche Renditen zu erzielen. Neuere empirische Untersuchungen scheinen gewisse persistente Strukturen im Anlageerfolg zu finden; vgl. Hendricks/Patel/Zeckhauser (1991) und Goetzman/Ibbotson (1991).*

Daraus ergibt sich der folgende Schluss:

> Die Performance-Messung stellt ein *Führungsinstrument* dar, das zu einer effizienteren Allokation von Ressourcen im Asset-Management-Prozess führt.

1.3 Anforderungen an die Performance-Messung

In diesem Abschnitt werden die wichtigsten Anforderungen an respektive Voraussetzungen für die Performance-Messung diskutiert.

• Benchmark

Der Benchmark, das heisst die Zusammensetzung des Modellportfolios, muss *ex ante* festgelegt werden – und nicht erst im Zeitpunkt, zu dem die Performance festgestellt werden soll. So trivial dieser Punkt erscheinen mag, wird in der Praxis bewusst oder unbewusst davon abgewichen. Häufig wird der erzielte Ertrag erst am Schluss des Jahres (des Quartals, etc.) mit einem völlig arbiträren Index verglichen, der den jeweiligen Absichten am besten entspricht. Da der Benchmark die Anlage*strategie* widerspiegeln muss, ist er in jedem Fall *zu Beginn* der Anlageperiode (bei Mandatsvergabe) verbindlich und explizit festzulegen. Zur Spezifikation des Modellportfolios gehört die Festlegung der langfristigen *Gewichtung* der beabsichtigten Anlagekategorien, Segmente und Märkte („Normalgewichte") sowie deren jeweilige *Zusammensetzung* im Sinne passiver Fonds, Indizes oder Musterportfolios („Normalrenditen"). Die Umsetzung der Anlagestrategie in ein effizient diversifiziertes Modellportfolio erfolgt heute mit den Hilfsmitteln der Portfoliooptimierung, welche insbesondere die Risikotoleranz und Risikofähigkeit des Anlegers mitberücksichtigt, und wird als *strategische Asset Allocation* bezeichnet[10].

Wie konstruiert man einen „richtigen" Benchmark, wenn diesem eine so wichtige Bedeutung zukommt? Einleitend zu diesem Kapitel wurde festgehalten, dass primär die konkreten Leistungsverpflichtungen den Benchmark definieren. Daneben gehört die langfristige *Einschätzung der Kapitalmarktkonditionen* zur conditia sine qua non der Anlagestrategie.

Dazu gehört die Einschätzung
– des langfristigen durchschnittlichen Ertragspotentials der wichtigsten Anlagekategorien, Sektoren und Märkte;

---

[10]*Vgl. Sharpe (1987) für eine Darstellung des Konzepts integrierter Asset Allocation.*

- der Kursvolatilitäten und Risiken der wichtigsten Anlagekategorien, Sektoren und Märkte;
- der gegenseitigen Abhängigkeit und Verflochtenheit („Korrelation") der wichtigsten Anlagekategorien, Sektoren und Märkte.

Letzteres ist besonders deshalb relevant, weil man durch weitgehende Diversifikation über Anlagekategorien, Sektoren und Märkte einen substantiellen Teil der Risiken zu reduzieren vermag und infolgedessen das Portfoliorisiko fast ausschliesslich von der Korrelationsstruktur der Anlagen abhängig ist. Ohne langfristige Risiko- und Ertragsperspektiven kann keine Anlagestrategie definiert werden. Die Kenntnis durchschnittlicher Risikoprämien

- von Bonds gegenüber Aktien;
- von kurzfristigen Bonds gegenüber langfristigen Bonds;
- von Durchschnittsrenditen von AAA-Bonds gegenüber BBB-Bonds;
- von Blue-Chip-Aktien gegenüber Small Stocks;
- der fernöstlichen Aktienmärkte gegenüber dem amerikanischen, etc.

gehört zu einer kapitalmarktorientierten Anlagestrategie. Die empirische Analyse von Kapitalmarktdaten mag hilfreiche Informationen dazu liefern. Weil diese (und andere) Informationen jedoch immer unvollständig sind und sich die Erwartungen demzufolge später stets als unpräzise erweisen und revidiert werden, gehört die *Absicherung* zu einem integrierten Bestandteil der Definition des Benchmarks. Im Ausmass und in der Art der Absicherung (Optionen/ Futures, kurz-/langfristig) spiegelt sich das Vertrauen gegenüber den Annahmen und Erwartungen wider, auf welchen der Benchmark beruht. Unpräzise Erwartungen erfordern einen höheren Absicherungsbedarf und damit höhere Absicherungskosten: Es ist von entscheidender Bedeutung, dass die Anlagestrategie die Risiko-Rendite-Tradeoffs, welche die Kapitalmärkte durch Diversifikation und Absicherung ermöglichen, abschätzt und in die Formulierung des Benchmarks einbezieht. Darin liegt die Kunst bei der Formulierung einer Anlagestrategie, die gelegentlich durch ökonomische Intuition und empirische Analyse unterstützt wird.

• Marktwerte

Eine aussagekräftige Performance-Kontrolle und Performance-Attribution ist nur möglich, wenn die Wertveränderungen der Anlagen aufgrund von *Marktwerten* erhoben werden: Zins-, Währungs- und Marktschwankungen bewirken, dass die Bilanzpositionen auf der Aktivseite ständigen Wert-schwankungen, sogenannten *Finanzrisiken*, ausgesetzt sind. Die Anlagerendite berechnet sich deshalb aus der Summe der ausgeschütteten Erträge (Dividenden, Coupons) und der Kapitalerträge/-verluste im Verhältnis zum eingesetzten Kapital. Für ver-

schiedene Anlageformen, welche sich in institutionellen Vermögen befinden,
mag die Feststellung von Marktwerten und damit der Performance gegenüber
einem Benchmark schwierig sein. Dabei muss folgendes beachtet werden: Primäres Ziel institutioneller Kapitalien ist die zukünftige Leistungserbringung. Zu
diesem Zweck muss das Anlagevermögen *potentiell* jederzeit realisiert werden
können. Marktwerte geben Aufschluss über den Wert, den die Anlagen bei einer
Veräusserung am Markt einbringen würden und ermöglichen auf diese Weise
eine laufende Überprüfung des Deckungsgrades der Leistungsverpflichtungen.
Transparenz bezüglich des Leistungspotentials einer Kasse erfordert deshalb
zwingend eine an Marktwerten orientierte Anlagepolitik. Anlagen, bei welchen
der Marktwert nicht feststellbar oder zumindest abschätzbar ist, gehören aus
diesem Grund *nicht* in Vermögensanlagen mit leistungsbezogenem Anlagezweck. Sie lassen keinerlei Aufschluss über die Eignung der Anlagestrategie
hinsichtlich der zukünftigen Leistungserfüllung zu. In diesem Zusammenhang
sind insbesondere viele der geltenden Normen zur Rechnungslegung zu kritisie-
ren, welche eine konsequente Anwendung des Marktwertprinzips unterbinden.
Eine Reihe konkreter diesbezüglicher Beispiele findet man in Zimmermann/
Arce/Jaeger/Wolter (1992, pp. 72-74). Dieser Punkt steht in engem Zusammenhang mit der häufigen aufsichtsrechtlichen Eingrenzung der anlagepolitisch relevanten Risiken auf Schuldnerrisiken und die Vernachlässigung von Marktrisiken.

• Renditen

Bereits die Feststellung der erzielten (durchschnittlichen) Rendite kann mit
Problemen verbunden sein – insbesondere, wenn regelmässig Ein- und Auszahlungen erfolgen. Dieser Aspekt wird im zweiten Kapitel dieser Schrift eingehend diskutiert. Es wird gezeigt, dass ohne nähere Spezifikation der Berech-
nungsmethode einer Rendite (völlig losgelöst von den mit der Rechnungslegung verbundenen Bewertungsproblemen) Renditevergleiche mehr oder weniger aussagelos sind. Korrekte Renditevergleiche sind letztlich auch nur unter
Einbezug der angefallenen Transaktionskosten möglich. Ob der verwendete
Benchmark letztere auch einbeziehen soll, lässt sich nicht allgemein festhalten.
Dies hängt v.a. mit den Performance-Komponenten ab, welche identifiziert
werden sollen.

• Risiko

Die gegenwärtig häufig kritisierte, meist konservative und auf eine stabile Er-
tragsentwicklung ausgerichtete Anlagestrategie institutioneller Vermögensan
lagen wird etwa damit gerechtfertigt, dass Spekulation mit den anvertrauten
Geldern nicht zum Wesen einer Vorsorgeeinrichtung oder einer Versicherungs-

gesellschaft gehört. Dies ist zweifellos korrekt, doch wird dabei übersehen, dass eine hohe Anlageperformance nicht zu verwechseln ist mit einer spekulativen Strategie zur Erzielung einer hohen durchschnittlichen Rendite. Beim modernen Risikomanagement und der Performance-Messung steht gerade die *Risikokontrolle* im Vordergrund; diese hat zwei Aspekte:

Zunächst geht es darum, Anlagestrategien zu finden, welche bei gleichen Risiken (wie immer diese definiert werden) im Durchschnitt höhere Erträge bringen. Es geht also in erster Linie darum, nicht oder unvollständig ausgeschöpfte Diversifikationsmöglichkeiten zu nutzen – weil nicht diversifizierte, aber diversifizierbare Risiken vom Kapitalmarkt nicht entschädigt werden. Umgekehrt werden nicht diversifizierbare Risiken vom Kapitalmarkt im Laufe der Jahre mit höheren durchschnittlichen Renditen entschädigt – und zwar völlig passiv, ohne Dazutun des Anlegers. Diese Risiken müssen beim Performance-Vergleich ausgeschaltet werden, weil die auf diese Weise erzielte Rendite keine besondere „Leistung" des Vermögensverwalters darstellt. Das Beispiel in Tabelle 3.4 zeigt, dass bei der Feststellung der Performance die tatsächlich erzielte Rendite immer mit einem *risikoäquivalenten*, passiven und einfach erwerbbaren Portfolio verglichen wird. Eine negative Performance deutet so auf einen Anlagemisserfolg hin, weil durch eine passive Diversifikation in das Referenzportfolio (hier der Index) beim gleichen Risiko eine höhere Rendite resultieren würde.

Ein zweiter und ebenso wichtiger Schritt besteht darin, Instrumente (Optionen, Futures) und Strategien (Portfolio Insurance, etc.) dahingehend zu nutzen, die Ertragsschwankungen gezielter auf das tolerierbare und tragbare Risiko auszurichten. Insofern sollen derivative Instrumente und moderne dynamische Investitionsstrategien gerade dazu eingesetzt werden, die Risiken in die gewünschte Richtung, das heisst zur besseren Erreichung der Leistungsziele, zu beschränken.

Zwei weitere Punkte sind in diesem Zusammenhang besonders erwähnenswert. Zunächst ist zu unterscheiden zwischen der Risikoperzeption und dem tatsächlichen Risiko einer Anlage. Wenn etwa im Rahmen von Pensionskassenanlagen eine völlig undiversifizierte Anlage des gesamten Vermögens in Bundesobligationen zugelassen ist (Art. 54 lit. a BVV2), so lässt sich dies allenfalls unter dem Aspekt des Schuldnerrisikos rechtfertigen. Trotzdem ist eine solche Investition substantiellen Marktrisiken ausgesetzt, indem die Papiere einem erheblichen Zinsrisiko unterliegen. Dem Gesetz liegt also eine falsche, ja gefährliche Risikoperzeption zugrunde. Zweitens muss ein hohes Anlagerisiko einer Pensionskasse nicht zwingend ein hohes Finanzierungsrisiko darstellen. Dies soll an einem Beispiel aufgezeigt werden: So sind amerikanische Pensionskassen nach FASB 87 verpflichtet, das Deckungskapital der akkumulierten und projezierten Leistungsverpflichtungen zu Kapitalmarktsätzen zu verzinsen. Eine Anlagestrategie aus hoch zinssensitiven Aktien (beispielsweise Finanzwerte) und Bonds (mit langer Duration) stellt zwar einerseits ein hohes Anlagerisiko dar, aber an-

dererseits ist diese Volatilität geradezu *erforderlich*, die Leistungsverpflichtungen zu decken! Eine Pensionskasse muss folglich nicht in erster Linie eine wenig volatile Anlagestrategie verfolgen, sondern eine Politik, welche die Verpflichtungen möglichst gut abbildet und damit einen möglichst stabilen Dek-
kungsüberschuss (nachfolgend kurz als Überschuss, Nettovermögen oder *Surplus* bezeichnet) bewirkt. Ohne Kenntnis des spezifischen Benchmarks, das
heisst der Art der Leistungsverpflichtungen, kann deshalb weder das Risiko der
Anlagestrategie noch der Anlagepolitik zuverlässig beurteilt werden!

Ein letzter Punkt ist ebenso bedeutsam: Sofern die Anlagestrategie primär das
Risiko einer Unterschreitung des minimalen Deckungsgrades ausschalten soll,
so wird sich eine Kasse mit einem hohen erwirtschafteten Nettovermögen
(Surplus) auch eher eine risikoreichere Anlagestrategie *leisten* können, das
heisst, sie hat eine sogenannte „Schwankungsreserve"[11]. Somit kann ein und
dieselbe Anlagestrategie für die Kasse A risikoreich sein, während sie für die
Kasse B durchaus tragbar ist. Die Risikokontrolle bei der Performance-Messung
hat deshalb stets jene im strategischen Anlageziel, sprich im Benchmark, einzu-
beziehen.

• Attribution

Entscheidend bei der Performance-Messung ist nicht nur die Feststellung, ob
der Ertrag des Benchmark-Portfolios übertroffen wurde oder nicht, sondern
auch, welche Komponenten in welchem Umfang zum Erfolg/Misserfolg beigetragen haben. Dies ist insbesondere wichtig für die Neudefinition von Vermögensverwaltungsmandaten.

Typischerweise unterscheidet man mindestens zwei Performance-Komponenten:

1. Bei der *taktischen Asset Allocation* („Timing") wird versucht, Märkte und
   Anlagesegmente temporär gegenüber dem Benchmark aufgrund kurzfristiger
   Ertragsaussichten und momentaner Marktkonditionen über- oder unterzuge-
   wichten. Die taktische Allokation bezieht sich insbesondere auch auf die
   Fremdwährungsabsicherung von Auslandsanlagen.

2. Bei der *Selektivität* versucht man, durch eine geschickte Auswahl unterbewerteter Papiere die Renditen der Referenzindizes zu übertreffen. Durch eine
   passive Indexierung würde demzufolge Selektivität zum vornherein ausgeschlossen.

---

[11] *Vgl. Ammann (1990).*

Ausgangspunkt bildet die Anlagestrategie (strategische Asset Allocation), wie sie im Punkt 1 beschrieben wurde: Sie führt zur Festlegung von „Normalgewichten" und „Normalrenditen" für die verschiedenen Anlagekategorien, Märkte und Segmente. Daraus kann aufgrund der tatsächlich implementierten Anlagepolitik eine einfache Performance-Attribution abgeleitet werden. Ein diesbezügliches Konzept wird im Kapitel 4 dargestellt. Mehrfaktor und Asset-Class-Faktormodelle (vgl. Kapitel 7) stellen alternative, weiterentwickelte Konzepte dar.

Die Kenntnis der Performance-*Komponenten* ermöglicht insbesondere eine selektive Vergabe von Vermögensverwaltungsmandaten: Wenn es einem Vermögensverwalter nicht gelingen sollte, in zehn aufeinanderfolgenden Quartalen einen nachweisbaren Erfolg seiner Selektivitätsbemühungen nachzuweisen, wird man als Konsequenz eine indexierte Politik als explizite Vorgabe formulieren. Daraus erkennt man ferner, dass es keinen generell richtigen oder falschen Stil in der Vermögensverwaltung (aktiv/passiv, statisch/dynamisch, breit/wenig diversifiziert) gibt, sondern dass die Performance-Messung und -Attribution wichtige Informationen für den im Einzelfall angemessenen Anlagestil zu liefern vermag.

• Regelmässigkeit und Zeithorizont

Die Performance-Messung und -Attribution muss in regelmässigen Zeitabständen erfolgen. Eine praktisch relevante Frage lautet, wie gross diese Zeitabstände angesetzt werden sollten. Prinzipiell gilt, dass bei Erfolgsausweisen, die über zu kurze Zeitabstände erfolgen müssen und Ausfälle (shortfalls) unter einen bestimmten Zielwert vermieden werden sollen, ein tendenziell grösserer Teil des Vermögens risikolos angelegt wird – was unter einer langfristigen Perspektive nicht optimal ist, da auf diese Weise kein Anreiz zur Erwirtschaftung eines Surplus besteht. Andererseits machen die vorangehenden Ausführungen deutlich, dass der Anlageerfolg in regelmässigen Abständen überprüft werden muss. Erschwert wird die Performance-Überwachung dadurch, dass die Unterscheidung von systematischem Anlageerfolg gegenüber Glück und Pech gerade in hochvolatilen Märkten äusserst schwierig respektive nur über lange Beobachtungszeiträume möglich ist[12]. Daraus erkennt man den grundlegenden Tradeoff bezüglich optimaler Vermögensakkumulation und Überwachung, der nur gelöst werden kann, indem in der kurzfristigen Performance-Messung nicht die Erfüllung nomineller Ertragsziele überprüft wird, sondern die Einhaltung einer langfristig optimalen Anlage*strategie*. Dieser Punkt wird im neunten Kapitel aufgegriffen.

---

[12]Vgl. *dazu Kritzman (1987), Zimmermann (1991) für eine Korrektur sowie Rubinstein (1991).*

• Unabhängigkeit und Anreize

Die Performance-Messung sollte durch eine unabhängige Instanz vorgenommen werden. Letztlich werden aufgrund der Performance-Messung Entscheidungen getroffen, deren Legitimation oder Akzeptanz entscheidend durch die Unabhängigkeit der Instanz gesteigert werden kann. Da die Performance-Messung zunehmend als Grundlage für die Bemessung der Vermögensverwaltungsgebühr (*Performance Fee*) verwendet wird, wird der Investor zunehmend Unabhängigkeit fordern.

Eine gute Performance fällt auch beim besten Willen aller Beteiligten nicht vom Himmel. Es müssen vielmehr Anreize zum Übertreffen der definierten Anlageziele geschaffen werden. Da letztlich die Destinatäre oder der Arbeitgeber von einer guten Anlageperformance profitieren, muss der Pensionskassenmanagementprozess so gestaltet werden, dass die verschiedenen Partikularinteressen, welche mit der Verwaltung von Pensionskassenvermögen verbunden sind, hinter die Leistungsziele zurücktreten. Bestimmt fällt der Zwang, eine möglichst gute Performance zu erreichen, nicht in den Aufgabenbereich von Aufsichtsbehörden. Letztere haben höchstens dafür zu sorgen, dass eine leistungsbezogene Anlagestrategie durch adverse rechtliche und statutarische Rahmenbedingungen nicht behindert wird[13].

1.4 Wachsender Stellenwert der Performance-Messung[14]

Die Performance-Messung hat in den letzten Jahren im professionellen Vermögensmanagement einen zunehmenden Stellenwert erfahren. Die Gründe sind vielschichtig:

• **Quantitatives Wachstum der Assets:** Das professionell verwaltete Vermögen bei Banken, institutionellen Anlegern und privaten Vermögensverwaltern hat sich in den letzten Jahrzehnten exponentiell entwickelt. Dazu beigetragen hat das Wachstum der Wirtschaft, das die private Vermögensbildung begünstigt, sowie die Implementation öffentlicher und privater Vorsorgepläne (Sozialversicherungen, Lebensversicherungen, etc.), welche eine Substitution von Spargeldern bewirken und einen wesentlichen Beitrag zur „Institutionalisierung" des Asset Management darstellen. Alleine die schweizerischen Banken verwalten heute schätzungsweise Assets in der Grössen-

---

[13]*Adverse Anreizprobleme im Zusammenhang mit rechtlichen und statutarischen Rahmenbedingungen werden bei Wydler (1992), Abschnitt 3, angeschnitten; vgl. auch Kapitel 8.*

[14]*Vgl. Zimmermann (1992), S. 51-53.*

ordnung von 1500 Mrd. Franken. Die Grossbanken verfügen dabei über einen
Anteil von rund 60%, die privaten Vermögensverwaltungsbanken über einen
solchen von ca. 15%. Von der Wertschöpfung der schweizerischen Banken in
der Höhe von rund 30 Mrd. Franken im Jahre 1989 entfallen etwa 7,7 Mrd.
Franken auf Kommissionserträge im indifferenten Wertpapiergeschäft[15].

- **Institutionalisierung und Wettbewerb:** Der Anteil der institutionellen
  Assets weist aus den oben erwähnten Gründen in den meisten Ländern einen
  stark steigenden Trend auf. Insbesondere erlaubt es die Grösse dieser Vermögen, Mandate auf verschiedene Asset Manager aufzuteilen und die spätere
  Reallokation der Vermögensanteile auf die erzielte Performance auszurichten[16]. Offensichtlich ist entscheidend, nach welchen Gesichtspunkten diese
  Performance ermittelt wird – und ob die so geschaffenen Anreize der beabsichtigten Anlagepolitik entsprechen.

- **Anreizmodelle und Performance Fees:** Oftmals dient nicht nur der Umfang
  des späteren Mandats als Anreiz zur Erzielung einer überdurchschnittlichen
  Performance, sondern immer häufiger werden Vermögensverwaltungsstruk-
  turen verwendet, welche vom erzielten Erfolg abhängig sind (sog. Performance Fees). Eine Kompensationsstruktur kann beispielsweise darin bestehen, dass neben einem festen Betrag eine Erfolgskomponente als Prozentsatz
  α der erzielten Über-Performance festgelegt wird. Letztere berechnet sich
  beispielsweise als (positive) Differenz zwischen dem Portfoliowert V(t) und
  dem Wert eines indexierten Vergleichsportfolios I(t), d.h. als max[0,α(V(t)-
  I(t))]. Die Performance-Messung wird hier zur Grundlage und Voraussetzung
  bei der Bemessung der Management Fee. Dabei ist vor allem zu beachten,
  dass vom gewählten Schema unterschiedliche *Anreize* hinsichtlich der gewählten Anlagepolitik auszugehen vermögen. Eine diesbezügliche Diskussion findet man im sechsten Kapitel.

- **Komplexere Anlageziele:** Institutionelle Anleger verfügen in der Regel über
  komplexere Anlageziele als Privatanleger. Der Grund besteht darin, dass das
  akkumulierte Vermögen die Finanzierung eines langfristigen, möglicherweise teils unsicheren Stroms von Verpflichtungen (Liabilities) erfüllen muss.
  Die Verbesserung der Anlage-Performance ist in vielen Fällen der einzige
  Weg, damit die Einrichtungen die wachsenden Leistungsverpflichtungen
  (Freizügigkeit, Teuerungsausgleich, etc.) zukünftig erfüllen können. Die aus
  dieser Zielsetzung abgeleitete Anlagepolitik wird deshalb relativ komplex

---

[15]*Diese Angaben stellen Schätzungen dar und entstammen Zimmermann/Eberle/Rampini
(1991). Als Proxi für die Wertschöpfung wird der von der Schweizerischen Nationalbank
publizierte „Bruttogewinn" herangezogen.*

[16]*An dieser Stelle soll keine Beurteilung einer solchen Strategie abgegeben werden, sondern
lediglich als praktizierte Form erwähnt werden.*

sein, und der entsprechende Benchmark wird sinnvollerweise kaum aus einem einfachen Index oder einem vorgegebenen nominellen Anlageziel (beispielsweise 4% pro Jahr) bestehen. Die langfristige Natur der Leistungen impliziert ferner einen entsprechend *langen* Anlagehorizont. Daraus ergibt sich unmittelbar die Frage, wie die Performance einer langfristig orientierten Anlagepolitik auch nach Ablauf einer kurzen Zeitspanne festgestellt werden kann. Schliesslich kann die Anlagepolitik aus Hedge-Zwecken ohne weiteres auch den Einsatz derivativer Instrumente erfordern, was die Performance-Messung nochmals erschwert.

- **Indexierte Anlagen:** Das Bedürfnis, die Anlage-Performance professioneller Asset Manager systematisch zu analysieren[17], hat schliesslich mit der Einführung indexierter, liquider und damit transaktionskostengünstiger Instrumente[18] an Bedeutung gewonnen. Diese Instrumente erlauben eine passive, diversifizierte Vermögensanlage. Ein aktives Asset Management wird nur konkurrenzfähig sein, wenn der über die aktive Strategie erwirtschaftete Zusatzertrag die Grenzkosten der aktiven Strategie (Transaktionskosten, Finanzanalyse,...) mindestens zu kompensieren vermag. Wesentlich ist also, dass die Finanzmärkte eine zunehmend wachsende Palette von Instrumenten anbieten, welche eine kostengünstige Diversifikation zulassen und damit Benchmarks schaffen, gegenüber denen sich aktive Fonds behaupten müssen.

- **Wissenschaftliche Erkenntnisse und Markteffizienz:** Schliesslich soll nicht unerwähnt bleiben, dass die grosse Zahl wissenschaftlicher Untersuchungen über die Performance von Anlagefonds, aber auch über die hohe *Effizienz* der Finanzmärkte und damit den geringen Wert öffentlich verfügbarer Informationen das Anlageverhalten verändert hat. Die Erwartungshaltung, dass durch aktives Management der Markt „geschlagen" werden kann, darf heute aus empirisch unterstützten Gründen als relativ gering eingestuft werden. Die Einsicht, dass die Performance in erster Linie durch die Anlage*politik* (d.h. die strategische Asset Allocation) und weniger durch die tagtägliche Umschichtung aufgrund angenommener Informationsvorsprünge gegenüber dem Kapitalmarkt (der taktischen Asset Allocation oder der Titelselektion) bestimmt ist, setzt sich immer mehr durch[19]. Die generelle Skepsis gegenüber „market beaters" fördert deshalb zusätzlich den Wunsch nach systematischer Performance-Messung.

---

[17]*Respektive der Zwang seitens der Asset Managers, die Performance auszuweisen!*

[18]*Indexoptionen, Indexfutures, indexierte Fonds, „Index Participations" u.a.*

[19]*Die eindrücklichste Evidenz bezogen auf amerikanische Pensionskassen findet man bei Brinson/Hood/Beebower (1986) und Brinson/Singer/Beebower (1991).*

1.5 Aufbau des Buches

Die vorliegende Arbeit ist folgendermassen aufgebaut: Im zweiten Kapitel werden die Grundlagen der *Rendite- und Risikomessung* dargestellt, wie sie in der modernen Portfoliotheorie benötigt werden. Die Darstellung ist absichtlich knapp gehalten, da verschiedene Texte verfügbar sind, in denen dieses Material in grösserer Tiefe und Breite dargestellt ist. Im dritten Kapitel werden die traditionellen Verfahren der *risikoadjustierten Performance-Messung* diskutiert, also das Jensensche Alpha, risikoadjustierte Ertragsquotienten, die Identifikation von Markt-Timing etc. Mit der *Performance-Attribution* befasst sich das vierte Kapitel. Im Vordergrund steht die Diskussion und Anwendung eines Elementarmodells, welches die Identifikation der Faktoren für Abweichungen von der strategischen Asset Allocation erlaubt. Eine Weiterführung dieser Gedanken erfolgt im fünften Kapitel im Rahmen der Anwendung von *Asset-Class-Faktormodellen*, welche nicht nur eine Identifikation des Anlagestils (Investment Style) eines Portfolios erlauben, sondern für die Performance-Messung und -Attribution immer verbreiteter werden. Das sechste Kapitel bietet eine Diskussion der Strukturierung und ökonomischen Bewertung erfolgsabhängiger *Management Fees*. Eine zusätzliche Perspektive der Performance-Messung wird im Kapitel 7 eröffnet: *Shortfall-Risk-Restriktionen*, also Vorgaben bezüglich der Verlustbegrenzung werden im privaten und insbesondere institutionellen Asset Management immer verbreiteter. Es wird gezeigt, wie diese Restriktionen in die traditionellen Methoden der Portfoliooptimierung integriert werden können und damit zu einem expliziten Bestandteil der Performance-Messung werden. Die Begrenzung von Verlustrisiken führt zum strategischen Einsatz von Optionen; im achten Kapitel wird gezeigt, welche Probleme bei der Risiko- und Performance-Messung von *Portfolios mit Optionen* auftreten und wie diese gelöst werden können. Es wird gezeigt, wie die Rendite-Risikoeigenschaften von Portfolios durch den Einsatz von Optionen gezielt verändert werden können. Ein in der Portfoliotheorie häufig vernachlässigter Aspekt bildet der Einbezug des *Anlagezeithorizonts*. Gerade für institutionelle Anleger wie Pensionskassen oder Versicherungen wird der Zeithorizont einer Vermögensanlage zu einer wichtigen Determinante des Asset-Allokations-Entscheides. Es stellt sich die Frage, wie sich die Risiken von Anlagen über zunehmende Zeithorizonte verändern und welche Implikationen sich daraus für die Struktur von Vermögensanlagen ergeben. Dies ist Gegenstand des neunten Kapitels.

Die Feststellung erübrigt sich, dass die behandelten Themen nicht in voller Tiefe dargestellt werden können. Es liegt in der Zielsetzung der vorliegenden Arbeit, einen Überblick über die heute diskutierten Themen im Bereich der Performance-Messung zu geben. Einige dieser Themen (wie die Asset-Class-Faktormodelle, der strategische Einsatz von Optionen oder die Zeithorizonteffekte) sind weder wissenschaftlich vollständig ausgereift noch in der Praxis

eingehend erprobt. Insofern soll das Buch einen Anstoss liefern, die aufgebrach-
ten Themen in der Forschung weiter zu bearbeiten und in praktische Konzepte
umzusetzen. Der Prozess wird zwingend im Dialog zwischen Forschung und
Anwendung stattfinden müssen. Die Autoren hoffen, dass die vorliegende Arbeit einen Beitrag zu diesem Prozess leistet.

1.6 Literatur

AMMANN, D. (1990): Anlagestrategien für Pensionskassen. Paul Haupt (Schriftenreihe des Instituts für Betriebswirtschaft an der Universität Basel, Band 21)

BLACK, F. and TREYNOR, J. (1972): Portfolio selection using special information, under the assumption of the diagonal model, with mean-variance portfolio objectives, and without constraints. Mathematical Methods in Investment and Finance. Hrsg. G. Szegö/K. Shell, North-Holland, S. 367-384

BRINSON, G. /HOOD, L. /BEEBOWER, G. (1986): Determinants of Portfolio Performance. Financial Analysts Journal, July/August, S. 39-44

BRINSON, G. /SINGER, B. /BEEBOWER, G. (1991): Determinants of Portfolio Performance II: An Update. Financial Analysts Journal, May/June, S. 40-48

BROWN, S. /GOETZMAN, W. /IBBOTSON, R. /ROSS, St. (1992): Survivorship Bias in Performance Studies. Review of Financial Studies 5, S. 553-580

ELTON, E. and GRUBER, M. (1991): Modern Portfolio Theory and Investment Analysis. Wiley

GOETZMAN, W. and IBBOTSON, R. (1991): Do Winners Repeat? Patterns in Mutual Fund Behavior. Working Paper, Yale School of Organization and Management

GRINBLATT, M. (1986/87): How to Evaluate a Portfolio Manager? Finanzmarkt und Portfolio Management 1, S. 9-20

GRINBLATT, M. and TITMAN, S. (1992): Performance Evaluation. UCLA, Working Paper, No. 3-92

GROSSMAN S. and STIGLITZ J.E. (1980): On the Impossibilitiy of Informationally Efficient Markets. American Economic Review, Vol. 70, S. 393-408

HENDRICKS, D. /PATEL, J. /ZECKHAUSER, R. (1991): Hot Hands in Mutual Funds: The Persistence of Performance, 1974-88. Working Paper, Kennedy School of Management, Harvard University

IPPOLITO, R. (1993): On Studies of Mutual Fund Performance, 1962-91. Financial Analysts Journal, January/February, S. 42-50

JENSEN, M. (1969): The Performance of Mutual Funds in the Period 1945-1964. Journal of Finance 23, S. 389-416

KRITZMAN, M. (1987): Incentive Fees. Some Problems and Some Solutions. Financial Analysts Journal, January/February, S. 21-26

LAKONISHOK, J. /SHLEIFER, A. /VISHNY, R. (1992): The Structure and Performance of the Money Management Industry. Brookings Papers on Economic Activity: Microeconomics, S. 339-391

LOGUE, D. (1991): Managing Corporate Pension Plans. Harper Business

MARKOWITZ, H. (1952): Portfolio Selection. Journal of Finance 7, S. 77-91

MARKOWITZ, H. (1959): Portfolio Selection. Efficient Diversification of Investments. Wiley

ROLL, R. and ROSS, St. (1984): The Arbitrage Pricing Theory Approach to Strategic Portfolio Planning. Financial Analysts Journal, May/June, S. 14-26

ROSS, St. (1976): Return, Risk, and Arbitrage, in: Risk and Return in Finance. Hrsg. I. Friend/J. Bicksler, Ballinger, S. 189-218

RUBINSTEIN, M. (1991): Continuosly rebalanced investment strategies. Journal of Portfolio Management, 18, S. 78-81

SHARPE, W. (1964): Capital Asset Prices. A Theory of Market Equilibrium under Conditions of Risk. Journal of Finance 19, S. 425-442

SHARPE, W. (1966): Mutual Fund Performance. Journal of Business, S. 119-138

SHARPE, W. (1987): Integrated Asset Allocation. Financial Analysts Journal, September/October, S. 25-32

SHARPE, W. (1990): Asset Allocation. Managing Investment Portfolios. A Dynamic Process. Hrsg. von J. Maginn/D. Tuttle, Kapitel 7

SHARPE, W. (1992): Asset Allocation: Management Style and Performance Measurement. Journal of Portfolio Management (Winter), S. 7-19

SHARPE, W. and ALEXANDER, G. (1990): Investments. 4. Auflage, Prentice-Hall

SOLNIK, B. (1996): International Investments. 3. Auflage, Addison-Wesley

WYDLER, D. (1992): Einige grundsätzliche Gedanken zu Schweizer Pensions-kassen. Finanzmarkt und Portfolio Management VI/2, S. 169-178

ZIMMERMANN, H. (1991): Zeithorizont, Risiko und Performance: Eine Übersicht. Finanzmarkt und Portfolio Management V/2, S. 164-181

ZIMMERMANN, H. (1992): Performance-Messung im Asset Management. Controlling (Hrsg. K. Spremann /E. Zur), Gabler, S. 49-112

ZIMMERMANN, H. /ARCE, C. /JAEGER, S. /WOLTER, H.-J. (1992): Pen-sionskassen Schweiz: Neue Strategien für wachsende Leistungsansprüche. Zürcher Kantonalbank (Wirtschaft und Gesellschaft)

ZIMMERMANN, H. /EBERLE, A. /RAMPINI, A. (1991): Europa und die Schweizer Banken. Rüegger

Kapitel 2

Rendite und Risiko[1]

Das vorliegende Kapitel befasst sich mit der Messung von Anlagerenditen und deren Volatilität. Anlagerenditen müssen sich stets auf Marktwertveränderungen der zugrunde liegenden Anlagen abstützen. Besondere Probleme ergeben sich bei der Renditeberechnung im Zusammenhang mit Zu- und Abflüssen zum betrachteten Vermögen. Ohne einheitliche Berechnungsgrundsätze machen deshalb Vergleiche zwischen Anlagerenditen wenig Sinn. Renditen von Aktien, Bonds u.a. sind teilweise substantiellen Schwankungen unterworfen. Dieses Kursrisiko wird mit der Volatilität, definiert als die Standardabweichung der stetigen Anlagerenditen, gemessen. Werden verschiedene Anlagen zu einem Portfolio kombiniert, dann bildet der Korrelationskoeffizient der Renditen der darin enthaltenen Anlagen eine wichtige Bestimmungsgrösse des Portfoliorisikos. Für eine einzelne Anlage innerhalb eines diversifizierten Portfolios ist der Betafaktor eine nützliche Masszahl für das systematische Risiko, die insbesondere für die risikoadjustierte Performance-Messung relevant sein wird.

2.1 Grundlagen 24

2.2 Durchschnittsrenditen 25

2.3 Durchschnittsrendite mit Ein- und Auszahlungen 28

2.4 Stetige Renditen 31

2.5 Volatilität von Renditen 35

2.6 Inflation, Risiko und Renditen schweizerischer Anlagen 39

2.7 Portfolios 44

2.8 Betas 48

2.9 Zusammenfassung 54

2.10 Literatur 55

2.1 Grundlagen

Eine aussagekräftige Performance-Kontrolle und Performance-Attribution setzt die Bewertung der Anlagen aufgrund von Marktwerten voraus: Zins-, Währungs- und Marktschwankungen bewirken, dass die Marktwerte von Anlagen ständigen Wertschwankungen ausgesetzt sind. Einstandswerte, Niedrigstwerte etc. mögen zwar buchhalterischen Aspekten wie dem kaufmännischen Vorsichtsprinzip genügen, für die Performance-Kontrolle im Sinne einer kapitalmarktorientierten Leistungsbeurteilung können jedoch ausschliesslich Marktwerte genügen.

Die Anlagerendite berechnet sich aus der Summe der ausgeschütteten Erträge (Dividenden, Coupons), D_t, und der Kapitalerträge/-verluste, $P_{t+1}-P_t$, im Verhältnis zum eingesetzten Kapital, P_t:

$$(2.1) \qquad R_t = \frac{P_t - P_{t-1} + D_t}{P_{t-1}}$$

Diese Definition unterstellt, dass allfällige Ausschüttungen am Schluss der betrachteten Periode erfolgen:

Preis am 1.1.1993 1400	Ausschüttung am 31.12.1993 50	Preis am 1.1.1994 1600
$R_{1993} = \dfrac{(1600 - 1400) + 50}{1400} = 0{,}1786 = 17{,}86\%$		

Tabelle 2.1: Anlagerendite an einem Beispiel

Wenn Dividendenzahlungen zwischenzeitlich (also zwischen zwei Bewertungsdaten) erfolgen, so muss die Renditeberechnung anders erfolgen. Mit dieser Problematik befasst sich Abschnitt 2.3 dieses Kapitels, wo der Unterschied zwischen der geld- und zeitgewichteten Rendite besprochen wird.

Wie lässt sich die jährliche Rendite bestimmen, wenn die Renditen auf monatlicher oder quartalsweiser Basis festgestellt werden? Wenn R_{Qt} die Rendite im Quartal *t* bezeichnet, so berechnet man die jährliche Rendite aus den vier Quartalsrenditen gemäss:

$$(2.2) \qquad R_J = \left(1 + R_{Q1}\right) \cdot \left(1 + R_{Q2}\right) \cdot \left(1 + R_{Q3}\right) \cdot \left(1 + R_{Q4}\right) - 1$$

Diese Formel widerspiegelt die zinseszinsliche Verzinsung der vier Quartalsrenditen. Ein Zahlenbeispiel vermag dies aufzuzeigen:

1. Quartal 12%	2. Quartal -5%	3. Quartal 4%	4. Quartal 15%
$R_J = (1+0,12) \cdot (1-0,05) \cdot (1+0,04) \cdot (1+0,15) - 1 = 0,2725 = 27,25\%$			

Tabelle 2.2: Zahlenbeispiel jährlicher Rendite auf quartalsweiser Basis

Die Berechnung von marktwertbasierten Anlagerenditen ist eine zwingende
Voraussetzung für die Feststellung der Anlage-Performance. In verschiedenen
Fällen ist jedoch die Feststellung von Marktwerten und damit der Performance
gegenüber einem Benchmark schwierig. Dies gilt namentlich für Hypothekaran-
lagen oder Wertpapiere ohne liquiden Sekundärmarkt (sog. Nebenwerte). Gerade im Falle institutioneller Anlagen sind fehlende Marktwerte als höchst problematisch zu beurteilen: Primäres Ziel institutioneller Gelder ist die zukünftige
Leistungserbringung. Marktwerte geben Aufschluss über den Wert, den die
Anlagen bei einer Veräusserung am Markt einbringen würden und ermöglichen
auf diese Weise eine laufende Überprüfung des Deckungsgrades der Leistungsverpflichtungen. Transparenz bezüglich des Leistungspotentials einer Kasse
erfordert deshalb zwingend eine an Marktwerten orientierte Anlagepolitik. Anlagen, bei welchen der Marktwert nicht feststellbar oder zumindest abschätzbar
ist, gehören zu diesem Zweck nicht in Vermögensanlagen mit leistungsbezogenem Anlagezweck. Sie lassen keinerlei Aufschluss über die Eignung der Anlagestrategie hinsichtlich der zukünftigen Leistungserfüllung zu. Die Kontrolle
des Leistungsgrades einer Pensionskasse setzt die konsequente Anwendung des
Marktwertprinzips bei der Bewertung von Vermögensanlagen voraus, was insbesondere eine Priorität für Anlagen mit liquiden Sekundärmärkten bedeutet.
Die bestehenden Normen zur Rechnungslegung ermöglichen in dieser Hinsicht
kein geeignetes finanzielles Führungsinstrument. Es sind infolgedessen sub-
stantielle Veränderungen erforderlich.

2.2 Durchschnittsrenditen

Die Feststellung der durchschnittlichen Anlagerendite über eine vorgegebene
Zeitperiode scheint auf den ersten Blick keine besonderen Schwierigkeiten zu
bieten. Die nachfolgenden Beispiele zeigen allerdings, dass ohne verbindliche
und einheitliche Rechenregeln ein Performance-Vergleich schon auf der Stufe
der Renditemessung fragwürdig oder sogar unmöglich ist. Viele der nachfolgenden Zahlenbeispiele beruhen auf einem Aktienindex des schweizerischen
Aktienmarktes, der von der Bank Pictet in enger Anlehnung an eine Dissertation von E. Rätzer (1983) rekonstruiert wurde. Die Eigenschaften des Index werden in Wydler (1989) diskutiert. Aufgrund des Index lassen sich jährliche Akti-

enmarktrenditen für die Zeitperiode 1926 bis 1990 berechnen. Eine Darstellung findet man in Abbildung 2.1.

Die Berechnung einer Durchschnittsrendite wird anhand des Pictet-Rätzer-Aktienindex illustriert. Dieser hat sich von einem Indexstand von 8657,62 Ende 1988 auf einen Wert von 8563,13 Ende 1990 verändert. Welche Rendite hätte ein indexiertes Vermögen abgeworfen, wenn Ende 1988 der Index erworben und Ende 1990 verkauft worden wäre? Offensichtlich wäre über die beiden Jahre ein minimaler Verlust von:

$$\frac{8563,13 - 8657,62}{8657,62} = -1,09\%$$

entstanden, also pro Jahr rund -0,55%.

Wie wäre die Rechnung ausgefallen, wenn die Jahresrendite 1988-89 von:

$$\frac{10613 - 8657,62}{8657,62} = 22,59\%$$

mit der Jahresrendite 1989-90:

$$\frac{8563,13 - 10613}{10613} = -19,31\%$$

gemittelt würde?

Es resultiert ein durchschnittlicher Jahresgewinn von 1,64% – ein Resultat, das vom oben berechneten Durchschnitt nicht nur wertmässig, sondern auch im Vorzeichen abweicht. Offenbar ist die zweite Rechnung falsch, da ja ein Verlust erwirtschaftet wurde. Die Abweichung rührt daher, dass sich die beiden Prozentzahlen auf unterschiedliche absolute Vermögenswerte beziehen, resp. dass zwei betragsmässig mehr oder weniger gleiche Kursbewegungen prozentual verschieden hoch ausfallen, weil sie bei Periodenbeginn auf unterschiedlichen Vermögensbeträgen beruhen. Konsequenterweise darf eine durchschnittliche Rendite nicht als einfaches Mittel sämtlicher Renditen im Zeitablauf ausgerechnet werden.

Auf die gesamte Zeitperiode von 1926 bis 1990 angewandt, würde man durch die Durchschnittsbildung sämtlicher jährlicher Renditen einen (falschen) Ertrag von 8,93% berechnen.

Würde aber die Rechnung „prozentuale Vermögensveränderung dividiert durch Anzahl Jahre" die korrekte durchschnittliche Jahresrendite widerspiegeln?

Also:

$$\frac{8563,13 - 100}{100} = 8463,13\%$$

$$\frac{8463,13\%}{65 \text{ Jahre}} = 130,20\% \text{ pro Jahr}$$

Wohl kaum, denn offensichtlich liegt keine jährliche Verdoppelung des Kapitals vor[2]. Vielmehr muss gerade über lange Zeithorizonte die Durchschnittsrendite unter Beachtung der (jährlichen) Wiederanlage der Erträge ermittelt werden, und diese beträgt im vorliegenden Fall 7,09%. Dies kann einfach überprüft werden, denn die jährliche Aufzinsung des Indexwertes 1926 von 100 mit 7,09% über 65 Jahre hinweg führt exakt zum Indexwert 1990 von 8563,13:

$$100 \cdot \left(1 + \frac{7.09}{100}\right)^{65} = 8563,13$$

Man bezeichnet die 7,09% als geometrische Durchschnittsrendite. Eine allgemeine Formel für die Berechnung dieses Durchschnittswerts ist:

(2.3) $$\overline{R} = \sqrt[T]{\frac{K_T}{K_0}} - 1$$

Dabei bezeichnet K_0 den Marktwert des Kapitals zu Beginn der Analyseperiode und K_T den Marktwert am Ende der Periode T. Verfügt man umgekehrt über eine Zeitreihe einfacher Periodenrenditen R_1, R_2, ..., R_T, dann lautet die entsprechende Formel:

(2.4) $$\overline{R} = \sqrt[T]{(1 + R_1) \cdot (1 + R_2) \cdot ... \cdot (1 + R_T)} - 1$$

Als Schlussfolgerung dieses Abschnitts kann festgehalten werden, dass eine Durchschnittsrendite einem geometrischen Durchschnitt entspricht, sofern der Berechnung einfache Renditen oder Indexveränderungen zugrunde liegen.

---

[2]*Bei einer jährlichen Verdoppelung würde der ursprüngliche Indexstand von 100 zinseszinslich auf $100 \cdot (1+1)^{65}$ ansteigen.*

2.3 Durchschnittsrendite mit Ein- und Auszahlungen

Etwas schwieriger wird die Feststellung der Anlagerendite, wenn zwischenzeit-liche Ein- und Auszahlungen zum betrachteten Vermögen stattfinden. Ein hypo-thetisches Zahlenbeispiel soll dies verdeutlichen. Das betrachtete Vermögen, das zu 100% in Aktien investiert sei, weist am Anfang des Jahres einen Wert von 50 Mio. auf. Mitte Jahr wird das Vermögen durch eine Einzahlung um 25 Mio. erhöht, und per Ende Jahr weist das Vermögen einen Wert von 100 Mio. auf. Wie hoch ist die erwirtschaftete Rendite? Bestimmt positiv, denn das Schlussvermögen liegt über der Summe des angelegten Vermögens und der ge-leisteten Einzahlung. Finanzmathematisch kann bestimmt werden, zu welchem Zinssatz die beiden Vermögensteile (50 und 25) angelegt werden müssten, um auf das tatsächliche Schlussvermögen (100) zu gelangen: Dieser beträgt im vorliegenden Fall 40,66% per annum oder 18,6% halbjährlich (konform):

$$50 \cdot \left(1 + \frac{40{,}66}{100}\right) + 25 \cdot \left(1 + \frac{18{,}60}{100}\right) = 70{,}36 + 29{,}65 = 100$$

Somit ist es naheliegend, von einer annualisierten Anlagerendite von 40,66% zu sprechen. Offensichtlich ist diese Renditemasszahl völlig unabhängig von der Entwicklung des Vermögenswerts während des Jahres.

Eine andere Betrachtungsweise liefert jedoch eine völlig unterschiedliche Schlussfolgerung. Wenn beispielsweise angenommen wird, dass sich das vor-handene Vermögen in der ersten Jahreshälfte halbiert (von 50 Mio. auf 25 Mio.: Rendite = -50%) und in der zweiten Jahreshälfte verdoppelt hat (von 50 Mio. auf 100 Mio.: Rendite = +100%), so ergibt sich eine geometrische Durch-schnittsrendite von 0%:

$$\overline{R} = \sqrt{\left(\frac{50 - 25}{50}\right) \cdot \left(\frac{100}{50}\right)} - 1 = \sqrt{0{,}5 \cdot 2} - 1 = 0\%$$

Die Halbierung des Vermögens in der ersten Periode wird durch seine Verdop-pelung in der zweiten Periode renditemässig exakt kompensiert. Der Unter-schied gegenüber der vorangehenden Rechnung liegt also darin, dass der Marktwert des Vermögens am Schluss jeder Teilperiode ins Verhältnis zum Marktwert des eingesetzten Vermögens zu Periodenbeginn, unter Berück-sichtigung der Ein- und Auszahlungen, gesetzt wird. Insofern ist die Rendite-masszahl 0% völlig immun gegenüber Ein- und Auszahlungen während der Berechnungsperiode. Wäre beispielsweise die Vermögensaufstockung nach dem ersten halben Jahr unterblieben, würde sich das Vermögen mit den Werten 50 Mio. → 25 Mio. → 50 Mio. entwickeln, aber die Rendite bliebe völlig un-verändert auf 0%.

Der Unterschied zwischen den beiden Masszahlen ist klar. Die mit 40,66% berechnete Durchschnittsrendite berücksichtigt den Zeitpunkt, zu dem Einzahlungen und Ausschüttungen zum/vom Vermögen stattfinden. Offenbar findet im vorliegenden Beispiel der Zufluss zum Vermögen gerade im richtigen Augenblick statt, nämlich vor einer Aktienhausse, so dass mit zusätzlichem Kapital von der guten Aktienmarktentwicklung profitiert werden kann und nominell ein höherer Ertrag erwirtschaftet werden kann. Dies wäre ohne Zufluss unterblieben. Wenn statt eines Zustromes von 25 Mio. hingegen ein Kapital von 24 Mio. (um ein extremes Beispiel zu wählen) dem Vermögen entzogen würde, führte selbst eine Verdoppelung des Aktienmarktes in der zweiten Periode zu einem nominellen Schlussvermögen von lediglich 2 Mio. Wie würden die beiden Renditemasse hier aussehen? Das zweite Renditemass würde unverändert auf 0% bleiben, da sich an der Halbierung und Verdoppelung des vorhandenen Vermögens nichts geändert hat; das erste Renditemass würde sich hingegen auf -69,48% jährlich reduzieren:

$$50 \cdot \left(1 + \frac{-69,48}{100}\right) - 24 \cdot \left(1 + \frac{-40,76}{100}\right) = 2$$

Der Grund liegt darin, dass das Kapital zu einem ungünstigen Zeitpunkt abgezogen wurde, so dass in der Hausse praktisch kein Kapital mehr zur Verfügung stand.

Die vorangehenden Beispiele zeigen, dass die beiden Renditemasse sehr unterschiedliche Aussagen beinhalten und dementsprechend stark voneinander abweichen. Um den Unterschied zu verdeutlichen, wählt man verschiedene Begriffe: Bei der ersten Masszahl spricht man von der geldwertgewichteten Durchschnittsrendite (Geldrendite)[3]: Hier wird die erzielte Rendite mit dem investierten Vermögen „gewichtet", das heisst, der Zeitpunkt der Geldzu- und -abflüsse hat eine erhebliche Wirkung auf den ausgewiesenen Erfolg. Mathematisch entspricht die Geldrendite dem internen Ertragssatz (Zinssatz) eines Cashflow-Stromes C_0, C_1, C_2, ..., C_T:

$$(2.5) \qquad K_0 = \frac{C_1}{1 + \overline{\overline{R}}} + \frac{C_2}{(1 + \overline{\overline{R}})^2} + ... + \frac{K_T}{(1 + \overline{\overline{R}})^T}$$

worin $C_t > 0$ Auszahlungen vom ($C_t < 0$ Einzahlungen zum) Vermögen im Zeitpunkt t bezeichnen und K_0 das Anfangs- und K_T das Schlussvermögen darstellen.

Im Gegensatz dazu wird beim zweiten Renditemass der Anlageertrag unabhängig von den erfolgten Zu- und Abflüssen gemessen; das heisst, das Renditemass

---

[3]Englisch: money-weighted rate of return.

ist für Zahlungsströme „bereinigt" und widerspiegelt ausschliesslich den erwirtschafteten durchschnittlichen Ertrag auf dem durch Zu- und Abflüsse schwan-
kenden Vermögensbestand im Zeitablauf. Man bezeichnet diesen Wert deshalb
als zeitgewichtete Durchschnittsrendite (Zeitrendite[4])[5]. Mathematisch entspricht
sie dem geometrischen Durchschnitt der Renditen der zugrunde liegenden Teilperioden. Letztere werden gemäss:

$$(2.6) \qquad R_t = \frac{\left[K_t + C_t\right] - K_{t-1}}{K_{t-1}}$$

berechnet, woraus sich die Zeitrendite als:

$$(2.7) \qquad \overline{R} = \sqrt[T]{\frac{K_1 + C_1}{K_0} \cdot \frac{K_2 + C_2}{K_1} \cdot \ldots \cdot \frac{K_T + C_T}{K_{T-1}}} - 1$$

ergibt. Die praktischen Schlussfolgerungen liegen auf der Hand: Weder die eine
Renditezahl ist falsch noch die andere richtig; sie unterscheiden sich im wesentlichen darin, dass es in bestimmten Situationen eine Rolle spielt, mit welchem verfügbaren Kapital man eine Rendite von 10% erwirtschaftet. Welche
der Masszahlen verwendet wird, hängt vom Berechnungszweck ab. Weil die
Geldrendite den Zeitpunkt und das Ausmass der Zahlungsströme hinsichtlich
der erzielten Renditen, also das „Timing" der Zuflüsse und Abflüsse zu/aus dem
Vermögen miteinbezieht, sollte diese Masszahl immer dann verwendet werden,
wenn der Vermögensverwalter den Zeitpunkt der Mittelzu- und -abflüsse mit-
bestimmt und für ein „schlechtes" oder „gutes" Timing verantwortlich gemacht
werden soll/kann. Dies trifft typischerweise für eine Pensionskasse zumindest
teilweise zu, da durch die Wahl der Anlagestrategie die Ausschüttung der Vermögenswerte oder teilweise auch der Prämienfluss gesteuert werden kann. Für
eine Anlagestiftung oder einen Anlagefonds dürften die Mittelflüsse weitgehend ausserhalb des Einflussbereichs des Fondsverwalters sein, so dass die Erfolgskontrolle hier mit der Zeitrendite erfolgen sollte.

Diese Beispiele zeigen zwei Sachverhalte:
– Einzahlungen und Auszahlungen respektive Anspar- und Entsparvorgänge
  beeinflussen die ausgewiesene Rendite eines Vermögens erheblich;

---

[4]*Englisch: time-weighted rate of return.*

[5]*Damit in der Praxis die Zeitrendite verwendet werden kann, aber nicht täglich der Marktwert der Anlagen festgestellt werden muss, berechnet man eine monatliche Annäherung
   zur Zeitrendite gemäss Solnik (1991), S.356, und verkettet die auf diese Weise monatlich
   ermittelten Renditewerte zu einer geometrischen Jahresrendite. Solnik (1991) bezeichnet
   diese Rendite irreführenderweise als "money-weighted rate of return"; es handelt sich jedoch um eine Approximation für die Zeitrendite.*

– Renditevergleiche sind ohne verbindliche Rechenregeln und ohne Kenntnis des gewählten Vorgehens völlig arbiträr und können im Extremfall schlichtweg irreführend sein.

2.4 Stetige Renditen

In der Finanzmarkttheorie wird häufig mit stetigen Renditen gerechnet. Deren Bedeutung erkennt man am einfachsten anhand einer Grafik: Legt man eine kontinuierlich ansteigende Kurve durch das Anfangs- und Schlussvermögen, so entspricht die durchschnittliche Wachstumsrate des so investierten Vermögens einer sogenannten „stetigen" (= fortlaufenden) Verzinsung des Kapitals: Sie beträgt im Falle des hier analysierten Index 6,85%:

$$\frac{\ln\left(K_T/K_0\right)}{n} = \frac{\ln\left(8563.13/100\right)}{65} = 6,85\%$$

Man bezeichnet die 6,85% als stetige Durchschnittsrendite. Dieser Begriff soll anhand eines Zahlenbeispiels illustriert werden. Dabei wird ein Jahreszins von 12% angenommen. Die zugrunde liegende Verzinsungsperiode ist jedoch unterschiedlich lang. Wenn der Zins beispielsweise monatlich gutgeschrieben wird, ergibt sich ein effektiver Jahreszins von 12,68%. Dies bedeutet, dass ein einfach (nicht zinseszinslich) verzinstes Kapital zu einem um 0,68% höheren Zinssatz angelegt werden müsste, damit dasselbe Schlussvermögen wie bei monatlichen Zinsgutschriften resultiert. Gedanklich lässt sich diese Überlegung auf beliebig kurze Verzinsungsperioden ausdehnen.

Dabei stellt man fest, dass das Schlussvermögen nicht etwa in astronomische Höhen wächst, sondern zu einem endlichen Grenzwert konvergiert (1,1274968516). Dieser Grenzwert entspricht dem Fall der stetigen Verzinsung: Die (infinitesimal kleinen) Zinsgutschriften erfolgen laufend. Interessant ist dabei jedoch die Feststellung, dass die Konvergenz zu diesem Zinssatz bereits relativ rasch erfolgt; bereits bei täglichen Zinsgutschriften (was bei verschiedenen Finanzmarkttransaktionen nicht unüblich ist) beträgt der effektive Jahreszins 12,74%. Der einfache Jahreszins, welcher dieser stetigen Verzinsung entspricht, beträgt:

$$r_J = e^{0,12} - 1 = 0,1274968516 = 12,74968516\%$$

Periodizität der Verzinsung	Verzinsungs- perioden/ Jahr (n)	Periodenzins- satz (r/n)	Schlusskapital nach 1 Jahr $K_1 = (1+r/n)^n$	einfacher Jah- reszinssatz $(K_1/K_0)-1$
Jahr	1	12%	$(1,12)^1$ = 1,12	12%
Quartal	4	3%	$(1,03)^4$ = 1,1255	12,55%
Monat	12	1%	$(1,01)^{12}$ = 1,1268	12,68%
Woche	52	0,231%	$(1,00231)^{52}$ = 1,273	12,73%
Tag	365	0,0329%	$(1,000329)^{365}$ = 1,127475	12,7475%
Stunde	8'760	0,00137%	$(1,0000137)^{8760}$ = 1,1274959	12,74959%
Minute	525'600	0,0000228%	1,1274965	12,74965%
Sekunde	31'536'000	0,000000381%	1,1274968513	12,7496851%
„stetig"	∞	0,12dt	$e^{0,12}$ = 1,1274968516	12,74968516%

Tabelle 2.3: Verschiedene Verzinsungsperioden

Zur Terminologie ist festzuhalten, dass der stetig verzinste Jahreszins von 12% als stetiger Zinssatz bezeichnet und mit einem kleinen Buchstaben (r) abgekürzt wird. e ist die Abkürzung für den Zahlenwert 2,718281828... und stellt die Basis des natürlichen Logarithmus dar[6]. Der effektive, einfach verzinsliche Jahreszinssatz von 12,74...%, welcher der stetigen Verzinsung entspricht, wird als einfacher Zinssatz bezeichnet; er wird mit einem grossen Buchstaben abgekürzt (R). Der Zusammenhang beträgt demzufolge:

$$(2.8) \qquad 1 + R = e^r$$

und für Anlageperioden, welche nicht einem vollen Jahr entsprechen, gilt:

$$(2.9) \qquad (1 + R)^t = e^{rt}$$

Wenn r und R annualisierte Grössen sind, so bezeichnet t den Bruchteil eines Jahres ($t = 0.5$: Halbjahr; $t = 4$: 4 Jahre). Diese Terminologie wird auch auf Renditen übertragen (stetige Rendite, einfache Rendite).

Es muss deutlich festgehalten werden, dass die Möglichkeit, die Verzinsung einer Anlage oder eines Kredits als stetigen Zinssatz oder stetige Rendite auszuweisen, mit der effektiven Verzinsungsperiode keinen direkten Zusammen-

---

[6]*Die Zahl wurde vom Basler Mathematiker Leonhard Euler entdeckt und wird deshalb auch als Eulersche Zahl bezeichnet.*

hang hat. Jeder Zinssatz kann alternativ als einfacher oder als stetiger Zinssatz ausgedrückt werden. So wie jeder stetige Zinssatz r durch die Formel:

(2.10) $R = e^r - 1$

in einen einfachen Zinssatz überführt werden kann, lässt sich durch die Umkehroperation[7] jeder einfache Zinssatz R durch:

(2.11) $r = \ln[1 + R]$

in einen stetigen Zinssatz umrechnen. Eine einfache Rendite von 5% entspricht auf diese Weise einer stetigen Rendite von:

$$r = \ln 1,05 = 0,048790 = 4,88\%$$

Beide Masszahlen, ob 5% einfach oder 4,88% stetig, widerspiegeln ökonomisch genau denselben durchschnittlichen Anlageertrag – lediglich der zugrunde liegende Verzinsungsmodus ist unterschiedlich: fortlaufend im einen Fall, einfach (jährlich) im andern Fall. Einige Umrechnungsbeispiele zeigt die folgende Tabelle:

einfache Rendite	stetige Rendite	stetige Rendite	einfache Rendite
-100%	$-\infty$	-100%	-63,2%
-80%	-160,9%	-80%	-55,1%
-60%	-91,6%	-60%	-45,1%
-40%	-51,1%	-40%	-33,0%
-20%	-22,3%	-20%	-18,1%
0%	0%	0%	0%
+20%	+18,2%	+20%	+22,1%
+40%	+33,6%	+40%	+49,2%
+60%	+47,0%	+60%	+82,2%
+80%	+58,8%	+80%	+122,5%
+100%	+69,3%	+100%	+171,8%

Quelle: Eigene Darstellung

Tabelle 2.4: Einfache versus stetige Renditen: Umrechnungsbeispiele

Besonders zu beachten ist, dass im Gegensatz zu einfachen Renditen stetige Renditen unter -100% durchaus plausibel sind. Während die meisten Finanzmarktanlagen so ausgestattet sind, dass man höchstens den investierten Geldbetrag verlieren kann und die einfache Rendite den Wert -100% nicht unterschreiten kann, ist eine beliebig tiefe stetige Rendite mit einer auf -100% begrenzten einfachen Rendite konsistent.

---

[7] *Die Logarithmusfunktion ln[...] ist die* Umkehroperation *zur Exponentialfunktion* $e^{[...]}$.

Wie bereits angemerkt, können R und r als Zinssätze oder Renditen von Kapitalanlagen verstanden werden. Im Falle der stetigen Rendite liegt eine besondere Interpretation vor.

Man erkennt dies, wenn in der Definition der einfachen Rendite in Gleichung (2.1) der Ausdruck (2.11) eingesetzt wird:

$$(2.12) \qquad r_t = \ln\left(1 + \frac{P_t + D_t - P_{t-1}}{P_{t-1}}\right) = \ln\left(P_t + D_t\right) - \ln P_{t-1} = \ln\frac{P_t + D_t}{P_{t-1}}$$

Dies bedeutet, dass sich die stetige Rendite einer Anlage aus deren absoluten logarithmierten Wertveränderungen ergibt. Ein Zahlenbeispiel soll dies illustrieren:

Preis: P_t	einfache Rendite: $R_t = P_t/P_{t-1}$	logarithmierter Preis: $ln(P_t)$	stetige Rendite: $r_t = ln(P_t)-ln(P_{t-1})$
100,00		4,605	
116,42	0,1642	4,757	0,1520
108,52	-0,0679	4,687	-0,0700
119,25	0,0988	4,781	0,0940
121,55	0,0193	4,800	0,0190
Durchschnitt R:	0,0500	Durchschnitt r:	0,0488

Tabelle 2.5: Zahlenbeispiel

Dies bedeutet: Legt man eine Gerade durch das logarithmierte Anfangs- und Schlussvermögen, so entspricht die Steigung der durchschnittlichen stetigen Rendite des so investierten Vermögens.

Eine letzte Eigenschaft stetiger Renditen ist wichtig: Die durchschnittliche stetige Rendite ergibt sich als einfacher (arithmetischer) Durchschnitt der zugrunde liegenden Teilrenditen – nicht etwa als geometrischer Durchschnitt. Im vorangehenden Zahlenbeispiel bedeutet dies, dass die durchschnittliche stetige Rendite:

$$\bar{r} = \frac{4,800 - 4,605}{4} = \frac{0,152 - 0,07 + 0,094 + 0,019}{4} = 0,0488 = 4,88\%$$

beträgt. Wie oben gezeigt wurde, entspricht dies einer einfachen Durchschnittsrendite (geometrischer Durchschnitt) von 5%.

Ob man mit einfachen oder stetigen Zinssätzen und Renditen arbeitet, hängt von praktischen Überlegungen ab. Ein wesentliches Argument für die Verwendung stetiger Renditen ist statistischer Natur: Im Unterschied zu einfachen Renditen können stetige Renditen als ungefähr normalverteilt angenommen werden. Dies

ist im Zusammenhang mit der Messung der Volatilität von Anlagerenditen bedeutungsvoll. Dies ist der Gegenstand des nächsten Abschnitts.

2.5 Volatilität von Renditen

Dem Anlagerisiko wurde soweit keine Beachtung geschenkt. Typischerweise
wird das Risiko von Aktien, Bonds, Fremdwährungen etc. mit der sogenannten
„Volatilität" gemessen[8]. Dabei geht es ausschliesslich um das Risiko, das durch
kapitalmarktbedingte Kursschwankungen hervorgerufen wird: Kursschwankungen von Aktien aufgrund veränderter Erwartungen, Kursschwankungen von
Bonds aufgrund von Zinsänderungen oder Veränderungen der Bonität des
Schuldners usw.

Die Volatilität einer Anlage ist definiert als annualisierte Standardabweichung
der stetigen Renditen einer Anlage. Dies ist in den Abbildungen 2.1 und 2.2 an
zwei konkreten Beispielen, den jährlichen Kursschwankungen (stetige Jahresrenditen) des schweizerischen Aktien- und Obligationenmarktes zwischen 1926
und 1990, dargestellt.

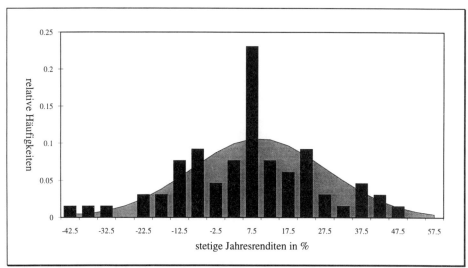

Quelle: Eigene Berechnungen aufgrund der Pictet-Rätzer-Aktienrenditen von 1926-1990

Abbildung 2.1: Verteilung der stetigen Aktienrenditen 1926-1990

---

[8]*Um Konfusionen zu vermeiden, beachte man, dass in der Literatur unter Bond-Volatilität
nicht eine Volatilität im hier definierten Sinne verstanden wird, sondern die Semi-
Elastizität des Kurswerts eines Bonds gegenüber der Verfallsrendite. Ebenso hat der Beta-
faktor einer Aktie nichts mit der nachfolgend definierten Volatilität zu tun: Beim „Beta"
handelt es sich um einen Regressionskoeffizienten der Aktienrendite bezüglich des Marktportfolios (siehe Abschnitt 2.8).*

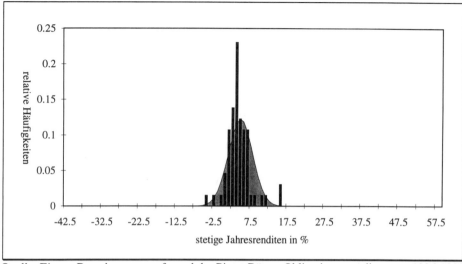

Quelle: Eigene Berechnungen aufgrund der Pictet-Rätzer-Obligationenrenditen von 1926-1990

Abbildung 2.2: Verteilung der stetigen Obligationenrenditen 1926-1990

Die Jahresrenditen sind in Form zweier Häufigkeitsverteilungen dargestellt. Bei einer breiten Verteilung treten hohe Kursgewinne und -verluste relativ häufiger auf als bei einer schmalen Verteilung. Die Investition in eine Anlage mit einer „breiten" Renditeverteilung ist also mit einem höheren Risiko verbunden: Die Chance, in einem spezifischen Jahr die durchschnittliche oder erwartete Rendite zu verfehlen (und zwar nach oben wie nach unten), ist bei der breiten Renditeverteilung substantiell grösser.

Aus den Abbildungen geht hervor, dass die Langzeitvolatilität von Aktien substantiell grösser ist als jene von Bonds. Um diese Unterschiede zu quantifizieren, wird eine statistische Masszahl verwendet, die sog. Standardabweichung. Im vorliegenden Fall berechnet man für die Aktienrenditen einen Wert von 18,7%, für die Bondrenditen einen solchen von 3,24%. Die Verwendung und Interpretation dieser Masszahl ist jedoch nur im Zusammenhang mit einer theoretischen Verteilung der Aktienrenditen sinnvoll. Es wird angenommen, dass die stetigen Renditen durch eine Normalverteilung charakterisiert werden können. Die Normalverteilung hat die Form einer Glockenkurve und ist durch die folgende Formel bestimmt:

$$(2.13) \qquad \frac{1}{\sqrt{2\pi}\sigma_0} \; e^{-\frac{1}{2}\left(\frac{r-\mu_0}{\sigma_0}\right)^2} = P(\tilde{r} = r)$$

Daraus erkennt man, dass die Form der Verteilung durch den Mittelwert (μ_0) und die Standardabweichung (σ_0) bestimmt ist. r bezeichnet die stetige Rendite.

In Abbildung 2.1 und 2.2 sind neben den tatsächlichen Renditeverteilungen die jeweiligen Normalverteilungen, welche denselben Mittelwert (6,84% und 4,16%) und dieselbe Volatilität aufweisen (18,7% und 3,24%), eingezeichnet. Man erkennt, dass die Normalverteilung vor allem um den Mittelwert herum eine unzutreffende Charakterisierung der tatsächlichen Renditeverteilungen liefert.

Die wichtigste Eigenschaft der Normalverteilung ist ihre Symmetrie. Wenn die durchschnittliche Rendite (μ_0) 6,85% beträgt, so ist die Wahrscheinlichkeit, dass eine Jahresrendite beispielsweise über 6,85% + 5% = 11,85% liegt, genauso hoch, wie jene dass eine Jahresrendite unter 6,85% - 5% = 1,85% eintritt. D.h. Renditeabweichungen oberhalb des Mittelwerts sind genauso wahrscheinlich wie Renditeabweichungen unterhalb des Mittelwerts. Der Flächenabschnitt unter einer Normalverteilung lässt sich direkt dazu verwenden, die Wahrscheinlichkeit zu bestimmen, mit welcher eine bestimmte Rendite erreicht, übertroffen oder unterschritten wird. Dies bildet die Basis für das Konzept des Shortfall Risks (Ausfallrisikos), das im siebten Kapitel behandelt wird.

Die Volatilität im Sinne der annualisierten Standardabweichung der stetigen Renditen, $\sigma(r)$, lässt sich aus einer Zeitreihe mit n Jahresrenditen mit folgender Formel berechnen:

(2.14)   Volatilität: $\sigma(r) = \sqrt{\dfrac{1}{n-1} \sum_{t=1}^{n} (r_t - \bar{r})^2}$

Dabei bedeuten: r_t Stetige Rendite im Jahre t

n Anzahl der untersuchten Jahre

$\bar{r}$ Durchschnittsrendite über die n Jahre

Die Berechnung soll an einem Zahlenbeispiel illustriert werden: Die Berechnung einer Volatilität erfolgt über folgende Schritte: Zunächst werden die stetigen Renditen im Sinne der logarithmierten Preisveränderungen (unter Einschluss allfälliger Dividendenzahlungen) gebildet. Sodann werden der Mittelwert gebildet ($\bar{r} = 0,027$, sh. Tabelle 2.6) und die Abweichungen der einzelnen Renditen von diesem Mittelwert bestimmt. Diese Abweichungen werden quadriert (u.a. um das Vorzeichen der Abweichung zu eliminieren), summiert und durch die Anzahl der Beobachtungen abzüglich 1 dividiert. Dies ergibt die Varianz. Die Messeinheit der Varianz sind quadrierte Geldeinheiten resp. Prozente, was natürlich keinen Sinn macht. Deshalb nimmt man die Quadratwurzel, und es resultiert die Standardabweichung.

Jahr t	Preis $P(t)$	Dividende $D(t)$	log. Preis $ln(P_t)$	stetige Rendite r_t	Differenz r_t-$\bar{r}$	quadrierte Differenz $(r_t$-$\bar{r})^2$
0	1000		6,908			
1	1150		7,048	0,140	0,113	0,0128
2	1020		6,928	-0,120	-0,147	0,0216
3	950		6,856	-0,072	-0,099	0,0098
4	870	50	6,824 / 6,768	-0,032	-0,059	0,0035
5	990		6,898	0,130	0,103	0,0106
6	1210		7,098	0,200	0,173	0,0299
7	1210		7,098	0	-0,027	0,0007
8	1170		7,065	-0,033	-0,060	0,0036
Durchschnitt $\bar{r}$				0,027		
Summe						0,0925
Summe ÷ 7 ($\Rightarrow$ Varianz)						0,0132
Quadratwurzel ($\Rightarrow$ Standardabweichung)						0,1150

Tabelle 2.6: Beispiel zur Volatilitätsberechnung

Im Zahlenbeispiel resultiert eine Volatilität von 0,115 respektive 11,5%. Da es sich um Jahresrenditen handelt, kann dieser Wert direkt als annualisierte Volatilität interpretiert werden. Erfolgt die Berechnung aufgrund von Renditen anderer Periodizität (Tag, Monat, Quartal, etc.), so ist die resultierende Standardabweichung mit folgenden Faktoren zu multiplizieren:

Periodizität der Rendi-ten	Faktor
Tag	$\sqrt{365}$ = 19,10
Woche	$\sqrt{52}$ = 7,21
Monat	$\sqrt{12}$ = 3,46
Quartal	$\sqrt{4}$ = 2,00

Tabelle 2.7: Faktoren zur Annualisierung von Volatilitäten

Die Begründung dieser Faktoren wird im 9. Kapitel im Zusammenhang mit Zeithorizonteffekten gegeben. Auf jeden Fall ist zu beachten, dass die Annualisierung der Volatilität nicht durch eine Annualisierung der (täglichen, wöchentlichen, etc.) Renditen erreicht wird: In einem ersten Schritt wird die Standardabweichung mit den vorgegebenen Renditen berechnet, und im zweiten Schritt wird diese Standardabweichung mit dem entsprechenden Faktor annualisiert.

In Verbindung mit der Normalverteilung lässt sich die Volatilität direkt in einen sog. Konfidenzbereich uminterpretieren: Es handelt sich um ein Renditeintervall, innerhalb dessen die Jahresrendite mit einer bestimmten Wahrscheinlichkeit (d.h. mit einem bestimmten „Vertrauen" = Konfidenz) liegen wird. In den folgenden Beispielen wird eine durchschnittliche (stetige) Rendite von 10% und eine Volatilität von 20% unterstellt.

Folgende Konfidenzintervalle sind gebräuchlich:

1. Zweidrittel-Regel: Durch Addition und Subtraktion einer Volatilität zum/vom Mittelwert erreicht man einen 68,268%-Konfidenzbereich: In rund zwei von drei Jahren liegt die tatsächliche Rendite innerhalb dieses Renditebereichs.
   Konfidenzbereich: (10%-20%; 10%+20%) = (-10%; +30%)

2. Regel: Durch Addition und Subtraktion zweier Volatilitäten zum/vom Mittelwert erreicht man einen 95%-Konfidenzbereich: In etwa einem von zwanzig Jahren liegt die tatsächliche Rendite ausserhalb dieses Renditebereichs.
   Konfidenzbereich: (10%-40%; 10%+40%) = (-30%; +50%)

3. Regel: Durch Addition und Subtraktion dreier Volatilitäten zum/vom Mittelwert erreicht man einen 99%-Konfidenzbereich: Etwa einmal in hundert Jahren liegt die tatsächliche Rendite ausserhalb dieses Renditebereichs.
   Konfidenzbereich: (10%-60%; 10%+60%) = (-50%; +70%)

Es muss mit aller Deutlichkeit darauf hingewiesen werden, dass sich sämtliche der vorangehenden Ausführungen (Normalverteilung, Volatilitätsberechnung, Konfidenzbereich) auf stetige Renditen beziehen. Für einfache Renditen gelten die hier diskutierten Punkte bestenfalls annäherungsweise. Vor allem muss beachtet werden, dass die Konfidenzbereiche strikt auf der Annahme einer Normalverteilung der (stetigen) Renditen beruhen. Im Umfang, wie die tatsächlichen Renditen von dieser modellhaften Verteilung abweichen (siehe Abbildung 2.1), werden auch die Konfidenzbereiche unzuverlässig. Vor allem bei festverzinslichen Anlagen ist die Annahme einer Normalverteilung meistens fragwürdig, und die Interpretation der darauf aufbauenden Resultate sollte mit Vorsicht erfolgen.

2.6 Inflation, Risiko und Renditen schweizerischer Anlagen

Für die schweizerischen Aktien- und Bondrenditen, deren Verteilung für die Zeitperiode 1926 bis 1990 in den Abbildungen 2.1 und 2.2 dargestellt sind, berechnet man Volatilitäten von 18,7% bzw. 3,24%. Beachtenswert ist die Feststellung, dass der durchschnittliche Renditeunterschied zwischen den beiden Anlagekategorien (S und B):

$$\overline{r}_S - \overline{r}_B = 6,85\% - 4,16\% = 2,69\%$$

beträgt, das heisst, die Renditeprämie der Aktien mit einer fast sechsmal höheren Volatilität „erkauft" werden muss. Der schweizerische Kapitalmarkt scheint Risiken nicht allzu grosszügig zu entschädigen[9]. Somit dürfte die Notwendigkeit, vorteilhaftere Risiko-Rendite-Tradeoffs durch andere Anlageformen auszunützen, naheliegend sein. Zur Berechnung von Renditeunterschieden ist schliesslich festzuhalten, dass eine Subtraktion der (Durchschnitts-) Rendite von einer Vergleichsrendite nur für stetige Renditen erlaubt ist. Werden statt dessen einfache Renditen verwendet, so berechnet man Renditeunterschiede zwischen den beiden Anlagen S und B mit:

$$\frac{1+R_S}{1+R_B} - 1 = \frac{1{,}0708}{1{,}0425} - 1 = 0{,}0272 = 2{,}72\%$$

was mit der stetigen Renditedifferenz übereinstimmt[10].

Periodische Updates über Durchschnittsrenditen, Volatilitäten und andere Anlagecharakteristika amerikanischer Finanzmärkte liefern die Jahrbücher von Ibbotson Associates, Inc. (siehe Literaturhinweise am Schluss des Kapitels). Eine Langzeituntersuchung über die Risiken und Renditen des amerikanischen Aktienmarktes seit 1802 liefert Siegel (1992). Eine eingehende Untersuchung über die Entwicklung der Volatilität des amerikanischen Aktienmarktes findet man bei Schwert (1990). Eine Fülle von Zahlenmaterial über Risiko- und Renditeeigenschaften weltweiter Anlagemöglichkeiten liefern Ibbotson/Brinson (1993).

Die nachfolgenden Betrachtungen beschränken sich auf den schweizerischen Kapitalmarkt. Eine übersichtsmässige Darstellung nomineller und realer Rendite- und Risikoeigenschaften von Aktien und Bonds findet man in Tabelle 2.8. Das Augenmerk der nachfolgenden Ausführungen richtet sich auf die realen Renditen. Darunter versteht man die mit der Inflationsrate bereinigten Renditen. Da durchwegs stetige Renditen betrachtet werden, ist die Berechnung realer Renditen einfach:

(2.15) $r_R = r_N - \text{infl}$

Die stetige Inflationsrate, *infl*, wird einfach von der stetigen nominellen Rendite subtrahiert. Die stetige Inflationsrate für die Periode t berechnet man als logarithmierte Veränderung eines Preisindex:

---

[9]*Das bedeutet nicht, dass die Risiken nicht hoch genug entschädigt werden – denn bestimmt ist ein Teil der schweizerischen Aktien- und Obligationenrisiken international diversifizierbar, was sich im Gleichgewicht in einer tieferen Risikoprämie, als aufgrund der Volatilität zu erwarten wäre, äussern sollte.*

[10]*ln(1,0272) = 0,0269 = 2,69%.*

$$(2.16) \qquad \text{infl}_t = \ln I_t - \ln I_{t-1}$$

I_t bezeichnet einen Preisindex (Konsumentenpreisindex, Grosshandelspreisindex etc.) im Zeitpunkt t. Liegt der Preisindex Ende 1992 bei 592 und Ende 1993 bei 613, so liegt eine stetige Inflationsrate von $ln(613)-ln(592) = 0{,}0349 = 3{,}49\%$ vor. Meistens werden natürlich Inflationsraten im Sinne prozentualer Preisindexveränderungen betrachtet (*INFL*); im vorangehenden Zahlenbeispiel beträgt diese 3,55%. In diesem Fall berechnet man einfache reale Renditen mit:

$$(2.17) \qquad R_R = \frac{1 + R_N}{1 + INFL} - 1$$

Im folgenden werden jedoch ausschliesslich stetige reale Renditen betrachtet. Die Durchschnittsrendite für Aktien beträgt über den Untersuchungszeitraum 4,41% p.a., jene für Bonds 1,72%. Beide Anlagen kompensieren damit die durchschnittliche Inflationsrate (2,44%) auf lange Frist. Eine Analyse der langfristigen Durchschnittsrenditen sagt jedoch noch nichts über das reale Risiko aus. Dieses äussert sich in der Volatilität der realen Renditen.

1926-1990 Jahresrenditen	Mittelwert		Volatilität	Korrelationskoeffizienten gegenüber		
	stetig	geometrisch		Aktien	Bonds	Inflation
Nominelle Renditen						
– Aktien	6,84%	7,08%	18,70%	1		
– Bonds	4,16%	4,25%	3,24%	0,294	1	
– Inflation	2,44%	2,47%	3,78%	0,196	0,013	1
Reale Renditen						
– Aktien	4,41%	4,51%	19,02%	1		
– Bonds	1,72%	1,73%	5,44%	0,324	1	

Quelle: Eigene Berechnungen aufgrund Wydler (1989), Pictet (1988) und Rätzer (1983)

Tabelle 2.8: Statistische Eigenschaften der Pictet-Rätzer-Indexrenditen für schweizerische Aktien und Bonds, 1926-1990

Die entsprechenden Werte betragen für die Aktien 19,02% (statt 18,7%) und für die Bonds 5,44% (statt 3,24%). Dieser Vergleich lässt einen (groben) Rückschluss auf die Hedge-Eigenschaften der betrachteten Anlagen zu[11]: Wären Aktien beispielsweise eine gute Absicherung gegenüber der jährlichen Teuerung, müsste die Volatilität der realen Aktienrenditen deutlich tiefer ausfallen als die der nominellen. Würden Aktien eine perfekte bzw. vollständige Absicherung

---

[11]*Die nachfolgenden Ausführungen vernachlässigen (a) die Unterscheidung zwischen erwarteter und unerwarteter Inflation (siehe dazu etwa Fama/Schwert 1977) sowie (b) die Möglichkeit verzögerter Reaktionen der Anlagerenditen auf die Inflation. Der letzte Punkt dürfte jedoch bei jährlichen Renditen nicht besonders bedeutungsvoll sein.*

gegenüber der jährlichen Teuerung sein, dürften die realen Aktienrenditen praktisch keine Volatilität aufweisen. Die Werte in Tabelle 2.8 zeigen jedoch, dass dies keineswegs der Fall ist. Die Volatilität der realen Renditen ist marginal höher als jene der nominellen Renditen, während die reale Bond-Volatilität substantiell höher ausfällt als die Volatilität der nominellen Bond-Renditen. Dies zeigt, dass die Inflation keinen dämpfenden Effekt auf die jährlichen Anlagerenditen ausübt, das heisst, sowohl Aktien wie Bonds stellen einen schlechten Hedge gegenüber der Inflationsrate dar.

Die Beobachtung, dass die Volatilität der realen Renditen sogar noch höher ausfällt als jene der nominellen Renditen, lässt einen Rückschluss über das Vorzeichen und die Grössenordnung der Korrelation zwischen der Inflationsrate und der jeweiligen (nominellen) Anlagerendite zu. Dies geht daraus hervor, dass sich die Varianz[12] der realen Rendite aus drei Komponenten zusammensetzt:

$$(2.18) \qquad \mathrm{Var}(r_R) = \mathrm{Var}(r_N) + \mathrm{Var}(infl) - 2 \cdot \mathrm{Cov}(r_N, infl)$$

Cov(r_N,infl) bezeichnet die Kovarianz der nominellen Renditen mit der Inflationsrate: Es handelt sich um ein statistisches Mass, welches den zeitlichen Zusammenhang zwischen den beiden Grössen misst. Schwanken die beiden Grössen mehr oder weniger parallel, so liegt eine positive Kovarianz vor. Genau dies würde man erwarten, wenn Aktien einen guten Hedge gegenüber der Inflation darstellen: In Jahren hoher Inflation müssten die nominellen Aktienrenditen entsprechend höher ausfallen. Der Ausdruck zeigt, dass die Schwankungen der Inflationsrate zunächst einmal die Varianz der realen Renditen erhöhen (2. Term), aber dass im Umfang der (positiven) Kovarianz ein zweifacher Abschlag erfolgt (3. Term).

Ein standardisiertes und damit nützlicheres Mass, um den zeitlichen Zusammenhang zwischen den beiden Grössen zu messen, ist der Korrelationskoeffizient. Man gewinnt ihn aus der Kovarianz, indem diese durch das Produkt der Volatilitäten der beiden zugrunde liegenden Grössen dividiert wird:

$$(2.19) \qquad \rho(r_N, infl) = \frac{\mathrm{Cov}(r_N, infl)}{\sigma(r_N) \cdot \sigma(infl)}$$

Im Unterschied zur Kovarianz, welche beliebig hohe Werte annehmen kann, liegt der Korrelationskoeffizient immer zwischen -1 (perfekte negative Korrelation, d.h. antizyklische Entwicklung) und +1 (perfekte positive Korrelation, d.h. vollständig parallele Entwicklung). Die Korrelationskoeffizienten zwischen den nominellen Aktien- und Bondrenditen und der Inflationsrate sind in Tabelle 2.8 ausgewiesen: Sie fallen mit 0,196 und 0,013 vernachlässigbar gering aus. Somit

---

[12]*Die Varianz ist das Quadrat der Standardabweichung (Volatilität).*

vermag der Kovarianzabschlag in Gleichung (2.18) die Inflationsvarianz keineswegs zu kompensieren, womit die Inflationsschwankungen im Nettoeffekt zu einer höheren Varianz der (realen) Renditen führen.

1950-1990 Jahresrenditen	Nominelle Renditen			Reale Renditen		
	Mittelwert stetig	Mittelwert geometrisch	Volatilität	Mittelwert stetig	Mittelwert geometrisch	Volatilität
Obligationen[a]	4,13%	4,22%	3,96%	0,95%	0,96%	5,16%
Aktien[b]	7,81%	8,12%	20,17%	4,62%	4,73%	21,08%
Immobilien[c]	5,99%	6,17%	7,41%	2,80%	2,84%	8,36%
Hypotheken[d]	4,50%	4,60%	0,84%	1,32%	1,33%	2,30%
Liquidität[e]	3,16%	3,21%	(0,72%)	0,03%	-0,03%	(2,23%)

Quelle: Eigene Berechnungen

Datengrundlage:
a) Renditen aufgrund des Pictet-Rätzer-Obligationenindex
b) Renditen aufgrund des Pictet-Rätzer-Aktienindex
c) 1950-1979 Durchschnittsrendite von 21 Immobilienfonds gemäss Rätzer (1983)
   1980-83 Durchschnittsrendite der 14 grössten Immobilienfonds gemäss Hepp (1990)
   1983-90 Durchschnittsrendite von 21 Immobilienfonds gemäss Bopp-Property-Index
d) Durchschnittszinssatz für erste Hypotheken der Kantonalbanken gemäss SNB
e) durchschnittlicher Sparheftzins schweizerischer Geschäftsbanken gemäss SNB

Tabelle 2.9: Statistische Eigenschaften der Renditen typischer PK-Anlagekategorien I, 1950-1990

In Tabelle 2.9 sind die Risiko- und Ertragseigenschaften „typischer" Pensionskassenanlagen dargestellt. Aus Gründen der Datenverfügbarkeit können die entsprechenden Werte erst ab 1950 erhoben werden. Auffallend sind die vielleicht tiefer als erwarteten durchschnittlichen Renditeunterschiede zwischen den verschiedenen Anlagekategorien. Die Volatilitätsunterschiede sind im Vergleich dazu erheblich. Dabei weisen Aktien das grösste Kurspotential auf. Bereits die jährlichen Grundstückserträge (gemessen mit den jährlichen Durchschnittsrenditen von Immobilienfonds) streuen mit einer Volatilität von rund 6% in einem wesentlich kleineren Bereich. Mit dem vorangehenden Bild konsistent ist die schlechte Inflationshedge-Eigenschaft der betrachteten Anlagen. Selbst bei den Immobilienrenditen fällt die Volatilität der realen Renditen deutlich höher aus als die Volatilität der nominellen Renditen.

Bei den Kapitalmarktanlagen (Aktien, Immobilienfonds, Obligationen und Liquidität) erkennt man deutlich den Tradeoff zwischen durchschnittlichem Ertrag und Volatilität: Eine im Durchschnitt höhere Rendite lässt sich nur unter Inkaufnahme einer teilweise erheblich grösseren Volatilität erreichen. Der Rendite-Risiko-Tradeoff wird in der Portfoliotheorie konventionellerweise mit der sogenannten Sharpe-Ratio gemessen. Dieser Quotient setzt die erwartete oder durchschnittliche Überschussrendite einer Anlage i ins Verhältnis zu deren Volatilität:

(2.20) $\text{Sharpe - Ratio} = \dfrac{\bar{r}_i - r}{\sigma_i}$

Eine Anlage weist einen um so besseren Risiko-Rendite-Tradeoff auf, je höher die Sharpe-Ratio ausfällt. Im nächsten Kapitel (3) wird gezeigt, dass sie die Performance einer Anlage gegenüber der risikolosen Anlagemöglichkeit (hier mit den Sparheftzinsen gleichgesetzt) misst. In Tabelle 2.10 sind die Quotienten für die vorher betrachteten Pensionskassenanlagen dargestellt.

Aus diesen Ergebnissen zu schliessen, dass Hypotheken für Pensionskassen die „beste" Anlagemöglichkeit darstellen, wäre jedoch verfehlt. Ein solcher Schluss würde die spezifische Risiko- und Ertragszielsetzung einer Pensionskasse sowie die Diversifikationseffekte unberücksichtigt lassen. Insbesondere beschränkt man sich mit Hypotheken auf eine Ertragserwartung, welche im allgemeinen für die spezifischen Leistungserfordernisse einer Kasse völlig ungenügend ist.

1950-1990 Jahresrenditen	Sharpe-Ratio: Renditedifferenz zur risikolosen Rendite im Verhältnis zur Volatilität	
	nominelle Renditen	reale Renditen[*]
Aktien	0,23	0,22
Immobilien	0,38	0,33
Obligationen	0,24	0,18
Hypotheken	0,59	0,57

[*]Es wird mit einer realen risikolosen Rendite von 0% (statt -0,03%) gerechnet.
Quelle: Eigene Berechnungen aufgrund der Daten gemäss Tabelle 2.9

Tabelle 2.10: Rendite-Risiko-Verhältnis (Sharpe-Ratio) für PK-Anlagekategorien

2.7 Portfolios

Die wichtigste Erkenntnis der modernen Portfoliotheorie besteht darin, dass der Risiko-Rendite-Tradeoff (beispielsweise im Sinne der im vorangehenden Abschnitt diskutierten Sharpe-Ratio) einzelner Vermögensanlagen oder einzelner Anlagekategorien durch Portfoliodiversifikation immer verbessert werden kann.

Diversifikation kann erfolgen
– über einzelne Papiere;
– über Sektoren und Branchen;
– über Anlagekategorien (Asset Classes);
– über Nationalitäten;
– über Währungen;
– über Wertpapiercharakteristiken (Dividend Yield, P/E-Ratio, Kapitalisierung, etc.)

Die Portfoliotheorie beschäftigt sich mit der effizienten Diversifikation von Portfolios. Als effizient wird ein Portfolio bezeichnet, wenn kein anderes Portfolio konstruiert werden kann, welches (relativ zu bestimmten Vorgaben) eine höhere Renditeerwartung bei gleicher Volatilität aufweist – oder eine kleinere Volatilität bei gleicher Renditeerwartung[13]. Durch Diversifikation lässt sich bereits mit zwei Anlagen oder Anlagekategorien ein breites „Menü" von Risiko- und Renditekombinationen erzeugen. Dies kann am Beispiel schweizerischer Aktien und Bonds illustriert werden. Dabei wird ein Portfolio konstruiert, bei welchem 30% des Vermögens in Aktien und 70% in Bonds angelegt werden. Die erwartete Portfoliorendite beträgt:

$$E(r_P) = (0,30) \cdot (6,85\%) + (0,70) \cdot (4,16\%) = 4,967\%$$

Bei der Berechnung der Varianz der Portfoliorendite muss die Kovarianz zwischen den Renditen der beiden Anlagen berücksichtigt werden. Dies leuchtet unmittelbar ein: Die Schwankungen der Summe zweier Kursreihen sind entscheidend davon abhängig, wie sich die Kursveränderungen zueinander verhalten. Die Formel für die Berechnung der Portfoliovarianz zweier Anlagen A und B lautet:

$$(2.21) \qquad \mathrm{Var}(r_P) = \omega_A^2 \cdot \mathrm{Var}(r_A) + \omega_B^2 \cdot \mathrm{Var}(r_B) + 2 \cdot \omega_A \cdot \omega_B \cdot \mathrm{Cov}(r_A, r_B)$$

ω_A und ω_B bezeichnen die Portfoliogewichte, also die relativen Anteile der beiden Werte am Gesamtvermögen. Man erkennt, dass sowohl die Varianzen wie auch die Kovarianz mit den Portfoliogewichten multipliziert werden müssen. Die Gewichte treten (bei den Varianzen) quadriert respektive (bei der Kovarianz) als Kreuzprodukt auf. Im vorliegenden Beispiel ist nicht die Kovarianz zwischen den beiden Anlagen vorgegeben, sondern der Korrelationskoeffizient. Mit Hilfe der Formel (2.19) im vorangehenden Abschnitt kann die Kovarianz wie folgt ermittelt werden:

$$\mathrm{Cov}(r_A, r_B) = \rho_{AB} \cdot \sigma_A \cdot \sigma_B = 0{,}294 \cdot 0{,}187 \cdot 0{,}0324 = 0{,}00178$$

Daraus berechnet man die folgende Portfoliovarianz:

$$\mathrm{Var}\left(r_p\right) = 0{,}30^2 \cdot 0{,}187^2 + 0{,}70^2 \cdot 0{,}0324^2 + 2 \cdot 0{,}30 \cdot 0{,}70 \cdot 0{,}00178$$
$$= 0{,}0044$$

---

[13] *Die Portfoliotheorie beruht auf den klassischen Artikeln von Harry Markowitz (1952) und Andrew D. Roy (1952).*

und die Volatilität der Portfoliorendite gewinnt man, indem man die Quadratwurzel zieht:

$$\sigma_P = \sqrt{0,0044} = 0,0664 = 6,64\%$$

Fundamental ist die folgende Erkenntnis: Je tiefer der Korrelationskoeffizient
zwischen den Renditen zweier Anlagen ausfällt, um so stärker fällt der Diversifikationseffekt aus. Würde im vorangehenden Beispiel der Korrelationskoeffizient zwischen den Aktien und Bonds minus (statt plus) 0.3 betragen, dann ergäbe
sich eine Portfoliovolatilität von lediglich 5,38%.

Je mehr Anlagen in einem Portfolio enthalten sind, um so stärker steigt die Zahl
der Kovarianzen relativ zur Anzahl der Varianzen. Die Varianz eines Portfolios
mit 25 Anlagen besteht aus 25 Einzelvarianzen sowie 25^2-25 = 600 Kovarianzen, wovon immer zwei gleich sind. Das Risiko eines breit diversifizierten Portfolios wird praktisch nur durch die Kovarianzen der darin enthaltenen Anlagen
bestimmt.

Im vorangehenden Abschnitt wurde die Sharpe-Ratio als (ein mögliches) Krite-
rium zur Beurteilung des Risiko-Rendite-Tradeoffs von Anlagen verwendet.
Dabei wird vorausgesetzt, dass es eine risikolose Anlagemöglichkeit gibt, deren
Zinssatz hier (arbiträr) mit 3,5% angenommen wird. Mit Hilfe der Sharpe-Ratio
kann einfach gezeigt werden, dass Diversifikation immer zu einem besseren
Risiko-Rendite-Tradeoff führt als das Halten einzelner Anlagen. Zu diesem
Zweck wird das Risiko-Rendite-Menü aus Tabelle 2.8 in Abbildung 2.3 graphisch dargestellt. Die Sharpe-Ratio einer undiversifizierten Anlage in Bonds
(B) oder Aktien (A) lässt sich graphisch als Steigung einer Geraden darstellen,
welche ausgehend vom risikolosen Zinssatz durch den Punkt A respektive B
hindurchführt. Welche Anlage auf dem Risiko-Rendite-Menü weist die höchste
Sharpe-Ratio auf? Offensichtlich jene Anlage, die in der Abbildung mit T bezeichnet ist. Man spricht vom sog. Tangentialportfolio. Im vorliegenden Beispiel setzt sich dieses Portfolio aus 12% Aktien und 88% Bonds zusammen[14].
Bei keiner anderen Anlage weist die Gerade eine grössere Steigung auf, was
bedeutet, dass das Tangentialportfolio den attraktivsten Risiko-Rendite-
Tradeoff aufweist.

---

[14]*Eine einfache Anleitung zur Berechnung von Tangentialportfolios mit beliebig vielen Anlagen findet man bei Zimmermann (1993). Eine weitere Anwendung findet man im Zusammenhang mit dem Roy-Kriterium in Kapitel 7.*

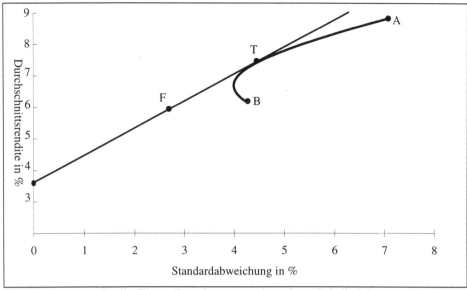

Quelle: Eigene Berechnungen aufgrund von Tabelle 2.8

Abbildung 2.3: Sharpe-Ratio einer Diversifikation zwischen schweizerischen Bonds und Aktien

Die praktische Bedeutung besteht darin, dass die Investoren kein anderes Portfolio als *T* halten sollten. Dies bedeutet aber nicht, dass das gesamte Vermögen in *T* investiert werden sollte. Jeder Investor kann seiner subjektiven Risikoneigung dadurch Rechnung tragen, dass er einen kleineren oder grösseren Teil seines Vermögens in liquide Mittel (risikolos) anlegt. Der Investor steuert also das Risiko seiner Anlage nicht über die Zusammensetzung des Aktien-Bond-Portfolios, sondern über den Liquiditätsanteil seines Vermögens. Der Punkt *F* in Abbildung 2.3 bezeichnet beispielsweise ein Portfolio, welches zu 60% ins Tangentialportfolio und zu 40% risikolos investiert ist. Als Schlussfolgerung erkennt man, dass das durch eine risikolose Anlage erweiterte Risiko-Rendite-Menü durch eine Gerade, welche durch die risikolose Anlage und das Tangentialportfolio führt, dargestellt werden kann. Sämtliche Portfolios auf dieser Geraden weisen bei derselben Volatilität eine höhere Renditeerwartung als die Portfolios des ursprünglichen Rendite-Risiko-Menüs auf. Alle effizienten Portfolios liegen somit auf dieser Linie; diese wird als Capital Market Line bezeichnet.

Die vorangehenden Überlegungen haben eine wichtige Folgerung: Wenn tatsächlich sämtliche Investoren ein- und dieselbe Portfoliozusammensetzung als effizient betrachten, so muss es sich dabei zwingend um das sogenannte Marktportfolio im Sinne eines kapitalisierungsgewichteten Index der im betrachteten Risiko-Rendite-Menü enthaltenen Werte (hier: Aktien und Bonds) handeln. Denn für den Finanzmarkt als Ganzes kann die Struktur der nachgefragten Port-

folios nicht von der Struktur der ausstehenden Papiere abweichen. Wie steht es
nun, wenn im vorangehenden Beispiel die Struktur des Tangentialportfolios
(12%, 88%) beträgt, aber die Zusammensetzung des Marktportfolios (40%,
60%) ist? Dies bedeutet offensichtlich, dass die erwartete Überschussrendite des
Tangential- resp. Marktportfolios gegenüber der risikolosen Anlage unzurei-
chend ist, d.h. die Risikoprämie von (4,48%-3,5%=) 0,98% die Investoren nicht
dazu veranlasst, die Aktien- gegenüber den Bondrisiken im erforderlichen
Ausmass zu gewichten. In welchem Umfang muss der risikolose Zinssatz erhöht[15] werden, damit das Tangentialportfolio die „gewünschte" Struktur aufweist? Die Antwort findet man in Abbildung 2.3: Der Zinssatz würde 3,9% und
die Renditeerwartung des Tangential/Marktportfolios 5,24% betragen. Die für
das Kapitalmarktgleichgewicht erforderliche Risikoprämie auf dem (hier betrachteten, aber eher unrealistischen) Marktportfolio wäre somit 1,34%.

Diese Überlegungen lassen sich auf einzelne Anlagen innerhalb eines Portfolios
übertragen: Das Capital Asset Pricing Model (CAPM) zeigt, wie hoch die Risikoprämie auf einzelnen Papieren ausfallen muss, damit die Nachfrage nach den
Papieren ihrem relativen Anteil im Marktportfolio entspricht. Dieser Punkt wird
im nächsten Abschnitt diskutiert.

Zum Schluss sei darauf hingewiesen, dass die von den Investoren auf Kapitalmarktanlagen geforderten Risikoprämien im Zeitablauf keineswegs konstant
sind. Sie ändern sich, weil einerseits die gesamtwirtschaftlichen Risiken
(Volatilität der Aktienmärkte, der Zinssätze, der Wechselkurse) Schwankungen
unterworfen sind und andererseits die von den Investoren pro Risikoeinheit geforderte Entschädigung zyklischen Schwankungen unterliegt. In konjunkturell
guten Zeiten oder bei hohen realen Zinssätzen geben sich Investoren i.d.R. mit
einer kleinen Risikoprämie zufrieden, während bei konjunkturell angespannten
Phasen oder tiefen realen Zinssätzen eine stärkere Kompensation für die über-
nommenen Risiken verlangt wird.

2.8 Betas

Die Volatilität einer Anlage stellt ein adäquates Mass für das Anlagerisiko dar,
sofern die betreffende Anlage nicht selbst Teil eines breiter diversifizierten
Portfolios ist. Letztes würde nämlich bedeuten, dass zumindest ein Teil der
Volatilität der betreffenden Anlage diversifiziert werden kann. Eine einfache
Unterteilung der Volatilität in einen systematischen (= nicht diversifizierbaren)
und einen unsystematischen (= diversifizierbaren) Teil liefern Faktormodelle.

---

[15] *Der Zinssatz muss erhöht werden, damit die Tangentiallinie flacher wird und der Tangen-*
tialpunkt weiter rechts, also bei einem höheren Aktienanteil, liegt.

Im einfachsten Fall werden die Kursschwankungen einer Anlage auf einen systematischen und einen unsystematischen Faktor aufgeteilt[16]:

$$(2.22) \qquad r_A(t) = \beta_A \cdot F_{syst}(t) + F_{unsyst}(t)$$

Der Zeitindex *t* soll darauf hindeuten, dass es sich um eine zeitliche Entwicklung von Renditen und Faktoren handelt.

Beim systematischen Faktor kann es sich um einen Aktienindex, um einen Zinssatz oder Zinsspread oder eine gesamtwirtschaftliche Grösse handeln. Da es in der Natur eines systematischen Faktors liegt, für mehrere Anlagen identisch zu sein, wird sein spezifischer Einfluss auf die Volatilität der betrachteten Anlage *A* durch den Parameter β_A bezeichnet. Er wird als systematischer Risikofaktor bezeichnet oder kurz als Beta. Wenn es sich bei der betrachteten Anlage um einen Bond und beim Faktor um einen langfristigen Durchschnittszinssatz handelt, so würde ein hoher β_A-Wert darauf hindeuten, dass die betreffende Bondrendite auf Zinsänderungen stark reagiert (lange Duration), während ein tiefer β_A-Wert eine zinsinsensitive Anlage bedeuten würde. Bei Aktien wird als Faktor aus Gründen der häufigen Datenverfügbarkeit meistens die stetige Rendite eines Aktienindex oder eines Vergleichsportfolios, das den relevanten „Markt" abbildet, verwendet. Im Rahmen der Performance-Messung ist es am einfachsten, sich den Faktor als den relevanten Benchmark, relativ zu dem der Anlageerfolg beurteilt werden soll, vorzustellen.

Der systematische Faktor respektive Benchmark[17] wird meistens nur für einen Teil der Volatilität von Anlagen verantwortlich sein. Der verbleibende Teil wird dem unsystematischen Faktor zugeschrieben: Es handelt sich um die spezifische Volatilität der betrachteten Anlage. Bei einem Bond kann es sich um Kursbewegungen aufgrund einer bevorstehenden Veränderung des Ratings handeln; bei Aktien können die spezifischen Kursänderungen durch eine geplante Akquisition der Gesellschaft hervorgerufen sein.
Das Faktormodell erlaubt eine Aufteilung der Varianz einer Anlage in zwei Komponenten – eine systematische und eine unsystematische Varianz:

$$(2.23) \qquad Var(r_A) = \beta_A^2 \cdot Var(F_{syst}) + Var(F_{unsyst})$$

Meistens wird man allerdings mit Volatilitäten und nicht Varianzen arbeiten. Die Quadratwurzel des systematischen Teils der Varianz bezeichnet man als systematisches Risiko einer Anlage:

---

[16]*Dieses Modell beruht auf Sharpe (1963).*

[17]*Im folgenden wird der Begriff "Faktor" beibehalten.*

(2.24)   syst. Risiko $= \beta_A \cdot \sigma(F_{syst})$

Dieses ergibt sich aus dem Produkt des systematischen Risikofaktors mit der Volatilität des Faktors. Wenn beispielsweise eine Aktie gegenüber einem Marktindex ein β_A von 0,75 aufweist und die Volatilität des Marktes 20% beträgt, so resultiert ein systematisches Risiko von $(0,75)(20\%) = 15\%$.

Die Quadratwurzel des unsystematischen Teils der Varianz bezeichnet man als unsystematisches Risiko oder Tracking Error:

(2.25)   unsyst. Risiko $= \sigma(F_{unsyst})$

Wenn die vorangehende Aktie eine Volatilität von 25% aufweist, so beträgt das unsystematische Risiko[18]:

$$\sigma(F_{unsyst}) = \sqrt{0,25^2 - 0,15^2} = 0,2 = 20\%$$

Bei der Performance-Messung wird man das systematische Risiko als jenen Teil der Volatilität einer Anlage interpretieren, der durch den Benchmark, also durch den gewählten Anlagestil verursacht wurde (vergleiche dazu Kapitel 5), während das unsystematische Risiko (Tracking Error) auf Abweichungen vom vereinbarten Benchmark beruht.

Die Identifikation der vorangehenden Varianz- resp. Volatilitätskomponenten setzt die Kenntnis des Betas einer Anlage voraus. Wie lässt sich dieses bestimmen? Dazu wird die Zeitreihe der Anlagerenditen auf die Zeitreihe des Faktors regressiert. Das Beta entspricht der Steigung der Regressionsgeraden, kurz dem Regressionskoeffizienten. Statistisch ist das Beta durch die folgende Formel definiert:

(2.26) $$\beta_A = \frac{Cov(r_A, F_{syst})}{Var(F_{syst})} = \rho_{AF} \cdot \frac{\sigma(r_A)}{\sigma(F_{syst})}$$

d.h. die Berechnung kann alternativ über die Kovarianz oder den Korrelationskoeffizienten erfolgen. Das folgende Zahlenbeispiel soll die Berechnung illustrieren:

---

[18]*Man beachte, dass sich das systematische Risiko und das unsystematische Risiko nicht zur Volatilität der Anlage addieren. Additiv verhalten sich nur die entsprechenden Varianzen.*

	Mittelwert	Volatilität	Korrelationskoeffizient	
			Anlage A	Syst. Faktor F
Anlage A	8%	25%	1	0,6
Syst. Faktor F	12%	20%	0,6	1

Tabelle 2.11: Beispiel zur Berechnung von β

Daraus berechnet man ein Beta von:

$$\beta_A = 0,6 \cdot \frac{0,25}{0,20} = 0,75$$

(wie oben angenommen wurde). Der Korrelationskoeffizient zwischen dem Faktor und der Anlage (0,6) kann überdies dazu verwendet werden, die Aufteilung der Gesamtvarianz auf den systematischen und unsystematischen Teil (siehe Formel (2.23)) vereinfacht vorzunehmen:

$$(2.27) \qquad \text{Var}(r_A) = \rho_{AF}^2 \cdot \text{Var}(r_A) + (1 - \rho_{AF}^2) \cdot \text{Var}(r_A)$$

Diese Zerlegung ist – für sich genommen – tautologisch. Sie ist es nicht mehr, wenn beachtet wird, dass ρ^2_{AF} nicht irgend ein Gewichtungsfaktor, sondern der quadrierte Korrelationskoeffizient ist. Der erste Term rechts ist dann identisch mit dem systematischen Teil der Varianz, und der zweite Term entspricht dem unsystematischen Teil der Varianz (vgl. Gleichung). Der entscheidende Punkt ist also, dass die Gesamtvarianz der Anlage im Verhältnis des quadrierten Korrelationskoeffizienten auf den systematischen und unsystematischen Teil aufgeteilt wird[19].

Ist eine Anlage vollständig positiv mit dem betrachteten Faktor korreliert (beispielsweise ein Indexfonds mit dem zugrunde liegenden Index), so ist die Korrelation 1 und die gesamte Varianz systematisch. Im vorangehenden Beispiel bedeutet der Korrelationskoeffizient von 0,6, dass 36% der Gesamtvarianz systematisch, also auf die Schwankungen des Faktors zurückzuführen sind, während 64% der Gesamtvarianz unsystematisch sind.
Meistens verwendet man jedoch Volatilitäten. Das systematische Risiko der Anlage kann direkt über den Korrelationskoeffizienten mit:

$$\text{syst. Risiko} = \beta_A \cdot \sigma(F_{\text{syst}}) = \rho_{AF} \cdot \sigma(r_A) = 0,6 \cdot 25\% = 15\%$$

bestimmt werden, und das unsystematische Risiko ergibt sich direkt aus:

---

[19]*Der quadrierte Korrelationskoeffizient entspricht rein numerisch (wenn auch nicht exakt im statistischen Sinne) dem R^2-Wert einer linearen Regression.*

$$\text{unsyst. Risiko} = \sigma(F_{unsyst}) = \sigma(r_A) \cdot \sqrt{1 - \rho_{AF}^2} = 25\% \cdot \sqrt{0,64} = 20\%$$

was mit der vorangehenden Berechnung übereinstimmt.

Diese Berechnungsmethoden mögen sehr technisch anmuten. Sie bilden jedoch die unentbehrliche Grundlage der modernen Performance-Analyse. Im übrigen vergegenwärtige man sich, dass die erforderlichen Dateninputs relativ bescheiden sind. Konkret benötigt man:

1. die erwartete oder realisierte Rendite auf dem betrachteten Portfolio sowie dem Faktor (Benchmark);
2. die Volatilität des Portfolios sowie des Faktors;
3. den Korrelationskoeffizienten zwischen dem Portfolio und dem Faktor.

Die für die risikoadjustierte Performance-Messung (vgl. Kapitel 4) wichtigste Grundlage bildet zweifellos das Capital Asset Pricing Model (CAPM)[20]. Es zeigt einen einfachen Zusammenhang zwischen dem systematischen Risiko und der erwarteten Rendite resp. Risikoprämie einer Anlage. Charakteristisch für das CAPM ist, dass ein einziger Risikofaktor betrachtet und als Marktrendite (r_M) bezeichnet wird. Für den Zweck der Performance-Messung versteht man darunter einfachheitshalber die Rendite auf dem Benchmark-Portfolio, relativ zu dem der Anlageerfolg beurteilt wird.

In allgemeiner Form besagt das Modell:

erwartete Risikoprämie = systematisches Risiko · Marktpreis des Risikos

Das systematische Risiko einer Anlage ist durch die Formel (2.24) bestimmt, während für den Marktpreis des Risikos der (wie im vorangehenden Abschnitt gezeigt) "beste" erreichbare Risiko-Rendite-Tradeoff, wie ihn die Sharpe-Ratio für das Markt- resp. Tangentialportfolio liefert, herangezogen wird. In Form einer Gleichung präsentiert sich das Modell folgendermassen:

$$(2.28) \qquad E(r_A) - r = \beta_A \cdot \sigma(r_M) \cdot \frac{E(r_M) - r}{\sigma(r_M)} = \beta_A \cdot (E(r_M) - r)$$

Es lässt sich in einer einfachen Aussage zusammenfassen: Die erwartete Risikoprämie einer Anlage ist proportional zum systematischen Risikofaktor (Beta) der Anlage. Als Proportionalitätskonstante dient die erwartete Risikoprämie des Marktportfolios (d.h. des Benchmarks). Im vorangehenden Zahlenbeispiel wür-

---

[20]*Das CAPM geht auf Sharpe (1964) zurück.*

de man für die Anlage *A* bei einem risikolosen Zinssatz von 3,5% (Annahme), einem Beta von 0,75 und einer erwarteten Marktrendite von 12% eine Risikoprämie von:

$$E(r_A) - r = 0{,}75 \cdot (12\% - 3{,}5\%) = 6{,}375\%$$

respektive eine Rendite von:

$$E(r_A) = 3{,}5\% + 0{,}75 \cdot (12\% - 3{,}5\%) = 9{,}875\%$$

erwarten. Die tatsächliche Rendite kann von diesem erwarteten Wert abweichen, und die Differenz kann als Über- oder Unterbewertung der betreffenden Anlage interpretiert werden – oder als positive oder negative Performance, wenn es sich um eine professionell verwaltete Vermögensanlage handelt.

Die Intuition, welche dem CAPM zugrunde liegt, ist an sich sehr einfach: Angenommen, eine Anlage *Z* weist ein Beta gegenüber dem Benchmark von 0,75 auf. Welche Renditeerwartung ist adäquat? Durch eine Investition von 75% des Kapitals in den Benchmark und 25% in die risikolose Anlage erreicht man ein Portfolio, welches ebenfalls ein Beta von 0,75 aufweist. Zwei Anlagen mit demselben Beta müssen aufgrund des CAPM dieselbe erwartete Rendite aufweisen. Bei einer Rendite auf dem Benchmark von 10% und einer risikolosen Verzinsung von 3,5% würden deshalb beide Anlagen eine Rendite von 3,5% + 0,75 · (10% - 3,5%) = 8,375% versprechen. Wenn die Investition in *Z* eine höhere Rendite abwirft, so wurde der Benchmark auf risikoadjustierter Basis übertroffen. Diese Überlegung bildet den Gegenstand des nächsten Kapitels über risikoadjustierte Performance-Masse.

2.9 Zusammenfassung

Dieses Kapitel behandelt die Grundlagen der modernen Performance-Messung. Ohne standardisierte Verfahren zur Erfassung der Renditen und des Risikos von Anlagen ist der Vergleich von Investment-Performances sinnlos. Die ersten vier Abschnitte zeigen basierend auf Zahlenbeispielen verschiedene Verfahren der Renditeberechnung auf. Es wird dargelegt, wie einfache Renditen, Durchschnittsrenditen, Durchschnittsrenditen bei Ein- und Auszahlungen und stetige Renditen berechnet werden. Bei den Durchschnittsrenditen zeigte sich, dass – entgegen der üblichen Verfahren in der Praxis – geometrische statt arithmetische Durchschnitte verwendet werden sollten. Wenn Ein- und Auszahlungen stattfinden, dann gibt es zwei Wege der Renditeberechnung: die Zeitrendite und die Geldrendite. Durch Zahlenbeispiele wurde verdeutlicht, wie bei identischen Zahlungsströmen durch unterschiedliche Methoden der Renditeberechnung völlig verschiedene Ergebnisse erzielt werden. In Teil fünf wurde gezeigt, wie man Volatilitäten von Renditezeitreihen berechnet und welche Volatilitäten für schweizerische Kapitalmarktanlagen in der Vergangenheit berechnet wurden. Auch eine intuitive Charakterisierung von Volatilitäten durch Wahrscheinlichkeitsabschätzungen ist Gegenstand des fünften Abschnitts. Der sechste Abschnitt behandelt Renditen und Volatilitäten schweizerischer Kapitalmarktanlagen. Es wird gezeigt, dass die langfristige, reale Durchschnittsrendite schweizerischer Aktien etwa 2,5% über der von schweizerischen Bonds liegt. Dies ist bedingt durch einen Volatilitätsunterschied von etwa 13%. Im siebten Abschnitt werden Renditen und Volatilitäten von Portfolios behandelt. Es zeigt sich, dass das Risiko von Portfolios nicht nur von den Volatilitäten einzelner Aktien abhängt, sondern auch von den Korrelationen zwischen den Wertpapieren eines Portfolios. Im achten Abschnitt wird schliesslich das Beta als ein Risikomass eingeführt, welches sich an einem Markt als Ganzes orientiert. Man spricht deshalb im Zusammenhang mit dem Beta von Portfolios auch vom systematischen Risiko.

2.10 Literatur

FAMA, E. and SCHWERT, W. (1977): Asset Returns and Inflation. Journal of Financial Economics 5, S. 115-146

HEPP, S. (1990): The Swiss Pension Funds. An Emerging New Investment Force. Paul Haupt

IBBOTSON, R. and BRINSON, G. (1993): Global Investing. The Professional's Guide to the World Capital Markets. McGraw Hill

IBBOTSON ASSOCIATES, INC. (verschiedene Jahrgänge): Stocks, Bonds, Bills, and Inflation 19XX Yearbook. Chicago

MARKOWITZ, H. (1952): Portfolio Selection. Journal of Finance 7, S. 77-91

PICTET & Cie (1988): Die Performance von Aktien und Obligationen in der Schweiz: Eine empirische Untersuchung. Genf

RÄTZER, E. (1983): Die Pensionskasse aus ökonomischer Sicht. Paul Haupt

ROY, A. D. (1952): Safety First and the Holding of Assets. The Journal of Portfolio Management, Spring, S. 93-102

SCHWERT, G. W. (1990): Stock market volatility. Financial Analysts Journal May/June, S. 23-34

SHARPE, W. (1963): A simplified model for portfolio analysis. Management Science 9, S. 277-293

SHARPE, W. (1964): Capital Asset Prices: A Theory of Market Equilibrium under Conditions of Risk. Journal of Finance XIX, S. 425-442

SIEGEL, J. (1992): The equity premium: Stock and Bond Returns since 1802. Financial Analysts Journal, January/February, S. 28-38

WYDLER, D. (1989): Swiss Stocks, Bonds and Inflation, 1926-1987. Journal of Portfolio Management, Summer, S. 27-32

ZIMMERMANN, H. (1992): Performance-Messung im Asset Management. K. Spremann und E. Zur (Hrsg.), Controlling, Gabler-Verlag, Wiesbaden, S. 49-112

ZIMMERMANN, H. (1993): Editorial. Über „kapitale" Ideen, Modelle und Daten. Finanzmarkt und Portfolio Management 6, Nr. 1

Kapitel 3

Kapitalmarktorientierte Performance-Messung[1]

Was versteht man unter Performance? Ganz allgemein bezeichnet man damit den erzielten Ertrag einer Anlage im Vergleich zu einer Referenzgrösse, dem sogenannten Benchmark. Dieser ergibt sich aus der Definition eines Vergleichsportfolios resp. einer Vergleichsstrategie. Als solche Referenzgrösse dient z.B. ein Aktienmarktindex. Er widerspiegelt die Investition in ein passives, breit diversifiziertes Aktienportfolio. Die Referenzgrösse kann aber auch eine komplexere, mehrdimensionale Struktur aufweisen[2]. Wichtig ist bei der Festlegung des Benchmarks, dass dieser einer genau definierten Investitionsstrategie entspricht, die ohne zusätzliche Information repliziert werden kann. In diesem Kapitel werden die Grundlagen aufgezeigt, welche der kapitalmarkttheoretischen Performance-Messung zugrunde liegen und uns für den Portfoliovergleich den gültigen Benchmark liefern. Charakteristisch für die kapitalmarkttheoretische Performance-Messung ist, dass sich der Benchmark immer aus dem passiven Einsatz von am Kapitalmarkt gehandelten oder zumindest kapitalmarkttheoretisch bewertbaren Instrumenten ergibt.

3.1 Literaturübersicht 58

3.2 Performance-Messung als Teil des Asset Managements 63

3.3 Passives und aktives Portfoliomanagement 65

3.4 Risikoadjustierte Performance-Messung 67

3.5 Messen von Markt-Timing 77

3.6 Die Wahl des richtigen Benchmarks 82

3.7 Zusammenfassung 83

3.8 Literatur 84

---

[1]*Die Anwendung der hier geschilderten Verfahren in bezug auf die Performance-Messung schweizerischer Aktienfonds wird in Zimmermann/Zogg (1992b) gezeigt. Eine allgemeine Einführung in die Performance-Messung findet man in Zimmermann (1992).*

[2]*In Kapitel 5 wird z.B. auf die Performance-Messung mit mehrdimensionalen Benchmarks eingegangen.*

3.1 Literaturübersicht

Die akademische Literatur zur Performance-Messung hat in den letzten 25 Jahren vor allem in den USA ein starkes Wachstum erfahren. Ausgangspunkt dieser Entwicklung bildet zweifelsfrei die Begründung der modernen Portfolio- und Finanzmarkttheorie, ausgelöst durch die grundlegende Arbeit von Harry Markowitz (1952 und 1957) zur Theorie der Portfolioselektion. Markowitz betrachtete erstmals Kapitalanlagen als Problem der Nutzenmaximierung bei Unsicherheit und darf damit wohl als Begründer der modernen Finanzökonomie betrachtet werden. Er zeigte, wie sich Portfolios durch Diversifikation effizienter gestalten lassen, indem die Rendite bei einem vorgegebenen Risiko maximiert resp. das Risiko bei gegebener Rendite minimiert wird. Als messbare Grösse für das Risiko wählte Markowitz die Varianz der erzielten Anlagerenditen. Die Wahl effizienter Portfolios im obigen Sinn ermöglicht zwar dem einzelnen Anleger die optimale Investition in ertragbringende Anlagen unter gleichzeitiger Kontrolle des Risikos, sie ermöglicht jedoch keine Aussage über die Bewertung von Finanzanlagen im Gleichgewicht. Erst mit der Entwicklung des CAPM[3] (Sharpe 1964, Lintner 1965 und Mossin 1966 wurde ein Finanzmarktmodell geschaffen, welches die Bewertung von Anlagerisiken durch den Kapitalmarkt ermöglicht. Das CAPM bildet die theoretische Grundlage der in der Folge in den USA einsetzenden empirischen Forschung zur Beurteilung der Performance von amerikanischen Anlagefonds. Es liefert für die risikoadjustierte Performance-Messung den relevanten Benchmark, indem es die vom Kapitalmarkt entschädigte Rendite einer risikomässig vergleichbaren Anlage bestimmt. In diesem Abschnitt soll ein kurzer Überblick über die wichtigsten Etappen in der wissenschaftlichen Forschung zur Performance-Messung gegeben werden. Die Ausführungen erheben keinesfalls den Anspruch auf Vollständigkeit. Sie sollen dem Leser vielmehr einen Eindruck davon geben, welche theoretischen und empirischen Arbeiten den heutigen Erkenntnisstand der Performance-Messung am nachhaltigsten beeinflusst haben[4].

Die erste umfassende und systematische Studie zur Beurteilung der Performance von Anlagefonds wurde bereits vor der Entwicklung des CAPM im Jahre 1962 von Friend, Brown, Herman und Vickers (1962) durchgeführt. Die Autoren untersuchten die Überschussrendite (bezüglich des risikolosen Zinssatzes) von 152 amerikanischen Anlagefonds aufgrund jährlicher Daten von 1953 bis 1958. Da zu dieser Zeit das CAPM noch nicht bekannt war, verwendeten die

---

[3]*Gleichgewichtsmodell der Kapitalmarkttheorie (Capital Asset Pricing Model), vgl. Abschnitte 2.7 und 2.8.*

[4]*Ausführliche Übersichten zur Performance-Messung findet man bei: Elton und Gruber (1991), Grinblatt/Titman (1992a) und Ippolito (1993).*

Autoren nicht ein Beta-adjustiertes Benchmark-Portfolio, sondern ein Portfolio, bestehend aus fünf Aktien, die entsprechend ihrer Repräsentation in den untersuchten Anlagefonds gewichtet wurden. Auf diese Weise konstruierten sie ein risikomässig vergleichbares Referenzportfolio zu den Fonds. Die Untersuchung ergab, dass die Fonds gegenüber diesem Benchmark eine durchschnittlich geringere jährliche Rendite von -0,2% erzielten. Später wurde diese Untersuchung durch Friend, Blume und Crockett (1970) mit einer aktualisierten Datenbasis von 1960 bis 1966 und unter Einbezug des neuen Beta-Konzepts wiederholt. Obwohl nicht direkt ausgewiesen, kann aus den Resultaten ihrer Veröffentlichung geschlossen werden, dass die Fonds gegenüber dem neuen Beta-adjustierten Benchmark eine positive Überschussrendite von durchschnittlich 2,98% pro Jahr erreichten (vgl. Ippolito, 1993).

Die beiden Studien von Blume et al. erlangten in der Geschichte der Performance-Messung trotz ihrer Breite niemals die Bedeutung wie die bald nach der Entwicklung des CAPM folgenden empirischen Arbeiten von Sharpe (1966) und Jensen (1968 und 1969). Nach der Veröffentlichung des CAPM im Jahre 1964 resp. 1965 setzte ein eigentlicher Boom in der Forschung zur Performance-Messung ein. Der erste akademische Versuch, die neuen Erkenntnisse der Kapitalmarkttheorie für die Performance-Messung anzuwenden, wurde von Treynor (1965) unternommen. Zur Beurteilung der Performance adjustierte er die Portfoliorendite mit dem Marktrisiko. Dazu dividierte er die mittlere Überschussrendite durch das Beta der zu beurteilenden Anlage. Dieses noch heute weitverbreitete Performance-Mass ist unter dem Namen Treynor-Ratio bekannt und wird zur Rangierung von Portfolios herangezogen. Sharpe (1966) konstruierte mit der Reward-to-Variability-Ratio ein ähnliches Performance-Mass, welches jedoch die Rendite durch das Gesamtrisiko des Portfolios (anstelle des Betas) dividiert. Sharpe (1966) untersuchte in seiner empirischen Arbeit die Performance von 34 amerikanischen Anlagefonds für die Jahre 1954 bis 1963 und kam zum Schluss, dass seine Ratio für die Fonds im Durchschnitt um 0,4% tiefer lag als die Ratio für den Dow-Jones-Index. Die wohl einflussreichste Studie zur Performance von Anlagefonds führte Jensen in seiner Dissertation durch, welche in zwei Artikeln 1968 und 1969 veröffentlicht wurde. Seine Ergebnisse sollten für viele Jahre die Forschung im Bereich der Performance-Messung prägen. Jensen untersuchte die Performance von 115 amerikanischen Anlagefonds mit Hilfe des Jensen's Alpha. 56 der Fonds decken eine Zeitperiode von 20 Jahren ab, beginnend im Jahre 1945, die restlichen 59 Fonds eine 10-Jahres-Periode, beginnend im Jahr 1955. Jensen fand bei den Fonds eine risikoadjustierte, durchschnittliche Unterperformance von -1,1% pro Jahr. Nach Berücksichtigung von Kommissionen und anderen Ausgaben der Fonds berechnete Jensen eine Performance von praktisch 0%, was mit der Hypothese effizienter Finanzmärkte (wie bereits die Ergebnisse von Sharpe [1966]) konform zu sein schien. Zu einem späteren Zeitpunkt replizierte Mains (1977) die Untersuchung von Jensen für 70 der 115 Fonds über die gleiche Zeitperiode. Mains argumentierte, dass die von Jensen verwendeten Jahresrenditen die effektiv von den Fonds erzielten Renditen unterschätzten[5]. Aus diesem Grund verwendete er eine monatliche Datenbasis und fand für die gleichen Fonds und die gleiche Zeitperiode ein positives Alpha von durchschnittlich 0,09% pro Jahr. Für die jährliche Datenbasis berechnete Mains hingegen ein durchschnittliches Jensen's Alpha von -0,62%. Eine neuere Studie mit den gleichen Anlagefonds (Ippolito, 1989) fand für eine spätere Zeitperiode (1965 bis 1984) ebenfalls ein leicht positives durchschnittliches Alpha von 0,83% pro Jahr.

Bis hierher benutzten alle empirischen Untersuchungen das CAPM als theoretische Grundlage für die Konstruktion der Performance-Masse. Als relevanter Benchmark wurde damit das Marktportfolio resp. ein kapitalisierungsgewichteter Marktindex als Proxi für dieses verwendet. Mit der Entwicklung der Arbitrage Pricing Theory durch Ross (1975) standen fortan nebst der Security Market Line auch mehrdimensionale Benchmarks zur Verfügung, die mit Hilfe von Faktormodellen eine flexiblere Performance-Messung erlaubten. Analog zur CAPM-basierten Performance-Messung lässt sich bei mehrdimensionalen Benchmark-Portfolios das Jensen's Alpha berechnen, welches als Mass für die Selektivität dient. Die erste umfassende empirische Untersuchung mit mehrdimensionalen Benchmarks wurde erst Jahre später von Lehmann und Modest (1987) durchgeführt. In ihrer Untersuchung benutzten sie nebst einem kapitalisierungsgewichteten und einem gleichgewichteten Index auch 5-, 10- und 15-Faktor-Portfolios als Benchmark. Die Bildung der Mehrfaktor-Portfolios wurde mit verschiedenen Techniken der Faktoranalyse vorgenommen. Lehmann und Modest fanden in ihrer Untersuchung, dass die Verwendung der mehrdimensionalen Benchmark-Portfolios, im Gegensatz zu den beiden Marktindizes, eine stark negative Performance generierte. Die empirische Forschung mit mehrdimensionalen Benchmark-Portfolios wurde später von Grinblatt und Titman (1989a) sowie Connor und Korajczyk (1991) fortgesetzt, ohne die von Lehmann und Modest gefundene empirische Evidenz für stark negative Performance zu bestätigen.

Die empirische Forschung mit mehrdimensionalen Benchmark-Portfolios war motiviert von der Frage, ob die Wahl des Benchmarks für die Ergebnisse der Performance-Messung von Bedeutung sei. Ende der 70er Jahre löste nämlich die Kritik von Roll eine grundsätzliche Diskussion zur korrekten Wahl des Benchmarks bei der Performance-Messung aus. Dieses Thema ist in der Forschung der Performance-Messung bis heute das wohl kontroverseste geblieben. Roll (1978) weist in seinen Schriften auf die logische Inkonsistenz der Verwen-

[5] *Jensen nahm an, dass alle Kapitalausschüttungen am Ende des Jahres stattfinden, was in Wirklichkeit nicht zutrifft. Dadurch wird der Kapitalertrag aus den vor Jahresende anfallenden Ausschüttungen vernachlässigt.*

dung des CAPM für die Leistungsmessung hin. Er zeigt, dass die Leistungsmessung mit der Security-Market-Line-Analyse sehr sensitiv gegenüber der Wahl des verwendeten Vergleichsindex ist. Er führt dies darauf zurück, dass die als Approximation für das unbekannte Marktportfolio verwendeten Referenzportfolios innerhalb der Efficient Frontier liegen und damit ineffizient sind. Die Rangfolge passiver Portfolios ist aber durch die Wahl alternativer ineffizienter Indizes beliebig veränderbar. Andererseits kann ein effizientes Benchmark-Portfolio nicht unterscheiden zwischen passiven Portfolios. Wenn das Benchmark-Portfolio effizient ist, liegen alle darin enthaltenen Wertpapiere und aus diesen Wertpapieren gebildeten Portfolios auf der Security Market Line. Ein Unterscheidung der Portfolios bezüglich Performance ist nicht möglich. Einen möglichen Ausweg aus diesem Dilemma bieten die später von Mayers und Rice (1979), Dybvig und Ross (1985) sowie Grinblatt und Titman (1989a) entwickelten Methoden, welche zwischen informierten und nichtinformierten Portfoliomanagern unterscheiden. Die informierten Manager setzen ihre Informationen in aktive Strategien um, so dass ihre Portfolios auf einer Efficient Frontier liegen, welche sich ausserhalb jener der uninformierten Manager befindet. Uninformierte Manager können durch aktives Management den Risiko-Rendite-Tradeoff ihres Portfolios nicht erhöhen und liegen folglich auf einer Efficient Frontier innerhalb jener der informierten Manager. Die Verwendung eines Benchmarks, welcher effizient bezüglich passiver Portfolios uninformierter Manager, jedoch nicht bezüglich den aktiven Portfolios der informierten Managern ist, liefert die Grundlage oben genannter Methoden.

Der Verwendung von CAPM- und APT-basierten Modellen zur Performance-Messung unterliegt die Annahme, dass die Portfoliogewichte im Zeitablauf unverändert bleiben. Diese Annahme trifft jedoch nicht mehr zu, wenn die Portfoliomanager strategische Portfolioumschichtungen (sogenanntes Markt-Timing) vornehmen. In diesem Fall können die oben dargestellten Methoden irreführende Ergebnisse erzielen. Die Forschung beschäftigte sich deshalb damit, wie die Messung der Performance bei Vorliegen von Markt-Timing-Fähigkeiten vorgenommen werden kann. Fama (1972) und Jensen (1972) nahmen dieses Thema auf und entwickelten theoretische Strukturen, um Selektivitäts- und Timing-Komponenten von aktiven Portfolios zu unterscheiden. Der erste Versuch, Timing-Fähigkeiten empirisch nachzuweisen, wurde von Treynor und Mazuy (1966) unternommen. Sie gingen von der Annahme aus, dass die Krümmung der Security Market Line bei einer erfolgreichen Timing-Strategie einer quadratischen Funktion folge und fügten dementsprechend der CAPM-Regressionsgleichung einen quadratischen Term an. Mit dieser nichtlinearen CAPM-Version untersuchten sie 57 amerikanische Anlagefonds in der Zeitperiode 1953 bis 1962 auf das Vorhandensein von Markt-Timing-Fähigkeiten. Aus den Testergebnissen schliessen sie, dass den Anlegern grundsätzlich die Fähigkeit fehlt, die zukünftigen Bewegungen des Marktes vorauszusehen. Später wurden weitere empirische Untersuchungen mit einem quadratischen Regressionsterm durchgeführt, so z.B. durch Lee und Rahman (1990), Cumby und Glen

(1990). Insgesamt waren die empirischen Ergebnisse mit quadratischen Regressionen jedoch wenig aufschlussreich für die Unterscheidung zwischen Timing- und Selektivitätskomponenten.

Im Jahre 1981 entwickelten Merton (1981) und Henriksson und Merton (1981) eine weitere regressionsbasierte Methode zum Nachweis von Timing-Komponenten. Merton (1981) zeigte, wie die Performance strategischer Portfolioumschichtungen mit Hilfe der Option Pricing Theory bewertet werden kann. Die Payoff-Struktur von getimten Portfolios kann mit Hilfe von Optionen repliziert werden. Der von Henriksson und Merton vorgeschlagene empirische Test besteht aus einer Regression, welche anstelle des quadratischen Terms bei Treynor und Mazuy (1966) einen nichtlinearen Term der Form $max(0,\ r_f\text{-}r_m)$ enthält. Dieser Term entspricht dem Payoff einer Put-Option, welche auf das Benchmark-Portfolio gekauft wurde und einen Ausübungspreis gleich der risikolosen Rendite hat. Diese Technik wurde von Kon (1983), Henriksson (1984) und Chang und Lewellen (1984) zum Nachweis von Timing-Fähigkeiten bei amerikanischen Anlagefonds angewendet. Sie fanden jedoch wenig empirische Evidenz dafür, dass Portfoliomanager fähig sind, eine erfolgreiche Markt-Timing-Strategie zu verfolgen. Das Auftreten negativer Timing-Koeffizienten schien sogar auf das Vorhandensein von inversen Timing-Fähigkeiten hinzuweisen und hat zu kontroversen Interpretationen geführt (Connor und Korajczyk, 1991). Spätere Untersuchungen, wie etwa die von Cumby und Glen (1990) an internationalen Anlagefonds, kamen zu ähnlichen Resultaten. Ein gewichtiger Mangel der beiden regressionsbasierten Methoden besteht darin, dass sie Markt-Timing-Strategien nicht von anderen dynamischen Strategien wie etwa Portfolio Insurance oder synthetischen Optionsstrategien zu unterscheiden vermögen. Aus diesem Grund verwenden Cumby und Glen (1990) in ihrer Untersuchung nebst dem Merton-Modell ebenfalls eine alternative Methode zum Nachweis von Timing-Fähigkeiten, welche von Grinblatt und Titman (1989b) entwickelt und als „Positive Period Weighting Measure" bezeichnet wird.

Die bis dahin vorgestellten Performance-Masse haben gemeinsam, dass sie für ihre Berechnung als einzige Information die Beobachtung der Renditen im Zeitablauf voraussetzen. Nebst diesen renditeorientierten Methoden wurde jedoch auch eine Gruppe von Performance-Massen entwickelt, die Informationen über die Zusammensetzung der zu beurteilenden Portfolios in die Performance-Messung einbeziehen. Vorteil dieser Methoden ist, dass sie für ihre Berechnung keinen Benchmark benötigen und die Ergebnisse unkritisch bezüglich taktischen Umschichtungen sind. Das erste benchmarkunabhängige Performance-Mass entwickelte Cornell (1979) mit der sogenannten Cornell-Measure. Als Referenzportfolio dient hier nicht ein kapitalisierungsgewichtetes Marktportfolio, sondern ein in der Gewichtung identisch zusammengesetztes Portfolio in einer zeitlich vorangehenden Periode. Eine interessante Variante entwickelten Copeland und Mayers (1982) mit der Event Study Measure, die im Gegensatz zur Cornell-Measure eine Folgeperiode für die Festlegung der Erträge des Referenzportfolios benutzt. Ebenfalls dieser Gruppe von Performance-Massen zugeordnet werden kann die Grinblatt/Titman-Measure (Grinblatt und Titman, 1992b), welche vom Grundsatz her mit der Event Study Measure identisch ist. Da Informationen über die Zusammensetzung von Portfolios für die Forschung schwer zugänglich sind, wurden auf diesem Gebiet bis heute nur sehr wenige empirische Untersuchungen durchgeführt (z.B. Grinblatt und Titman, 1992b).

3.2 Performance-Messung als Teil des Asset Managements

Die Performance-Messung dient als Kontrollinstrument im Asset Management. Sie stellt die letzte Etappe im mehrstufigen Prozess des Investitionsmanagements dar. Dieser Zusammenhang ist in Abbidlung 3.1 dargestellt.

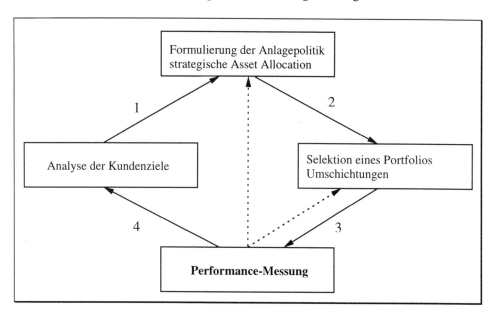

Abbildung 3.1: Performance-Messung als Bestandteil des Asset Managements

Aufgrund von Vergangenheitsdaten gibt die Performance-Messung Auskunft über den erzielten Anlageerfolg und dient damit letztlich als Gradmesser für den Erfolg einer vom Portfoliomanagement verfolgten Anlagepolitik. Eine erfolgreiche Performance-Messung setzt voraus, dass zu Beginn der Investitionsperiode die Anlageziele genau festgelegt werden und der Benchmark entsprechend definiert wird (Schritt 2). Sinnvollerweise erfolgt dies in Zusammenarbeit mit dem Kunden nach genauer Abklärung der Kundenbedürfnisse (Schritt 1). Die Umsetzung der Ziele erfolgt durch Selektion eines entsprechenden Portfolios und allfällige Umschichtungen im Rahmen der taktischen Asset Allocation (Schritt 3). Die Performance-Messung bezweckt schliesslich in einem letzten Schritt, die gesetzten Ziele der verfolgten Anlagepolitik zu überprüfen und in einem Rückkoppelungsprozess allenfalls neu festzulegen (Schritt 4).

Die theoretischen Ausführungen in diesem Kapitel sind begleitet von praktischen Beispielen, welche die verschiedenen Konzepte veranschaulichen sollen. Die Beispiele beruhen auf einer empirischen Untersuchung zur Performance von schweizerischen Anlagefonds aus dem Jahre 1992[6]. Gegenstand dieser Untersuchung sind die sechs höchstkapitalisierten schweizerischen Anlagefonds, deren Anlagespektrum sich auf schweizerische Aktien beschränkt (vgl. Tabelle 3.1).

	Fondsleitung	Depotbank	Gründungs-jahr	Nettover-mögen*
Fonsa	Intrag AG, Verwaltung für Investment-trusts, Zürich	Schweizerische Bankgesellschaft	1949	735
Schweizeraktien	Société Internationale de Placements, Basel	Schweizerische Kreditanstalt	1949	225
Swissvalor	Société Internationale de Placements, Basel	Schweizerischer Bankverein	1957	168
Swissbar	Julius Bär Fondsleitung AG, Zürich	Bank Julius Bär & Co. AG, Zürich	1976	58
Swissac	KAFAG, AG für die Verwalt. von Anlagefonds, ZH	Schweizerische Volksbank	1982	43
Pictet Valsuisse	Bank Pictet & Cie., Genf	Bank Pictet & Cie., Genf	1961	37

* In Mio sfr, per Ende 1990 resp. Anfang 1991
  Quelle: Jahresberichte der Fondsgesellschaften

Tabelle 3.1: Beispiel schweizerische Anlagefonds

Der Berechnung der Fondsrenditen liegt der jeweilige Ausgabekurs der Anteilscheine per Monatsende sowie die zum Zeitpunkt der Ausschüttung reinvestierten Jahresausschüttungen zugrunde. Als Benchmark für den Performance-

---

[6]*Detaillierte Ergebnisse und eine genaue Beschreibung der verwendeten Datenreihen und deren Transformation findet man in Zimmermann/Zogg-Wetter (1992a).*

Vergleich wird der Aktienindex der Bank Pictet herangezogen. Dieser Index ist kapitalisierungsgewichtet, beruht auf rund 220 Titeln von circa 120 schweizerischen Firmen und enthält die reinvestierten Ausschüttungen (Dividenden, Boni etc.) der zugrunde liegenden Papiere. Man bezeichnet einen solchen Index als Performance-Index im Gegensatz zu einem Preisindex, der keine Dividendenzahlungen berücksichtigt. Die Index- und Fondsrenditen werden auf monatlicher Basis über die Zeitperiode Januar 1984 bis Oktober 1990 erhoben. Sämtliche Berechnungen werden mit stetigen Renditen[7] durchgeführt.

3.3 Passives und aktives Portfoliomanagement

Bei der Verwaltung eines Portfolios kann grundsätzlich zwischen den beiden Extremen einer rein passiven und einer rein aktiven Anlagestrategie unterschieden werden. Wenn ein Investor davon ausgeht, dass die Effizienzmarkthypothese gilt und die Wertpapierpreise deshalb jederzeit die von sämtlichen Marktteilnehmern korrekt verarbeitete Informationsbasis widerspiegeln, dann liegt für ihn wenig Sinn darin, mit Hilfe von Marktanalysen nach falsch bewerteten Titeln zu suchen. Der Investor wird in diesem Falle eine passive „buy-and-hold"-Strategie verfolgen und, um Transaktionskosten einzusparen, von laufenden Portfolioumschichtungen absehen. Es stellt sich nun aber die Frage, wie der Anleger sein passives Portfolio zu Beginn zusammenstellen soll. Die Antwort auf diese Frage liefert uns die Kapitalmarkttheorie, wie sie in den Abschnitten 2.7 und 2.8 dargestellt wurde. In Anlehnung an das CAPM wird der Investor diejenige Kombination aus Marktportfolio und risikoloser Anlage halten, die der von ihm gewünschten Risiko-Rendite-Charakteristik entspricht. Als Approximation für das Marktportfolio dient ein Aktienmarktindex, der idealerweise eine hohe Korrelation mit dem Marktportfolio aufweist, jedoch eine beschränkte Anzahl Aktien enthält. Praktisch gesehen wird der Anleger in ein Portfolio investieren, welches Wertpapiere im Verhältnis zu ihrer Börsenkapitalisierung, also gemäss der Indexgewichtung, enthält. Dadurch wird ein maximaler Diversifikationseffekt erreicht. Ein ideales Portfolio besitzt kein unsystematisches, titelspezifisches Risiko mehr. Mit einer indexierten Vermögensanlage ist es jedoch nicht möglich, eine Performance zu erreichen, welche die Rendite des Marktes übertrifft.

Im Gegensatz zum passiven geht der aktive Anleger davon aus, dass er gegenüber den übrigen Marktteilnehmern systematische Informationsvorteile besitzt und diese auch richtig auszunützen vermag. In diesem Fall wird er eine aktive Anlagepolitik verfolgen, die eine laufende Umschichtung seines Portfolios beinhaltet. Informationsvorteile äussern sich in Selektions- und Timing-

---

[7]*Zur Berechnung von stetigen Renditen vgl. Abschnitt 2.4.*

Informationen. Im Fall von Selektionsinformationen besitzt der Investor Informationen zur Identifikation über- oder unterbewerteter Titel. Er wird versuchen, die Gesamtperformance seines Portfolios durch gezieltes „stock picking" zu erhöhen. Erkennt er einen einzelnen Titel als vom Markt über- oder unterbewertet, wird er die entsprechende Titelgewichtung des Portfolios erhöhen resp. verringern. Man bezeichnet dies als „microforecasting". Es äussert sich darin, dass die Titelgewichtung des Portfolios von den Kapitalisierungsgewichten der in Frage kommenden Titel abweicht.

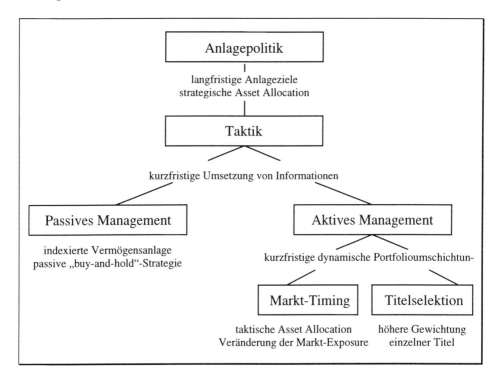

Abbildung 3.2: Verschiedene Ebenen des Investitionsmanagement-Prozesses

Im Fall von Markt-Timing-Informationen besitzt der Anleger die Fähigkeit, die Bewegungsrichtung des Gesamtmarktes besser zu prognostizieren als die übrigen Marktteilnehmer. Er wird diesen Informationsvorsprung durch eine entsprechende, dynamische Portfolioumschichtung umsetzen: Erwartet er einen steigenden Aktienmarkt, so wird er eine hohe Marktrisiko-Exposure seines Portfolios anstreben, um vom erwarteten Marktaufschwung möglichst stark zu profitieren und umgekehrt. Man bezeichnet dieses Verhalten auch als „macroforecasting" resp. taktische Asset Allocation. Das Risiko eines Portfolios kann auf drei verschiedene Arten angepasst werden:

1. Erhöhen des Aktienanteils zu Lasten risikoloser Depositen;

2. Erwerb von Aktienindex-Futures;
3. Umschichtung des Aktienportfolios von „low Beta stocks" zu „high Beta stocks".

Durch eine aktive Portfolioverwaltung erreicht der informierte Manager gegenüber einer passiven „buy-and-hold"-Strategie eine überdurchschnittliche Performance. Dem taktischen Portfoliomanagement übergeordnet ist die Anlagepolitik. Hier werden die langfristigen Anlageziele festgelegt: Welche Vermögenswerte sollen in das Portfolio aufgenommen werden und wie sollen diese langfristig gewichtet werden? Man bezeichnet diese Entscheidungen als strategische Asset Allocation. Sie legt die grundsätzliche Risiko-Rendite-Struktur des Portfolios fest. Im Rahmen eines aktiven Portfoliomanagements weicht der informierte Portfoliomanager durch Umschichtungen von der langfristigen Strategie ab, um kurzfristige Marktbewegungen gewinnbringend auszunutzen. Mit der Anlagepolitik wird jedoch der langfristige Benchmark festgelegt, an welchem der Erfolg eines aktiven Portfoliomanagements gemessen wird.

3.4 Risikoadjustierte Performance-Messung

Grundlage jeder Performance-Messung ist die ex post erzielte Rendite einer Anlage[8]. Die Leistungsbeurteilung einer bestimmten Anlagepolitik darf sich jedoch nicht allein auf den erwirtschafteten Ertrag abstützen. Da in einem effizienten Finanzmarkt die Kursentwicklung eines Wertpapiers zufällig ist, muss das Risiko in die Analyse miteinbezogen werden. Erwirtschaftet ein Portfoliomanager in einer vergangenen Periode einen hohen Ertrag, so ist dies keine Garantie dafür, dass in einer zukünftigen Periode die Rendite wieder so hoch sein wird. Erst der Einbezug des Risikos in die Performance-Messung ermöglicht es zu unterscheiden, ob die überdurchschnittliche Rendite aufgrund von Informationsvorteilen oder aber nur aufgrund einer überhöhten Risiko-Exposure mit entsprechendem Glück erzielt wurde.

Um den Erfolg verschiedener Anlagestrategien unter Berücksichtigung des eingegangenen Risikos miteinander vergleichen zu können, benötigen wir ein Bewertungsmodell für Anlagen im Gleichgewicht. Dieses liefert uns den relevanten Benchmark zur Beurteilung der Performance. Bewertungsmodelle ermöglichen es uns, den Erfolg einer bestimmten Anlagestrategie an der vom Kapitalmarkt entschädigten, passiven Rendite für „vergleichbare" Anlagen zu bemessen und stellen damit die theoretische Grundlage für die Performance-Messung dar. Die im folgenden dargestellten Performance-Masse beruhen auf der Theorie des CAPM und ermöglichen es uns, in bestechend einfacher Art und Weise

---

[8]Zur korrekten Berechnung der Anlagerenditen vgl. Abschnitte 2.1 bis 2.4.

die Performance statistisch zuverlässig zu beurteilen. Voraussetzung für die Implementierung der im folgenden diskutierten Performance-Masse ist die historische Beobachtung der Renditen des zu beurteilenden Portfolios sowie eines Aktienindex und einer risikolosen Anlage.

Performance-Messung mit dem CAPM: Jensen's Alpha

Eine Grunderkenntnis der modernen Portfolio- und Finanzmarkttheorie besteht darin, dass sich Wertpapierrisiken in einem gewissen Umfang durch Diversifikation „kostenlos" eliminieren lassen und dass dementsprechend diese diversifizierbaren Risiken vom Kapitalmarkt nicht entschädigt werden. Das für die Performance-Messung relevante Risiko liegt deshalb nicht in der Unsicherheit der Anlagerenditen an und für sich (Volatilität), sondern nur in jenem Teil, der dem nicht eliminierbaren Risiko des diversifizierten Portfolios entspricht. Als Masszahl für dieses systematische, nicht diversifizierbare Marktrisiko wird der *Beta-Faktor* definiert. Das Beta eines Portfolios misst, wie empfindlich das diversifizierte Portfolio auf Schwankungen des globalen Aktienmarktes reagiert. Es handelt sich um ein Sensitivitätsmass, das die Marktabhängigkeit eines Portfolios misst. Ein Beta von 0,9 beispielsweise bedeutet, dass eine 10prozentige Veränderung des Marktes, eine 9prozentige Veränderung der betreffenden Portfoliorendite auslöst.

Zur Messung der Performance benötigen wir ein Gleichgewichtsmodell, welches das durch den Markt bewertete systematische Risiko berücksichtigt. Ein solches Modell stellt das Kapitalmarktmodell der Finanzmarkttheorie (CAPM) dar. Das CAPM postuliert einen linearen Zusammenhang zwischen systematischem Risiko und erwarteter, durchschnittlicher Rendite. Vermögenswerte mit höheren systematischen Risiken (β) werden nur dann in Portfolios gehalten, wenn sie ex ante eine höhere Rendite abwerfen. Das CAPM liefert das Risiko-Rendite-Spektrum, welches jeder Investor durch eine passive Allokation seines Vermögens auf das Marktportfolio und auf Depositen – je nach seinen Risikopräferenzen – erreichen kann und stellt damit den für die Messung der Performance relevanten passiven Benchmark dar.

Dieser Zusammenhang ist in Abbildung 3.3 dargestellt. Die Security Market Line (SML) beinhaltet alle gleichgewichtigen Kombinationen von Risiko (Beta) und erwarteter Rendite auf dem Kapitalmarkt. Nur wenn diese Preise bezahlt werden, ist gewährleistet, dass der Kapitalmarkt im Gleichgewicht ist, also für jede Anlage ein Käufer resp. Verkäufer gefunden wird.

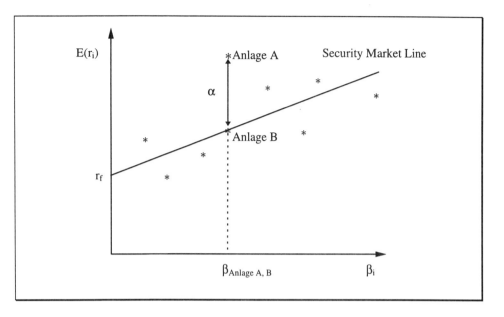

Abbildung 3.3: Messen der Überschussrendite gegenüber der Security Market Line (Jensen-α)

Liegt eine Anlage über oder unter der Security Market Line, so ist die entsprechende Anlage gegenüber dem gleichgewichtigen Marktpreis über- oder unterbewertet. In obiger Graphik ist die Anlage *A* im Vergleich zu Anlage *B*, welche auf der SML liegt, unterbewertet. Anlage *A* und *B* besitzen zwar das gleiche systematische Risiko (Beta), Anlage *A* besitzt jedoch eine höhere erwartete Rendite als die risikomässig vergleichbare Anlage *B*. Das Ausmass der Über- oder Unterbewertung wird durch den α-Parameter oder *Jensen's Alpha* (Jensen 1968 und 1969) ausgedrückt. In folgender Abbildung entspricht das Jensen's Alpha der Anlage *A* dem vertikalen Abstand zwischen dem Punkt *A* und der SML. Das Jensen-α misst jenen durchschnittlichen Mehrertrag, welcher gegenüber einer risikomässig vergleichbaren Anlage auf der SML erreicht wird.

Mit Hilfe der Ex-post-Version des CAPM kann empirisch überprüft werden, ob durch einen Informationsvorsprung ein überdurchschnittlicher Mehrertrag erreicht wurde. Dazu verwenden wir folgende Regressionsgleichung:

$$(3.1) \qquad r_{pt} - r_{ft} = \alpha_p + \beta_p \cdot \left[r_{mt} - r_{ft} \right] + \varepsilon_{pt}$$

Wir regressieren die Überschussrendite des Portfolios, r_{pt}-r_{ft}, auf die Überschussrendite des Kapitalmarktes, r_{mt}-r_{ft}. Eine solche Regression ist in Abbildung 3.4 dargestellt. Der Regressionskoeffizient β_p entspricht der Steigung der Regressionsgeraden und misst das systematische Risiko des Portfolios. ε_{pt} ist ein stochastischer Störterm mit Erwartungswert Null, der zeitlich unkorreliert ist. Die ε_{pt} messen die nicht durch den passiven Marktindex hervorgerufenen Wertveränderungen des Portfolios, also die portfolio-spezifischen Renditen. Sie entsprechen der vertikalen Abweichung der einzelnen Punkte von der Regressionsgerade. Das Jensen's Alpha α_p entspricht dem Achsenabschnitt der Regression und misst den durchschnittlichen Mehrertrag, der durch Umsetzung von Selektionsinformationen gegenüber einer passiven „buy-and-hold"-Strategie (in Form einer indexierten Anlage) erreicht wurde.

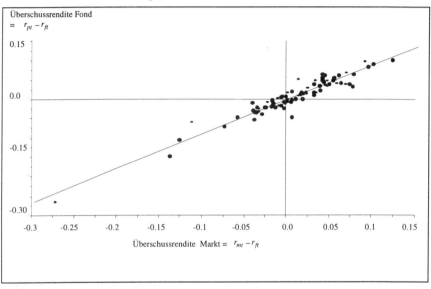

Abbildung 3.4: Statistische Performance-Messung: Valsuisse-Fonds 01/1984 bis 10/1990

Nebst dem Jensen's Alpha und dem Beta-Faktor liefert obige Regression weitere für die Performance-Messung aufschlussreiche Informationen. Ein wichtiges statistisches Indiz bezüglich der aktiven bzw. passiven Natur des Portfolios, respektive des Ausmasses der erreichten Diversifikation liefert uns der R^2-Wert. Dieser Wert misst, welcher Anteil der Renditevarianz auf die Varianz des Aktienmarktes zurückzuführen ist. Der R^2-Wert gibt also an, wie ausgeprägt sich die Marktschwankungen (Index) und die Wertveränderungen des betrachteten Portfolios parallel entwickeln. Je höher der R^2-Wert ausfällt, desto weniger weicht der gewählte Anlagestil von einer passiven, indexierten Vermögensanlage ab. Bildlich gesprochen entspricht ein hoher R^2-Wert einer Regression, bei welcher sich die Datenpunkte eng an die Regressionsgerade anlehnen, währenddem ein tiefer R^2-Wert einer breiten Streuung der Datenpunkte um die Regressionsgerade entspricht. Ist die Regression perfekt, der R^2-Wert also 1, liegen sämtliche Punkte auf der Regressionsgeraden. In diesem Fall haben wir es mit einer vollständig indexierten Anlage zu tun.

Tabellen 3.2 und 3.3 enthalten die Ergebnisse der empirischen Untersuchung von sechs schweizerischen Aktienfonds über die Untersuchungsperiode vom Januar 1984 bis Oktober 1991. In der ersten Tabelle sind die annualisierten, stetigen Durchschnittsrenditen angegeben, die von den sechs Fonds sowie einem Referenzindex in der betrachteten Untersuchungsperiode erreicht wurden. Als Referenzindex dient der Aktienmarktindex der Bank Pictet. Die jährlichen Fondsrenditen liegen im Bereich von 4,56% bis 8,52%, während die entsprechende Indexrendite 7,68% beträgt. Die Durchschnittsrendite einer risikolosen Vermögensanlage beträgt im Vergleich dazu 4,92%. Vier der sechs Fonds erreichten eine Durchschnittsrendite, die über jener des Referenzindex liegt; ein Fonds liegt unter der Rendite einer risikolosen Anlage. Betrachten wir das Gesamtrisiko der Fonds (Volatilität $\sigma(r)$), so weisen mit Ausnahme des Fonds Swissbar alle Fonds ein geringeres Risiko auf als der Marktindex.

	Rendite	$\sigma(r)$	$\sigma(\varepsilon)$
Fonsa	7,80%	19,61%	2,71%
Schweizeraktien	7,92%	19,36%	4,25%
Swissvalor	5,88%	19,26%	3,64%
Swissbar	7,92%	20,47%	6,48%
Swissac	4,56%	18,50%	4,35%
Pictet Valsuisse	8,52%	18,19%	5,55%
Pictet-Index	7,68%	19,68%	0,00%

Sämtliche Rendite- und σ-Zahlenwerte stellen stetige, annualisierte Grössen dar.

Tabelle 3.2: Rendite- und Risikoeigenschaften der Fonds (01/1984 bis 10/1991)

In Tabelle 3.3 sind die Regressionseigenschaften der Fonds dargestellt. Das systematische Risiko (Beta) der untersuchten Fonds liegt durchwegs im Bereich von 0,89 und 0,99. Die Betas werden mit Hilfe einer Regressionsrechnung aus zurückliegenden Renditereihen geschätzt und unterliegen deshalb wie alle Schätzkoeffizienten in der Statistik einem Stichprobenfehler. Beachtet man, dass die Standardabweichung der betrachteten Betas zwischen 0,02 und 0,04 liegt, so erkennt man, dass die Differenzen zwischen den geschätzten Betas relativ gering ausfallen und sich die Fonds-Betas kaum von 1 (Beta des Indexportfolios) unterscheiden. Dies lässt darauf schliessen, dass die Fonds durchwegs breit diversifizierte Portfolios halten, die sich mehr oder weniger parallel zum Markt bewegen. Dennoch sind zwischen den einzelnen Fonds gewisse Unterschiede erkennbar, die auf unterschiedliche Anlagestrategien schliessen lassen. So weist der hochkapitalisierte Fonsa mit einem Beta von 0,99 ein sehr viel geringeres „Eigenleben" auf als die deutlich geringer kapitalisierten und aktiveren Fonds der Privatbanken (vgl. etwa Valsuisse: Beta = 0,89).

Betrachten wir die R^2-Werte der Regression, so besitzt der „passive" Fonsa erwartungsgemäss einen hohen R^2-Wert, während die kleineren Fonds der Privatbanken (Swissbar, Valsuisse) die weitaus geringsten R^2-Werte aufweisen. Entsprechend dem R^2-Wert misst $1 - R^2$ jenen Teil der Renditevarianz, welcher auf

die fondsspezifische Varianz (vgl. Formel 2.27) zurückzuführen ist. Die fondsspezifische Varianz ist jene Renditeschwankung, die sich mit den titelspezifi-
schen Eigenschaften der einzelnen im Fonds enthaltenen Wertpapiere erklären
lässt und dementsprechend diversifizierbar ist. Die absoluten Werte der fonds-
spezifischen Volatilitäten $\sigma(\varepsilon)$ sind in der letzten Spalte von Tabelle 3.2 aufgeführt. Erwartungsgemäss ist die fondsspezifische Volatilität bei den aktiven
Fonds (Swissbar, Valsuisse) höher als etwa beim hochkapitalisierten Fonsa.

	Jensen-α	$t(\alpha)$	Beta	R^2	DW
Fonsa	0,27%	0,258	0,99	0,98	2,663
Schweizeraktien	0,38%	0,237	0,96	0,95	1,884
Swissvalor	-1,59%	-1,159	0,96	0,97	1,882
Swissbar	0,35%	0,135	0,98	0,89	1,657
Swissac	-2,82%	-1,788	0,92	0,95	2,211
Pictet Valsuisse	1,22%	0,614	0,89	0,92	2,293

Sämtliche Rendite- und σ-Zahlenwerte stellen stetige, annualisierte Grössen dar.
DW: Durbin-Watson-Test auf Autokorrelation erster Ordnung in den Residuen mit den 5%-
Signifikanzgrenzen (1,11; 1,62) und (2,38; 2,89).

Tabelle 3.3: Regressionseigenschaften der Fonds

Für die Performance-Evaluation von Interesse ist schliesslich das Jensen-α in
der zweiten Spalte von Tabelle 3.3. Es misst jene durchschnittliche Mehrrendite, welche durch geschickte Titelauswahl gegenüber einer passiven Marktstra-
tegie erreicht wurde. Die Zahlen zeigen, dass vier der sechs Fonds ein positives
Alpha aufweisen. Als Schätzgrössen unterliegen die Jensen-α jedoch einem
Stichprobenfehler. Bei der Beurteilung der Ergebnisse muss deshalb ihre statistische Signifikanz berücksichtigt werden. In Spalte 3 sind die Teststatistiken
eines t-Tests (Signifikanztest) angegeben. Auf einem Vertrauensniveau von
95% konnte bei keinem Fonds ein Alpha gemessen werden, welches statistisch
signifikant von Null abweicht. Für die Fonds können somit für die Untersuchungsperiode keine systematischen Selektivitätsfähigkeiten nachgewiesen
werden.

Treynor: Reward-to-Volatility-Ratio

Die von Treynor (1965) vorgeschlagene Reward-to-Volatility-Ratio setzt durch Quotientenbildung die erzielte durchschnittliche Überschussrendite in Relation zum eingegangenen systematischen Risiko β_p.

$$(3.2) \qquad \text{Treynor} = \frac{\bar{r}_p - r_f}{\beta_p}$$

$\bar{r}_p$: erzielte Durchschnittsrendite der Anlage p

r_f : Rendite einer risikolosen Anlage

β_p : systematisches Risiko der Anlage p

Die Treynor-Ratio zeigt, wie hoch die erzielte Überschussrendite pro Risikoeinheit ausfällt, d.h. wie hoch die Portfoliorendite das eingegangene Risiko entschädigt. Graphisch betrachtet entspricht die Treynor-Ratio der Steigung der Geraden in Abbildung 3.3. Der Unterschied zwischen der Treynor-Ratio und dem Jensen's Alpha wird in Abbildung 3.5 verdeutlicht.

Die mit der Treynor-Ratio ausgezeichnete Performance ist um so höher, je grösser der Quotient ausfällt. Als relativer Vergleich kann die durch eine passive Diversifikationsstrategie am Markt erzielbare Risikoprämie herangezogen werden. Da Beta (Markt) = 1 , gilt:

$$(3.3) \qquad \text{Treynor(Markt)} = \frac{\bar{r}_m - r_f}{\beta_m} = \bar{r}_m - r_f$$

Dies entspricht natürlich genau der Steigung der Security Market Line in Abbildung 3.5. Zu beachten ist, dass das Mass von Treynor eine unzutreffende Risikobereinigung liefert, falls ein Portfolio eine ungenügende Diversifikation seiner Mittel aufweist. Dies ist leicht zu erkennen, wenn man sich zwei Portfolios vorstellt, die genau dasselbe systematische Risiko (Beta) und dieselbe durchschnittliche Rendite, jedoch eine um den Faktor 2 unterschiedliche Gesamtvolatilität aufweisen. Das Portfolio mit der höheren Volatilität ist gegenüber dem anderen unmissverständlich weniger gut diversifiziert. Das Treynor-Mass stuft die beiden Portfolios jedoch gleichwertig ein, obwohl das schlechter diversifizierte Portfolio ein viel zu hohes Mass „unnötiger" (also diversifizierbarer) und damit vom Kapitalmarkt nicht entschädigter Risiken eingegangen ist. In diesem Fall wird die Überschussrendite besser mit dem Gesamtrisiko des Portfolios standardisiert. Dieses Performance-Mass wird „Sharpe-Ratio" (Sharpe 1966) genannt.

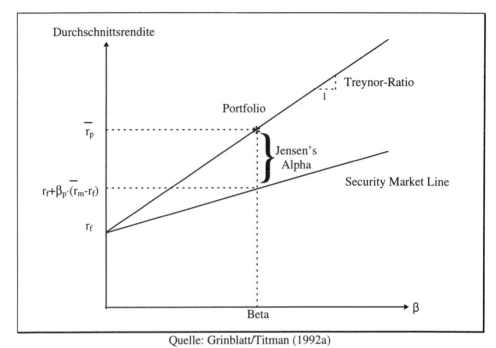

Quelle: Grinblatt/Titman (1992a)

Abbildung 3.5: Unterschied zwischen der Treynor-Ratio und dem Jensen's Alpha

Sharpe: Reward-to-Variability-Ratio

Die von Sharpe (1966) vorgeschlagene Reward-to-Variability-Ratio setzt durch
Quotientenbildung entsprechend der Treynor-Ratio ebenfalls die erzielte Überschussrendite in Relation zum eingegangenen Anlagerisiko. Im Gegensatz zum
Performance-Mass von Treynor wird die durchschnittliche Überschussrendite
jedoch nicht mit dem Beta des Portfolios, sondern mit der Gesamtvolatilität, σ_p,
standardisiert. Die Performance ist dabei um so besser, je grösser die Sharpe-
Ratio ist.

$$(3.4) \qquad \text{Sharpe Ratio} = \frac{\bar{r}_p - r_f}{\sigma_p}$$

$\bar{r}_p$: erzielte Durchschnittsrendite der Anlage p

r_f : Rendite einer risikolosen Anlage

σ_p : Gesamtrisiko der Anlage p (Standardabweichung der Renditen)

Welcher der beiden oben dargestellten Quotienten die bessere Performance-Beurteilung erlaubt, hängt von der Struktur des gemanagten Gesamtvermögens ab. Hat der Anleger nebst der betrachteten Anlage noch andere Vermögenswerte, so stellt das Beta das relevante Risikomass für den Anleger dar. Hier interessiert lediglich der marginale Beitrag des betrachteten Portfolios zum Risiko und zur Rendite des Gesamtvermögens des Anlegers. In diesem Fall ist die Treynor-Ratio das für ihn aussagekräftigere Performance-Mass. Im anderen Fall, wenn keine oder nur wenige andere Vermögenswerte vorliegen, ist die Gesamtvolatilität das relevante Risikomass. Bei der Performance-Messung institutioneller Anleger wie z.B. Pensionskassen oder Anlagefonds ist eine Risikoadjustierung aufgrund des vom Kapitalmarkt entschädigten Risikos (Beta) sicherlich die angebrachtere Lösung. Professionelle Portfoliomanager verwalten nämlich oft nicht das Gesamtvermögen eines Investors. Typischerweise halten Investoren ein diversifiziertes Portfolio, das nebst den Anteilscheinen verschiedenster Anlagefonds auch Investitionen in andere Vermögensanlagen wie Obligationen, Sparbuchgelder oder Pensionskassenbeiträge enthält. Oft verwalten die Investoren einen grossen Teil ihres Vermögens selbst, z.B. in Form von Immobilien oder dem eigenen Humankapital. Zudem ist in neuester Zeit eine zunehmende Tendenz zur organisatorischen Trennung von Anlageentscheidungen bei grossen Investoren zu erkennen. Pensionskassen z.B. betrauen häufig mehr als einen Manager mit der Verwaltung des Vermögens. Für die Pensionskasse von Interesse ist somit der marginale Beitrag jedes einzelnen Managers zum Gesamtergebnis des Vermögens.

Black & Treynor: Appraisal-Ratio

In Tabelle 3.4 findet man einen Vergleich der Schweizer Fonds aufgrund verschiedener Performance-Masse. Unterschiede sind aufgrund der vorangehenden Diskussion ausschliesslich darauf zurückzuführen, dass die Fonds nicht gleichermassen „gut" diversifiziert sind. Aufgrund der Sharpe-Ratio weist Valsuisse die beste risikobereinigte Performance auf (20,11), gefolgt von Schweizeraktien (15,66) und Fonsa (15,23). Swissvalor (5,47) weist gegenüber dem passiven Referenzindex (14,00) einen deutlich schwächeren Risiko-Ertrags-Tradeoff auf, während Swissac (-1,60) gar einen negativen Koeffizienten aufweist. Dies ist darauf zurückzuführen, dass die Durchschnittsrendite dieses Fonds unter jener der risikolosen Anlage liegt.

Eine Bewertung aufgrund der Treynor-Ratio vermag die Rangfolge der Fonds kaum zu beeinflussen. Noch immer liegt der Valsuisse performancemässig an der Spitze, gefolgt von Schweizeraktien. Die Fonds Swissac und Swissvalor vermögen die passive Indexanlage nicht zu schlagen. Neu konnte sich der Swissbar auf Kosten des Fonsa um einen Rang verbessern. Der Grund liegt in der vergleichsweise hohen spezifischen Volatilität von Swissbar (vgl. Tabelle 3.2), welche durch die Rendite nicht kompensiert wird. Wie bereits früher erwähnt, liefert das Mass von Treynor eine unzutreffende Risikobereinigung, wenn ein Fonds eine ungenügende Diversifikation seiner Mittel aufweist. Der gleichen Problematik unterliegt die Rangierung aufgrund des Jensen's Alpha. Auch hier wird dem Diversifikationsaspekt zuwenig Rechnung getragen. Ausserdem ist zu beachten, dass die Jensen-Alphas statistisch nicht signifikant von Null verschieden sind.

	Sharpe-Ratio	Treynor-Ratio	Jensen´s Alpha	Treynor/Black-Ratio
Fonsa	15,23	3,03	0,27%	9,97
Schweizeraktien	15,66	3,16	0,38%	8,94
Swissvalor	5,47	1,10	-1,59%	-43,71
Swissbar	14,92	3,11	0,35%	-5,40
Swissac	-1,60	-0,32	-2,82%	-64,80
Pictet Valsuisse	20,11	4,12	1,22%	21,98
Pictet-Index	14,00	2,75	0	-------

Sämtliche Performance-Masse wurden mit stetigen, annualisierten Grössen berechnet.

Tabelle 3.4: Vergleich risikoadjustierter Performance-Masse für Anlagefonds

Eine gleichzeitige Berücksichtigung des systematischen Risikos wie des Diversifikationsaspektes liegt der von Treynor und Black (1973) vorgeschlagenen Appraisal-Ratio zugrunde. Hier wird das Jensen-Alpha durch die fondsspezifische Volatilität dividiert:

$$(3.5) \qquad \text{Treynor / Black} = \frac{\alpha_i}{\sigma(\varepsilon_i)}$$

α_i : Jensen's Alpha der Anlage i
$\sigma(\varepsilon_i)$: portfoliospezifische Volatilität

Damit wird erreicht, dass bei gleicher Selektivität α_i ein Fonds um so schlechter eingestuft wird, je höher das dafür in Kauf genommene spezifische Risiko $\sigma(\varepsilon_i)$ ausfällt. Die Resultate sind in der letzten Spalte von Tabelle 3.4 aufgeführt.

Zum Schluss soll noch auf ein spezielles Problem der auf dem CAPM basierenden Ansätze zur Messung der Performance hingewiesen werden. Die Problematik oben gezeigter Ansätze liegt in der Annahme, dass der Anlageerfolg durch eine passive „buy-and-hold"-Strategie erreicht wird. Werden jedoch taktische Umschichtungen (Markt-Timing) zugelassen, so können die üblichen Tests zu irreführenden Implikationen führen. Insbesondere stellen passive Indizes keinen gültigen Benchmark mehr dar. Es kann gezeigt werden, dass bei Anwendung einer erfolgreichen Markt-Timing-Strategie das Selektivitätsmass von Jensen überbewertet, resp. bei einer missglückten Marktprognose unterbewertet wird. Robert Merton (1981) hat gezeigt, wie die Performance strategischer Portfolioumschichtungen mit Hilfe der Option Pricing Theory bewertet werden kann. Mit Hilfe des von ihm entwickelten regressionsbasierten Ansatzes lassen sich die beiden Performance-Komponenten Selektivität und Markt-Timing separat nachweisen und messen. Das Timing-Modell von Merton ist Gegenstand der Ausführungen im folgenden Abschnitt.

3.5 Messen von Markt-Timing

Die im Abschnitt 3.4 dargestellten Performance-Masse gehen von der Annahme aus, dass das Portfoliomanagement zwar Informationen bezüglich der Titelselektion, nicht jedoch bezüglich des Markt-Timings besitzt. Das CAPM ist ein stationäres Einperiodenmodell, das von der Konstanz der ihm zugrunde liegenden Annahmen ausgeht. Entsprechend gehen die auf ihm basierenden statistischen Verfahren davon aus, dass das systematische Risiko des Portfolios, β_p, über die gesamte Untersuchungsperiode konstant ist. Setzt das Portfoliomanagement jedoch Timing-Informationen um, so wird das Portfolio-Beta zu einer weiteren Entscheidungsvariablen des Managements. Zwischen erwarteter Portfoliorendite und Marktrisiko besteht in diesem Fall kein linearer Zusammenhang mehr. Als Folge davon ist das mit der einfachen Regression in Gleichung (3.1) geschätzte Jensen-Alpha verzerrt. Folgende Graphik verdeutlicht diese Problematik.

Wir betrachten über zwei Teilperioden von je einem halben Jahr ein Portfolio, das vollständig indexiert ist. Dieses Portfolio hat ein Jensen-Alpha von Null und liegt auf einer Linie, die exakt durch den Nullpunkt der folgenden Abbildung verläuft. Wir nehmen an, dass die Zusammensetzung des Portfolios und damit das Beta im ersten Halbjahr der einjährigen Messperiode konstant sei. Nach diesem Halbjahr vermutet der Portfoliomanager, dass der Markt sinken wird. Er passt das Risikoniveau durch entsprechende Umschichtung des Portfolios dem vermuteten Marktrückgang an. Betrachtet man die zwei halbjährigen Teilperioden, so hat der Portfoliomanager in keiner von ihnen eine risikobereinigte Überschussrendite im Sinne eines positiven Jensen-Alphas erwirtschaftet (sowohl die Gerade durch die Punktewolke A als auch jene durch die Punktewolke B weist einen Achsenabschnitt von 0 auf). Über die Gesamtperiode misst der „uninformierte Beobachter" unter Anwendung des CAPM jedoch ein positives Alpha. Die gemessene Überschussrendite ist jedoch nicht auf Selektionsfähigkeiten des Portfoliomanagers, sondern vielmehr auf die Unstabilität des Portfolio-Betas in der Untersuchungsperiode zurückzuführen. Dieses Resultat impliziert, dass die mit der Jensen-Measure gemessenen Selektionsfähigkeiten von Portfoliomanagern bei korrektem Markt-Timing überschätzt resp. bei falschem Markt-Timing unterschätzt werden.

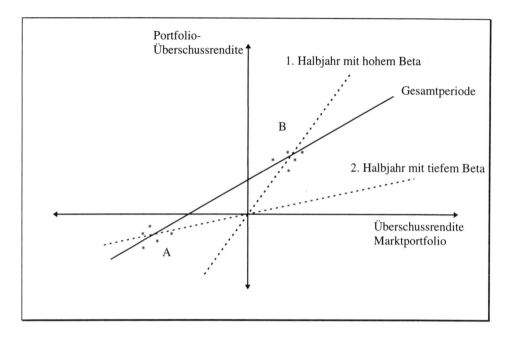

Abbildung 3.6: Verzerrung der Jensen-Measure bei Timing-Aktivitäten

Bei aktivem Markt-Timing ist die mit dem CAPM postulierte Security Market Line nicht mehr der relevante Benchmark für die Performance-Messung. Markt-Timing entspricht dem Wunsch nach Konvexität der Investitionen. Geht man davon aus, dass der Portfoliomanager Marktprognosefähigkeiten besitzt, wird er in Zeiten steigender Aktienmärkte einen grösseren Anteil des Vermögens in das Marktportfolio investieren und in Zeiten sinkender Aktienmärkte dementsprechend einen kleineren Anteil. Zwischen der Überschussrendite des Portfolios und der Überschussrendite des Index liegt deshalb eine überproportionale Beziehung vor.

Quadratischer Regressionskoeffizient

Um der oben dargestellten Konvexität Rechnung zu tragen, kann die CAPM-Regression durch einen quadratischen Term ergänzt werden. Dieses Modell wurde von Treynor und Mazuy 1966 angewendet.

$$(3.6) \qquad r_{pt} - r_{ft} = \alpha_p + \beta_p \cdot \left[r_{mt} - r_{ft} \right] + \gamma_p \cdot \left[r_{mt} - r_{ft} \right]^2 + \eta_{pt}$$

Es ist zu beachten, dass eine quadratische Abhängigkeit zwar eine hinreichende, nicht aber notwendige Bedingung für Markt-Timing darstellt, so dass dieser Test zu konservative Ergebnisse zeigt. Aus statistischer Sicht ist die

Kleinstquadratschätzung obiger Regressionsgleichung nicht ganz unproblematisch, da aufgrund des quadratischen Terms Multikollinearitätsprobleme auftreten können. Das Auftreten von stochastischen Abhängigkeiten der Regressoren kann bei der Kleinstquadratschätzung zu grossen Schätzfehlern führen. Unter diesem Gesichtspunkt eignet sich dieses Regressionsmodell kaum zum Nachweis von Markt-Timing.

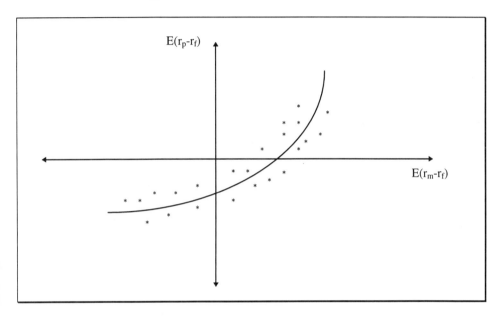

Abbildung 3.7: Relevanter Benchmark bei Markt-Timing

Henriksson-Merton-Modell

Einen besseren Ansatz zur Messung von Timing-Fähigkeiten bringt das von Merton (1981) entwickelte und zusammen mit Roy Henriksson (Henriksson and Merton, 1981) implementierte Modell zum Nachweis von Markt-Timing. Ausgangspunkt bildet die Erkenntnis, dass Markt-Timing-Strategien Payoff-Strukturen aufweisen, welche durch Optionen nachgebildet werden können. Das bedeutet, dass mit Hilfe von Optionen getimte Portfolios repliziert werden können. Das Modell geht dabei von folgender Strategie aus: Betrachtet werden die zwei Anlagekategorien Aktien und Depositen, die bereits bei Periodenbeginn eine sichere Verzinsung aufweisen. Perfektes Timing würde nun bedeuten, dass der Portfoliomanager zu Beginn jeder Zeitperiode darüber befindet, ob 100% des Vermögens in Depositen oder in den Aktienmarkt investiert werden sollen und dass mit hundertprozentigem Erfolg richtig entschieden wird. Diese Strategie wirft einen Renditestrom ab, der in jeder Periode dem höheren der beiden Werte entspricht, also max $[r_{ft}, r_{mt}]$. Diese Renditestruktur eines perfekt getimten Portfolios lässt sich mit einer Optionsstrategie replizieren: Zu Beginn jeder Periode wird das gesamte Vermögen in Aktien investiert, womit die Rendite r_{mt} sichergestellt ist. Zusätzlich wird eine Put-Option auf den Aktienindex erworben, deren Ausübungspreis um die Höhe des risikofreien Zinssatzes über dem gegenwärtigen Indexniveau liegt. Auf diese Weise erwirbt man sich über die Put-Option die Renditedifferenz r_{ft} - r_{mt}, falls die Verzinsung der Depositen über der Rendite des Aktienmarktes liegen sollte und sonst Null, d.h. $\max[0; r_{ft} - r_{mt}]$. Zusammen ergibt sich damit eine Portfoliorendite von r_{mt} + $\max[0; r_{ft} - r_{mt}]$ = $\max[r_{ft}, r_{mt}]$, d.h. die Rendite eines perfekt getimten Portfolios. Ein perfekt getimtes Portfolio entspricht somit einem Aktienportfolio mit hundertprozentigem Put-Options-Schutz. Natürlich ist diese Replikation mit Hilfe von Optionen nicht kostenlos – so wenig wie ein perfekter Timer seine Fähigkeiten kostenlos anbieten würde. Der Marktwert für perfektes Markt-Timing entspricht dem Preis der entsprechenden auf dem Kapitalmarkt gehandelten Optionen. Ihr Wert kann auch theoretisch mit Hilfe der Black-Scholes-Preisbildungsformel berechnet werden.

Die oben beschriebene Strategie „Aktien-plus-Index-Put" liefert uns die passive Referenzgrösse zur Beurteilung von getimten Portfolios. Zur statistischen Beurteilung von Timing-Fähigkeiten schlagen Henriksson und Merton (1981) deshalb folgende Regressionsgleichung vor:

(3.7) $\qquad r_{pt} - r_{ft} = \alpha_p + \beta_p \cdot (r_{mt} - r_{ft}) + \gamma_p \cdot \max[0; r_{ft} - r_{mt}] + \varepsilon_{pt}$

Diese Gleichung stellt eine Erweiterung der CAPM-Regression dar. Eine Timing-Strategie unterscheidet sich von einem passiven „buy-and-hold"-Portfolio einzig aufgrund der oben beschriebenen Put-Options-Komponente. Der synthetische Timing-Charakter eines Portfolios lässt sich deshalb durch einfaches Hinzufügen eines nichtlinearen Put-Options-Terms, $\max[0; r_{ft} - r_{mt}]$, quantifizieren.

Die drei Parameter obiger Gleichung sind wie folgt zu interpretieren: Das betrachtete Portfolio p entspricht einem „passiven" Portfolio, das zu β_p in Aktien und $(1-\beta_p)$ in Depositen investiert ist. Zusätzlich sind zum Preis α_p Optionen erworben worden, um bei Monatsende im Falle von $r_{ft} > r_{mt}$ den Aktienanteil im Umfang von γ_p zugunsten des Depositenanteils zu reduzieren. Die Schätzung der Regressionsparameter in obiger Gleichung erlaubt es, die einzelnen Performance-Beiträge aus Timing- und Selektionsfähigkeiten empirisch zu ermitteln. Der Parameter α_p misst entsprechend dem Jensen-Alpha die durch Selektionsinformationen erreichte Mehrrendite gegenüber einer passiven Strategie. Der Parameter γ_p ist geeignet zur Messung der Timing-Informationen. Die OLS-Schätzung für γ_p liefert genau dann und nur dann einen positiven Wert, wenn Timing-Informationen umgesetzt werden.

Wenden wir die beschriebene Analyse auf das Beispiel der schweizerischen Anlagefonds an, so ergibt sich das in Tabelle 3.5 dargestellte Ergebnis.

	Jensen-α	$t(\alpha)$	Beta	γ_p	$t(\gamma_p)$	R^2
Fonsa	1,08%	0,258	0,97	-0,032	-0,691	0,98
Schweizeraktien	1,20%	0,237	0,94	-0,035	-0,486	0,95
Swissac	0,48%	-1,159	0,83	-0,137	-1,989	0,95
Swissvalor	-1,08%	0,135	0,95	-0,022	-0,354	0,97
Swissbar	5,40%	-1,788	0,85	-0,206	-1,814	0,90
Pictet Valsuisse	3,72%	0,614	0,82	-0,105	-1,202	0,92

Tabelle 3.5: Markt-Timing-Eigenschaften der Fonds

Die Alphas fallen durchwegs und teilweise deutlich höher aus als in Tabelle 3.3. Dies ist darauf zurückzuführen, dass die Selektivität aufgrund von Timing-Tätigkeiten der Fonds unterschätzt wurde. Immerhin ist auch in diesem Fall keines der geschätzten Alphas signifikant von Null verschieden. Die Betas liegen geringfügig tiefer, zwischen 0,82 (Valsuisse) und 0,97 (Fonsa). Das Markt-Timing äussert sich in den γ_p-Koeffizienten, welche – erstaunlicherweise – durchwegs negativ ausfallen. Dies würde auf ein „perverses" Timing hindeuten in dem Sinne, als der Fonds Timing-Informationen systematisch verkehrt ausnützt. Ähnliche Ergebnisse wurden in verschiedenen amerikanischen Studien und bei internationalen Fonds gefunden und haben zu teilweise kontroversen Interpretationen geführt. Ein negativer γ_p-Koeffizient würde bedeuten, dass die Fonds den Aktienteil in Perioden mit hohen Aktienrenditen reduzieren. Die Analogie gegenüber der im Merton-Modell unterstellten Optionsstrategie würde in einer Short-Position (also dem Verkauf statt Kauf) in den betrachteten Put-Optionen bestehen. Konkret würden die Koeffizienten des Swissbar-Fonds beispielsweise implizieren, dass der Fonds einem Portfolio entspricht, dass zu 85% in den Index und zu 15% in Depositen investiert ist, wobei zusätzlich eine Put-Option verkauft (geschrieben) wurde, welche den Fonds verpflichtet, Aktien im Umfang von 20,6% (zu Lasten des Depositenanteils) entgegenzunehmen, falls die Marktrendite unter dem risikolosen Zinssatz liegt. Während der Options-markt solche Short-Positionen durch eine Prämie entschädigt, müsste das Fondsmanagement die Anteileigner durch eine entsprechend höhere Selektivität (Alpha) entschädigen. „Pervers" an dieser Analogie ist, dass ein Fonds zur Er-reichung eines negativen Timing-Koeffizienten genau dieselben Informationen benötigt wie jene zur Erreichung einer positiven Timing-Performance, diese jedoch systematisch falsch verwendet. Zudem unterstellt diese Analogie ein sehr widersprüchliches Verhalten des Fondsmanagements: Sie unterstellt, dass das Asset Management hinsichtlich Timing systematisch verkehrte Erwartungen aufweist, aber gleichzeitig hinsichtlich der Titelauswahl systematisch richtig liegen müsste. Keiner der γ_p-Koeffizienten fällt jedoch statistisch signifikant aus, womit die Nullhypothese, dass kein Timing vorliegt, nicht verworfen werden kann. Die Interpretation muss also lauten, dass bei den untersuchten Fonds kein Timing zu beobachten ist.

3.6 Die Wahl des richtigen Benchmarks

Von entscheidender Bedeutung für die Performance-Messung ist die Wahl eines geeigneten Benchmarks. Der Benchmark stellt die Referenzgrösse dar, gegenüber welcher die dem untersuchten Portfolio zugrunde liegende Investitionsstrategie verglichen wird. Grundsätzlich ergibt sich der Benchmark bei der kapitalmarkttheoretischen Performance-Messung immer aus dem passiven Einsatz von am Kapitalmarkt gehandelten oder zumindest kapitalmarkttheoretisch bewertbaren Instrumenten. Beim Jensen-Alpha stellt die dem CAPM implizit zugrunde liegende passive „buy-and-hold"-Strategie den relevanten Benchmark dar. Beim Timing-Modell dient die Strategie „Aktien-und-Index-Put-Optionen" als Referenzgrösse. In beiden Fällen muss für den Performance-Vergleich ein geeigneter Aktienindex gewählt werden, der die Wertveränderung des „Marktportfolios" widerspiegelt. Der Wahl des Referenzindex ist dabei besondere Aufmerksamkeit zu widmen. Empirische Untersuchungen (vgl. Zimmermann und Zogg, 1992a und 1992b) haben gezeigt, dass die Performance-Messung sehr sensitiv gegenüber der Wahl des Referenzindex ist. Bei der Beurteilung der Resultate von Performance-Messungen muss man sich deshalb immer darüber bewusst sein, dass der Anlageerfolg gegenüber einem oder mehreren *vorgegebenen* Benchmarks beurteilt wird. Die Wahl des „richtigen" Benchmarks hängt dabei wesentlich von der zugrunde liegenden Fragestellung ab. Jeder Index deckt dabei ein etwas anderes Marktsegment ab. Will man etwa die Performance von Anlagefonds beurteilen, deren Anlagespektrum sich konstruktionsgemäss auf den schweizerischen Aktienmarkt beschränkt, so ergibt sich als relevanter Referenzindex zwingend ein schweizerischer Aktienmarktindex. Grundsätzlich sollte aus einer Auswahl von mehreren Indizes jener gewählt werden, welcher am ehesten der zu Beginn der betrachteten Zeitperiode dem Portfoliomanagement *vorgegebenen Anlagepolitik* entspricht. Der Nutzen einer Performance-Messung liegt ja nicht zuletzt darin, Erkenntnisse für die zukünftige Anlagepolitik zu gewinnen. Die Überprüfung einer Politik stellt natürlich eine weitaus komplexere Aufgabe dar als der Vergleich des Anlageerfolgs mit einem geeigneten Referenzindex. Für dieses vielschichtige Problem gibt es leider kein Patentrezept. Der Vergleich von Performance-Ergebnissen, die mit verschiedenen Indizes gewonnen wurden, können zumindest einige wichtige Hinweise über die „Richtigkeit" der gewählten Anlagepolitik geben.

3.7 Zusammenfassung

In diesem Kapitel wurde gezeigt, wie die Performance von Portfolios anhand historischer Renditereihen bestimmt werden kann. Vergleichsbasis der zu beurteilenden Anlagerendite bildet die vom Kapitalmarkt bewertete passive Rendite für risikomässig vergleichbare Anlagen. Die in diesem Kapitel vorgestellten Performance-Masse beruhen auf dem CAPM. Mit Hilfe einer einfachen Regression kann die durch Selektion erzielte Überschussrendite bestimmt werden, das sogenannte Jensen-Alpha. Es misst die durchschnittliche Überschussrendite einer Anlage gegenüber einer passiven Anlage auf der Security Market Line mit identischem Marktrisiko.

Bei Vorliegen von Markttiming ist das Jensen-Alpha kein geeignetes Mass zum Nachweis von Selektionsfähigkeiten. Eine erfoglreiche Timing-Strategie äussert sich in einem konvexen Zusammenhang zwischen Portfolio- und Marktrendite. Das zu verwendende Regressionsmodell muss in diesem Fall durch einen nichtlinearen Term ergänzt werden. Merton und Henriksson zeigten, dass die Payoff-Struktur eines perfekt getimten Portfolios durch Optionen repliziert werden kann. Das von ihnen entwickelte Regressionsmodell zum Nachweis von Timingfähigkeiten enthält einen nichtlinearen Term der Form $max(0, r_f - r_m)$.

Dieser Term entspricht dem Payoff einer Put-Option, welche auf das Benchmark-Portfolio gekauft wurde und einen Ausübungspreis gleich der risikolosen Rendite aufweist. Bei erfolgreichem Markt-Timing fügt der Manager dem Portfolio einen Zusatzwert zu, welcher genau dem Wert der Put-Option entspricht.

3.8 Literatur

COPELAND, T. and MAYERS, D (1982): The Value Line Enigma (1965-1978): A Case Study of Performance Evaluation Issues. Journal of Financial Economics 10, S. 289-321

CORNELL, B. (1979): Asymmetric Information and Portfolio Performance Measurement. Journal of Financial Economics, 7, S. 381-391

CHANG, E. and LEWELLEN, W. (1984): Market Timing and Mutual Fund Investment Performance. Journal of Business 57, S. 57-72

CONNOR, G. and KORAJCZYK, R. (1991): The Attributes, Behavior and Performance of U.S. Mutual Funds. Rewiew of Quantitative Finance and Accounting 1, S. 5-26

CUMBY, R. and GLEN, J. (1990): Evaluation of the Performance of International Mutual Funds. Journal of Finance, 45, S. 497-521

DYBVIG, P. and ROSS, S. (1985): Differential Information and Performance Measurement Using A Security Market Line. Journal of Finance 40, S. 401-416

ELTON, E. and GRUBER, M. (1991): Modern Portfolio Theory and Investment Analysis. New York: Wiley, 4. Auflage 1991

FAMA, E. (1972): Components of Investment Performance. Journal of Finance 27, S. 551-567

FRIEND, I. /BLUME, M. /CROCKETT, J. (1970): Mutual Funds and Other Institutional Investors, McGraw Hill

FRIEND, I. /BROWN, F. /HERMAN, E. /VICKERS. D. (1962): A Study of Mutual Funds. U.S. Securities and Exchange Commission, 1962

GRINBLATT, M. and TITMAN, S. (1989a): Mutual Fund Performance: An Analysis of Quarterly Portfolio Holdings. Journal of Business 62, S. 393-416

GRINBLATT, M. and TITMAN, S. (1989b): Portfolio Performance Evaluation: Old Issues and New Insights. Review of Financial Studies 2, S. 393-421

GRINBLATT, M. and TITMAN, S. (1992a): Performance Evaluation. UCLA Working Paper Nr. 3-92, S. 1-47

GRINBLATT, M. and TITMAN, S. (1992b): Performance Measurement Without a Benchmark: An Examination of Mutual Fund Returns. UCLA Working Paper

HENRIKSSON, R. (1984): Market Timing and Mutual Fund Performance: An Empirical Investigation. Journal of Business 57, S. 73-96

HENRIKSSON, R. and MERTON, R. (1981): On Market Timing and Investment Performance. II. Statistical Procedures for Evaluating Forecasting Skills. Journal of Business 54, S. 513-533

IPPOLITO, R.A. (1989): Efficiency with Costly Information: A Study of Mutual Fund Performance. 1965-84. Quarterly Journal of Economics 104, S. 1-23

IPPOLITO, R.A. (1993): On Studies of Mutual Fund Performance, 1962-1991. Financial Analysts Journal, January/February 1993, S. 41-50

JENSEN, M. (1968): The Performance of Mutual Funds in the Period 1945-1964. Journal of Finance 23, S. 389-419

JENSEN, M. (1969): Risk, the Pricing of Capital Assets, and the Evaluation of Investment Portfolios. Journal of Business 42, S. 167-247

JENSEN, M. (1972): Optimal Utilization of Market Forecasts and the Evaluation of Investment Performance. In: G. Szegö und K. Shell (Hrsg.): Mathematical Methods in Investment and Finance. Amsterdam: North Holland, 1972, S. 310-335

KON, S. (1983): The Market-Timing Performance of Mutual Fund Managers. Journal of Business 56, S. 323-347

LEE, C. and RAHMAN, S. (1990): Market Timing, Selectivity, and Mutual Fund Performance: An Empirical Investigation. Journal of Business 63, S. 261-278

LEHMANN, B. and MODEST, D. (1987): Mutual Fund Performance Evaluation: A Comparison of Benchmarks and Benchmark Comparisons. Journal of Finance 42, S. 233-265

LINTNER, J. (1965): Security Prices, Risk, and Maximal Gains from Diversification. Journal of Finance 20, S. 587-615

MAINS, N. (1977): Risk, the Pricing of Capital Assets, and the Evaluation of Investment Portfolios: Comment. Journal of Business 50, S. 371-384

MARKOWITZ, H. (1952): Portfolio Selection Theory. Journal of Finance 7, S. 77-91

MARKOWITZ, H. (1957): Portfolio Selection. Efficient Diversification of Investments. New York: Wiley, 1959

MAYERS, D. and RICE, E. (1979): Measuring Portfolio Performance and the Empirical Content of Pricing Models. Journal of Financial Economics 7, S. 3-28

MERTON, R. (1981): On Market Timing and Investment Performance I. An Equilibrium Theory of Value for Market Forecasts. Journal of Business 54, S. 363 - 406

MOSSIN, J. (1966): The Equilibrium in a Capital Asset Market. Econometrica 34, S. 261-276

ROLL, R. (1978): Ambiguity When Performance is Measured by the Securities Market Line. Journal of Finance 33, S. 1051-1069

ROSS, S. (1975): Return, Risk and Arbitrage. In: I. Friend und J. Bicksler (Hrsg.): Studies in Risk and Return, 1975

SHARPE, W. (1964): Capital Asset Prices: A Theory of Market Equilibrium under Conditions of Risk. Journal of Finance 19, S. 425-442

SHARPE, W. (1966): Mutual Fund Performance. Journal of Business 39, S. 119-138

SHARPE, W. and ALEXANDER, G. (1990).: Investments. New York: Prentice-Hall International Editions, 4. Auflage 1990, Kapitel 22, S. 23

SHARPE, W. (1992): Asset Allocation: Management Style and Performance Measurement. Journal of Portfolio Management, Winter 1992, S. 7-19

TREYNOR, J. (1965): How to Rate Management of Investment Funds. Harvard Business Review 43, S. 63-75

TREYNOR, J. and BLACK, F. (1973): How to Use Security Analysis to Improve Portfolio Selection. Journal of Business 46, S. 66-86

TREYNOR, J. and MAZUY, K. (1966): Can Mutual Funds Outguess the Market? Harvard Business Review 44, S. 131-135

ZIMMERMANN, H. (1992): Performance-Messung im Asset Management. In: K. Spremann und E. Zur (Hrsg.): Controlling. Wiesbaden: Gabler 1992, S. 49-112

ZIMMERMANN, H. und ZOGG-WETTER, C. (1992a): On Detecting Selection and Timing Ability: The Case of Stock Market Indices. Financial Analysts Journal, January/February, S. 80-83

ZIMMERMANN, H. und ZOGG-WETTER, C. (1992b): Performance-Messung schweizerischer Aktienfonds: Markt-Timing und Selektivität. Schweizerische Zeitschrift für Volkswirtschaft und Statistik 128 (2), S. 133-160

Kapitel 4

Performance-Attribution[1]

Performance-Messung besteht in der Regel darin, dass die Rendite eines aktiv verwalteten Portfolios mit der Rendite eines passiven Benchmark-Portfolios verglichen wird. Ziel der Performance-Messung ist jedoch nebst der Messung der erzielten Überschussrendite auch die Analyse des Anlageerfolgs hinsichtlich seiner verursachenden Komponenten: Weshalb wurde der ausgewiesene Erfolg oder Misserfolg erzielt? Welches sind die hauptsächlichen Faktoren, die zu dem erzielten Ergebnis geführt haben? Die Analyse des Anlageerfolgs hinsichtlich seiner verursachenden Quellen nennt man Performance-Attribution. Die Performance-Attribution soll Aufschluss darüber geben, welche Komponenten des Investitionsmanagement-Prozesses[2] in welchem Umfang zum erzielten Ergebnis beigetragen haben. Die Überschussrendite des untersuchten Portfolios wird dabei normalerweise aufgespalten in die drei Renditekomponenten Strategie, Timing und Selektivität. In diesem Kapitel wird das Grundmodell zur Renditezerlegung basierend auf Brinson/Hood/Beebower (1986) vorgestellt. Das Modell wird anhand eines Beispiels illustriert, auf seine Schwächen wird hingewiesen, und es wird in einem weiteren Schritt um eine Währungskomponente erweitert.

4.1 Grundlagen 90

4.2 Performance-Attribution für eine Pensionskasse 93

4.3 Performance-Attribution mit einer Währungskomponente 98

4.4 Probleme des Grundmodells 103

4.5 Zusammenfassung 106

4.6 Literatur 107

---

[1]*Die Grundprinzipien der Performance-Attribution sind kurz angesprochen in Zimmermann/ Arce/Jaeger/Wolter (1992), S. 59-61.*

[2]*Der Investitionsmanagement-Prozess wird in Kapitel 3 beschrieben.*

4.1 Grundlagen

Die Identifikation der einzelnen Renditekomponenten kann einfach durchgeführt werden, falls die Umschichtungen eines Portfolios im Zeitablauf nachvoll-
zogen werden können. Eine höchst anschauliche Methode präsentieren Brinson,
Hood und Beebower (1986). Ihre Methode basiert auf der Definition eines passiven Benchmark-Portfolios, welches die langfristige Anlagepolitik widerspiegelt. Im Rahmen der Anlagepolitik (oder strategischen Asset Allocation) bestimmt das Management, in welche Anlagekategorien (Bonds, Aktien etc.) investiert werden soll und wie diese im Portfolio gewichtet werden sollen. Die in
der Anlagepolitik festgelegten Gewichte der einzelnen Anlagekategorien werden als Normalgewichte bezeichnet. Wichtig ist, dass diese Normalgewichte zu
Beginn der Untersuchungsperiode festgelegt werden und für die gesamte Beobachtungsperiode konstant bleiben.

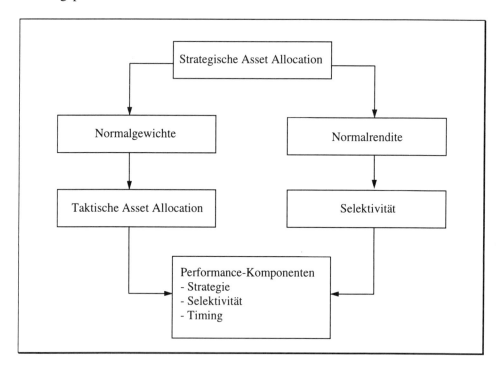

Abbildung 4.1: Performance-Attribution nach Brinson/Hood/Beebower (1986)

Für jede Anlagekategorie wird ein Benchmarkindex definiert, relativ zu welchem die Performance beurteilt wird; die Rendite dieser Indizes wird als Normalrendite bezeichnet. Sinnvollerweise handelt es sich bei der Normalrendite
um die Rendite einer passiven Anlage in der entsprechenden Wertpapierkate-

gorie. Für Aktien beispielsweise stehen je nach Markt und Währung verschiedenste Aktienmarktindizes zur Verfügung. Das Normalgewicht der Anlagekategorie i (ω_{si}) multipliziert mit deren Normalrendite (r_{si}) ergibt die Rendite, die aus der beabsichtigten Anlagestrategie folgt. Aufsummiert über alle im Portfolio vertretenen Anlagekategorien ergibt sich für das Portfolio folgende Strategie- oder Benchmarkrendite:

(4.1) $$r_{\text{Strategie}} = \sum_i \omega_{si} \cdot r_{si}$$

Gegenüber diesem Benchmark-Portfolio betrachten wir die tatsächlich erzielte Rendite des aktiv gemanagten Portfolios. Eine positive Performance liegt vor, wenn die tatsächlich erzielte Portfolio-Rendite $(r_{Portfolio})$ die Strategierendite $(r_{Strategie})$ übertrifft.

(4.2) $$\text{Überschussrendite} = r_{\text{Strategie}} - r_{\text{Portfolio}}$$

Die aktuelle Portfoliorendite $(r_{Portfolio})$ errechnet sich aus der tatsächlich gewählten Aufteilung des Vermögens auf die verschiedenen Anlagekategorien (ω_{pi}) sowie aus den tatsächlich erzielten Renditen (r_{pi}) der einzelnen Anlagekategorien.

(4.3) $$r_{\text{Portfolio}} = \sum_i \omega_{pi} \cdot r_{pi}$$

Die Differenz zwischen der Strategierendite und der tatsächlichen Portfoliorendite ergibt sich dadurch, dass der Portfoliomanager im Rahmen kurzfristiger taktischer Umschichtungen entweder von den Normalgewichten abweicht (Timing) oder aber von den Indizes verschiedene Portfolios wählt. Eine solche Abweichung äussert sich in einer von der Normalrendite unterschiedlichen Anlagerendite (Selektivität). Insgesamt lässt sich die Rendite eines Portfolios in vier Komponenten aufteilen (vgl. Tabelle 4.1). Die Summe aller vier Renditekomponenten ergibt wiederum die Portfoliorendite $r_{Portfolio}$.

- *Strategie:*	$r_{\text{Strategie}} = \sum_i \omega_{si} \cdot r_{si}$
	Ergibt sich aus der Multiplikation der Normalgewichte mit den Normalrenditen.
- *Timing:*	$r_{\text{Timing}} = \sum_i r_{si} \cdot \left(\omega_{pi} - \omega_{si}\right)$
	Den Erfolg aufgrund des Markt-Timings erhält man durch Multiplikation der Normalrenditen mit der Abweichung der Portfoliogewichte von den Normalgewichten.
- *Selektivität:*	$r_{\text{Selektivität}} = \sum_i \omega_{si} \cdot \left(r_{pi} - r_{si}\right)$
	Die zusätzliche Rendite aus der Selektivität ergibt sich aus der Differenz zwischen aktueller Portfoliorendite und passiver Benchmarkrendite, gewichtet mit den Normalgewichten der Portfoliostrategie.
- *kumulative Effekte:*	$r_{\text{Rest}} = \sum_i \left(\omega_{pi} - \omega_{si}\right) \cdot \left(r_{pi} - r_{si}\right)$
	Die letzte Komponente ergibt sich aus dem Kreuzprodukt der beiden Abweichungen.

Legende:

ω_{si} :	Strategiegewicht (Normalgewicht) für die Anlagekategorie i
r_{si} :	Strategierendite (Normalrendite) für die Anlagekategorie i
ω_{pi}:	aktuelles Portfoliogewicht für die Anlagekategorie i
r_{pi} :	aktive Rendite für die Anlagekategorie i

Tabelle 4.1: Die vier Komponenten der Portfoliorendite

Abbildung 4.2 verdeutlicht die Aufteilung der Portfoliorendite in die einzelnen Komponenten und ihre Beziehung zu einem aktiven resp. passiven Portfoliomanagement. Quadrant (1) setzt sich zusammen aus einer passiven Selektivität und einem passiven Timing. Er repräsentiert die langfristige Investitionsstrategie und dient damit als Benchmarkrendite für die untersuchte Betrachtungsperiode. Wird ein aktives Markt-Timing betrieben, erhält man die Rendite in Quadrant (2). Er repräsentiert die Rendite aus Timing plus Strategie. Unter Timing versteht man die Abweichung in der Gewichtung einer einzelnen Anlagekategorie gegenüber den Normalgewichten. Innerhalb der einzelnen Anlagekategorien wird jedoch in ein passives Indexportfolio investiert. Durch Subtraktion der Strategierendite aus Quadrant (1) erhält man den Nettobeitrag des Timings.

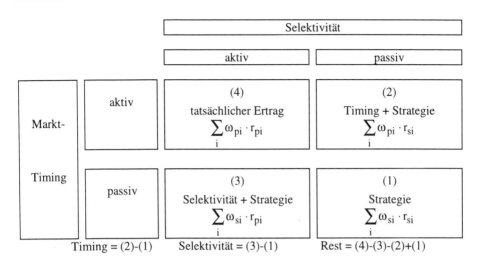

Abbildung 4.2: Performance-Komponenten eines aktiven Portfolios

Quadrant (3) enthält die Rendite aus Selektivität und Strategie. Selektivität ist die aktive Auswahl einzelner Titel innerhalb einer Anlagestrategie. Die Normalgewichte werden hingegen beibehalten. Die Rendite aus Selektivität erhalten wir durch Subtraktion der Strategierendite in Quadrant (1) von Quadrant (3). In Quadrant (4) findet sich schliesslich der aktuelle Ertrag des Portfolios über die betrachtete Zeitperiode, berechnet als Produkt der aktuellen Gewichte der einzelnen Anlagekategorien mit den aktuellen Renditen innerhalb der Anlagekategorien. Aus dem Diagramm nicht direkt ersichtlich ist die vierte Renditekomponente[3], die sich aus dem Kreuzprodukt der Rendite- und Gewichtungsdifferenzen ergibt. Diese Residualgrösse ist auf die Interaktion zwischen Timing und Selektivität zurückzuführen. Sie kommt dadurch zustande, dass der Portfoliomanager jene Anlagekategorien stärker gewichtet in denen er eine bessere Rendite erzielt als der Benchmarkindex (Selektivität).

4.2 Performance-Attribution für eine Pensionskasse

Ein Zahlenbeispiel für eine schweizerische Pensionskasse über die Zeitperiode vom Juli 1990 bis Juni 1992 soll die Renditezerlegung verdeutlichen[4]. Bei die-

---

[3] *In Tabelle 4.1 wurde diese Komponente „kumulative Effekte" genannt.*

[4] *Die Daten wurden uns freundlicherweise von der Pension Portfolio Consulting AG (ppc) in Zürich zur Verfügung gestellt. Das Beispiel beruht auf einer relativ kurzen Betrachtungsperiode und soll anstelle von definitiven numerischen Resultaten vielmehr den metho-dischen Ansatz veranschaulichen.*

sem Portfolio stehen nebst den monatlichen Renditen die vierteljährlichen Gewichte der einzelnen im Portfolio enthaltenen Anlagekategorien zur Verfügung.
Dies ermöglicht es, die Umschichtungen des Portfolios im Zeitablauf nachzu-
vollziehen und auf diese Weise den Anlageerfolg auf verschiedene Performance-Komponenten zurückzuführen. Wir betrachten ein Portfolio, das aus vier
Anlagekategorien besteht:

- Obligationen Schweiz (B CH)
- Obligationen Ausland (B Ausland)
- Aktien Schweiz (S CH)
- Aktien Ausland (S Ausland)

Die Performance dieses Portfolios wird über acht Zeitperioden von je drei Monaten Dauer analysiert. Die Anlagepolitik definiert einen Anteil von 57,5% Obligationen Schweiz, 12,5% Obligationen Ausland, 22,5% Aktien Schweiz und
7,5% Aktien Ausland (Normalgewichte, vgl. Tabelle 4.2). Die strategische
Aufteilung des Vermögens auf die verschiedenen Anlagekategorien wurde von
der Pensionskasse zu Beginn der Untersuchungsperiode aufgrund von Verbind-
lichkeitsanalysen festgelegt und bleibt für die gesamte Beobachtungsperiode
konstant. Als passive Benchmarkrenditen (Normalrenditen) für die Obligationen Schweiz und die Aktien Schweiz verwenden wir den Pictet-
Gesamtbondindex Schweiz und den SBV-Gesamtindex für Schweizer Aktien.
Es handelt sich dabei um Renditereihen, die eine Reinvestition der anfallenden
Auszahlungen (Dividenden, Coupon etc.) berücksichtigen (sog. Performance-
Indizes). Für die Aktien Ausland und die Obligationen Fremdwährung wird an-
stelle eines passiven Marktindex der Mittelwert der tatsächlich realisierten
Renditen von sieben Anlagestiftungen verwendet.

Beobachtungsperiode: Juli 1990 bis Juni 1992			
Anlagekategorien	Normalrenditen		Normalgewichte
	Benchmark	Rendite, ann.	
Obligationen Schweiz	Pictet-Bond-Index	5,75%	57,5%
Oblig. Ausland (sfr)	Mittelwert von 7 Anlagestiftungen	-0,59%	12,5%
Aktien Schweiz	SBV-Gesamtindex	-2,24%	22,5%
Aktien Ausland (sfr)	Mittelwert von 7 Anlagestiftungen	11,74%	7,5%

Tabelle 4.2: Strategische Asset Allocation für das Portfolio einer schweizerischen Pensions-
kasse

Sämtliche Renditen werden in Schweizer Franken gemessen. Bei den Auslandsanlagen beinhaltet die Rendite deshalb nebst der Kursveränderung der zugrunde liegenden Papiere in der Lokalwährung auch die Wertveränderung aufgrund
der Wechselkursschwankungen zwischen dem Schweizer Franken und der entsprechenden Fremdwährung. Im   Abschnitt 4.3 wird gezeigt, wie der Wäh-
rungsbeitrag als separate Komponente der Portfoliorendite ausgewiesen werden
kann. Zur Berechnung werden stetige Renditen verwendet.

Tabelle 4.3 enthält die Ausgangsdaten und die Ergebnisse der Performance-Attribution für jedes einzelne Quartal. Die obere Hälfte der Tabelle enthält die für die Berechnung der passiven Strategie benötigten Normalgewichte und Normalrenditen. Die passive Gewichtung der einzelnen Anlagekategorien wird zu Beginn der Periode durch das Management festgelegt und bleibt für die gesamte Beobachtungsperiode unverändert. Die Normalrenditen werden repräsentiert durch die Quartalsrenditen der oben beschriebenen passiven Aktien- und Obligationenindizes.

		1990/3	1990/4	1991/1	1991/2	1991/3	1991/4	1992/1	1992/2
Normal-gewichte	B CH	57,50	57,50	57,50	57,50	57,50	57,50	57,50	57,50
	B Ausl.	12,50	12,50	12,50	12,50	12,50	12,50	12,50	12,50
	S CH	22,50	22,50	22,50	22,50	22,50	22,50	22,50	22,50
	S Ausl.	7,50	7,50	7,50	7,50	7,50	7,50	7,50	7,50
Normal-renditen	B CH	-0,75	1,26	4,53	2,09	0,46	0,91	3,26	-0,24
	B Ausl.	-19,37	2,50	14,52	3,31	-0,99	-3,16	7,07	-5,05
	S CH	-28,62	1,39	16,02	0,85	-1,12	-2,18	7,79	1,39
	S Ausl.	-1,94	4,37	6,71	4,48	2,15	2,18	5,71	-0,18
aktuelle Gewichte	B CH	57,50	53,70	55,70	52,30	54,50	53,80	52,40	51,76
	B Ausl.	12,50	16,50	15,80	16,10	15,90	15,70	16,50	15,78
	S CH	22,50	22,10	22,30	23,60	23,50	23,10	23,20	25,03
	S Ausl.	7,50	7,70	6,20	8,00	6,10	7,40	7,90	7,43
aktuelle Renditen	B CH	-0,32	0,81	4,22	2,12	1,15	0,78	2,32	0,12
	B Ausl.	-2,06	4,15	7,05	4,68	1,74	2,33	5,93	-0,37
	S CH	-26,19	1,99	16,69	0,97	0,16	-3,89	10,09	3,06
	S Ausl.	-21,61	2,37	17,75	4,89	-2,97	-3,24	7,08	-5,37
Strategie		-9,44	1,68	8,53	2,14	0,05	-0,20	4,94	-0,47
Timing		0,00	0,06	0,28	0,04	-0,09	-0,15	0,19	-0,12
Selektivität		1,48	-0,07	-0,13	0,25	0,64	-0,18	-0,06	0,78
Residualterm		0,00	0,08	-0,39	0,05	0,16	0,18	0,02	0,18
Total		-7,96	1,74	8,29	2,48	0,76	-0,36	5,09	0,37
total aktive Rendite		1,48	0,07	-0,24	0,34	0,71	-0,16	0,15	0,84

Tabelle 4.3: Performance-Komponenten eines CH-Pensionskassen-Portfolios. Alle Angaben in Prozent, stetige Renditen

In der zweiten Hälfte der Tabelle sind die jeweils effektiv vom Management gehaltenen Anteile und die erzielten Renditen der verschiedenen Anlagekategorien für die einzelnen Quartale aufgelistet. Aktuelle Gewichte und Renditen werden im Rahmen der taktischen Asset Allocation und der Titelselektivität von Quartal zu Quartal variiert und verursachen die aktive Komponente der Portfoliorendite. Im untersten Bereich der Tabelle sind die einzelnen Performance-Komponenten angegeben, die für die sieben Quartale erzielt wurden. Sie werden entsprechend den Formeln in Tabelle 4.1 für jedes Quartal berechnet. In Tabelle 4.4 wird für das 5. Quartal exemplarisch gezeigt, wie die einzelnen Renditekomponenten berechnet werden.

Die Strategierendite berechnet sich als Summe der Produkte aus Normalgewicht
und Normalrendite für die vier Anlagekategorien. Im fünften Quartal beträgt sie
rund 0,05%. Beim Timing wird für jede Anlagekategorie die Differenz zwischen Normalgewicht und aktuellem Gewicht berechnet und mit der Normalrendite multipliziert. Die einzelnen Terme für die vier Anlagekategorien werden
aufsummiert zur Timing-Komponente. Im betrachteten Quartal wurde die Performance des Portfolios durch Timing um rund -0,09% verringert. Entsprechend
wird bei der Selektivitätskomponente die Abweichung der aktuellen Portfoliorendite von der Normalrendite berechnet und mit den Normalgewichten der
Portfoliostrategie gewichtet. Durch Selektivität wurde die Rendite um 0,64%
gesteigert. Die Residualgrösse berechnet sich schliesslich durch Multiplikation
der Rendite- und Gewichtungsdifferenzen und betrug im betrachteten Quartal
0,16%. Insgesamt wurde im 5. Quartal eine Portfolio-Rendite von 0,76% erzielt,
wovon rund 0,71% auf ein aktives Management zurückzuführen sind.

Strategie:
$$(0{,}575 \cdot 0{,}46\%) + (0{,}125 \cdot -0{,}99\%) + (0{,}225 \cdot -1{,}12\%) + (0{,}075 \cdot 2{,}15\%) = 0{,}05\%$$

Timing:
$$(0{,}545 - 0{,}575) \cdot 0{,}46\% + (0{,}159 - 0{,}125) \cdot -0{,}99\% + (0{,}235 - 0{,}225) \cdot -1{,}12\% +$$
$$+(0{,}061 - 0{,}075) \cdot 2{,}15\% = -0{,}09\%$$

Selektivität:
$$(1{,}15\% - 0{,}46\%) \cdot 0{,}575 + (1{,}74\% + 0{,}99\%) \cdot 0{,}125 + (0{,}16\% + 1{,}12\%) \cdot 0{,}225 +$$
$$+(-2{,}97\% - 2{,}15\%) \cdot 0{,}075 = 0{,}64\%$$

Residualgrösse:
$$(0{,}575 - 0{,}545) \cdot (1{,}15\% - 0{,}46\%) + (0{,}125 - 0{,}159) \cdot (1{,}74\% + 0{,}99\%) +$$
$$+(0{,}225 - 0{,}235) \cdot (0{,}16\% + 1{,}12\%) + (0{,}075 - 0{,}061) \cdot (-2{,}97\% - 2{,}15\%) = 0{,}16\%$$

Tatsächliche Rendite:
$$(0{,}545 \cdot 1{,}15\%) + (0{,}159 \cdot 1{,}74\%) + (0{,}235 \cdot 0{,}16\%) + (0{,}061 \cdot -2{,}97\%) = 0{,}76\%$$

Tabelle 4.4: Berechnung der einzelnen Performance-Komponenten für das 5. Quartal

---

Aus den Resultaten der Tabelle 4.3 ist erkennbar, dass die aktive Rendite von
Teilperiode zu Teilperiode beträchtlich schwankt und keineswegs ein konstantes
Muster aufweist. Die Timing-Rendite schwankt zwischen minimal -0,15% im 6.
Quartal und maximal 0,28% im 3. Quartal. Bei der Selektivität ist der Spielraum
gar noch grösser: minimal -0,18% im 6. Quartal und 1,48% im 1. Quartal. Er-
staunlich ins Gewicht fallen kann ebenfalls die Residualkomponente, die im 6.
und 8. Quartal rund 0,18% der Gesamtrendite ausmachte und im 3. Quartal die
Rendite um gar -0,39% reduzierte. Die aktive Renditekomponente ist in sechs von

acht Quartalen positiv ausgefallen. Insgesamt wurde über die zwei Jahre durch das aktive Management eine Zusatzrendite von 3,19% erwirtschaftet, wobei 0,21% auf Timing, 2,70% auf Selektivität und 0,28% auf die Residualgrösse zurückzuführen sind[5]. Betrachtet man die Gesamtrendite des Portfolios über die zwei Jahre (10,42%), so macht die aktive Komponente einen beachtlichen Anteil am Gesamtergebnis dieser Pensionskasse aus. Wesentlich stärker ins Gewicht fällt jedoch die passive Strategiekomponente, die für die zwei Jahre rund 7,22% beträgt und somit den Hauptbestandteil der Gesamtrendite ausmacht.

Das Beispiel der Schweizer Pensionskasse bestätigt, was in noch eindrücklicherer Weise bereits Brinson, Hood und Beebower (1986) und Brinson, Singer und Beebower (1991) für amerikanische Pensionskassen gefunden haben: Der massgebliche Teil des erzielten Anlageerfolgs beruht auf der gewählten Strategie und nicht etwa auf der aktiven Komponente des Portfoliomanagements. Die Ergebnisse der amerikanischen Untersuchung sind in Tabelle 4.5 dargestellt.

	BRINSON / HOOD / BEEBOWER (1986)		BRINSON / SINGER / BEEBOWER (1991)	
	Rendite-komponente	Varianz-komponente	Rendite-komponente	Varianz-komponente
Strategie	10,11%	93,6%	13,49%	91,5%
Timing	-0,66%	1,7%	-0,26%	1,8%
Selektivität	-0,36%	4,2%	0,26%	4,6%
Sonstige	-0,07%	0,5%	-0,07%	2,1%
Total	9,01%	100%	13,41%	100%
Kommentar	91 Pensionskassen, USA 1974-1983, n = 43		82 Pensionskassen, USA 1977-1987, n = 45	

Tabelle 4.5: Performance-Komponenten für amerikanische Pensionskassen

Die Autoren untersuchten die Komponenten des Anlageerfolgs grosser amerikanischer Pensionskassen für eine Zeitperiode von zehn Jahren. In ihrer ersten Untersuchung von 1974 bis 1983 erzielten die untersuchten Pensionskassen eine durchschnittliche Jahresrendite von 9,01%. Diese liegt um rund 1,10% unter der Strategierendite von 10,11%. Das aktive Management kostete die amerikanischen Pensionskassen folglich im Durchschnitt 1,10% pro Jahr (0,66% Timing, 0,36% Selektivität). Für die zweite Untersuchung (1977 bis 1987) sieht das Ergebnis nicht wesentlich anders aus. Obwohl die Selektivität im Durchschnitt rund 0,26% zur Jahresrendite der Portfolios beitrug, konnte das aktive Management gesamthaft auch für diese Untersuchungsperiode keine Verbesserung der Gesamtrendite herbeiführen. Ein Vergleich der Grössenordnung zwischen Strategierendite und der durch das aktive Management zugefügten Rendi-

---

[5]*Diese Zahlen erhält man durch Aufsummieren (da es sich um stetige Renditen handelt) der Quartalsrenditen für die zwei Jahre.*

te zeigt in beiden Untersuchungen, dass die aktive Komponente des Portfolioer-
folgs einen sehr geringen Bruchteil der Gesamtrendite ausmacht.

Nebst den Renditekomponenten untersuchten die Autoren ebenfalls, welcher
prozentuale Anteil der Varianz der Portfoliorenditen durch die verschiedenen
Komponenten erklärt wird. Dazu werden die Portfoliorenditen der Pensionskassen auf die einzelnen Renditekomponenten (Strategie, Selektivität, Timing) regressiert. Der Determinationskoeffizient[6] der einzelnen Regressionen zeigt den
Erklärungsgehalt der jeweiligen Renditekomponente für die Gesamtvarianz der
Portfoliorendite. Brinson/Hood/Beebower (1986) fanden, dass die Strategie im
Durchschnitt rund 93,6% der Renditevarianz zu erklären vermag. Damit bestätigt die Varianzanalyse das Ergebnis bei der Renditezerlegung: Die massgebli-
chen Wertschwankungen werden nicht durch den aktiven Teil der Portfoliostrategie (Timing, Selektivität) verursacht, sondern durch die gewählte Politik. Diese Resultate zeigen, dass der strategischen Asset Allocation im Portfoliomanagement eine unverhältnismässig grössere Bedeutung zukommt als deren konkreter Implementation.

4.3 Performance-Attribution mit einer Währungs-
komponente

In Kapitel 2 (Abschnitt 2.7) haben wir gesehen, dass durch Diversifikation die
Performance von Portfolios verbessert werden kann. Diversifikation kann z.B.
über verschiedene Anlagekategorien oder einzelne Sektoren und Branchen erfolgen. Daneben spielt in der Praxis vor allem auch die Diversifikation über
Nationalitäten und Währungen eine wichtige Rolle. Bei der Performance-
Attribution von international diversifizierten Portfolios interessiert deshalb
nebst den oben dargestellten Komponenten (Strategie, Timing und Selektivität)
auch der Beitrag durch die im Portfolio gehaltenen Fremdwährungsanteile. Diversifikation über Währungen kann entweder durch den direkten Kauf von
Fremdwährungen bzw. Derivativen auf diesen erfolgen, oder aber durch Investition in ausländische Papiere, ohne dabei das eingegangene Wechselkursrisiko
abzusichern. Die Portfoliorendite wird beim Halten von Fremdwährungen um
die Wechselkursrendite erhöht bzw. verringert. Definieren wir mit h_{sj} den strategischen Anteil der Währung j und mit h_{pj} die effektiv gehaltene Fremdwährungsquote, so errechnet sich die Rendite eines international diversifizierten
Portfolios folgendermassen:

---

[6]Zum Determinationskoeffizienten oder R^2-Wert vgl. Kapitel 3.4.

(4.4) $\qquad r_{\text{Portfolio}} = \sum_i \omega_{pi} \cdot r_{pi} + \sum_j h_{pj} \cdot r_{WKj}$

ω_{pi} stellt wiederum das aktuelle Portfoliogewicht für die Anlagekategorie i dar. Die aktive Portfoliorendite r_{pi} für die Anlage i wird nun jedoch nicht mehr ausschliesslich in Schweizer Franken, sondern in der Lokalwährung des jeweiligen Marktes gemessen. Die erste Summe obiger Gleichung beinhaltet damit die gewichteten Renditen aus der Investition in verschiedene Anlagen, gemessen in der lokalen Währung des entsprechenden Marktes. Bei der Investition in amerikanische Aktien entspricht dies z.B. der lokalen Aktienkursrendite in US-Dollar. Mit dem zweiten Term obiger Gleichung kommt eine Zusatzrendite aufgrund der Wechselkursrenditen für die im Portfolio gehaltenen Währungen dazu. Die Wechselkursrenditen r_{WKj} werden entsprechend der jeweiligen Fremdwährungsquote im Portfolio gewichtet. Sind z.B. 20% des Portfoliovermögens in amerikanische Aktien investiert, ohne dass das Wechselkursrisiko sfr gegenüber US-Dollar abgesichert ist, so kommt zur lokalen US-Aktienkursrendite eine 20prozentige Investition in US-Dollar hinzu. Bei einem Portfolio, das ausschliesslich in Schweizer Papiere diversifiziert ist, fällt der zweite Term weg.

Die Strategierendite berechnet sich analog zur Portfoliorendite unter Verwendung der passiven Strategiegewichte und Normalrenditen in Lokalwährung:

(4.5) $\qquad r_{\text{Strategie}} = \sum_i \omega_{si} \cdot r_{si} + \sum_j h_{sj} \cdot r_{WKj}$

Auch hier kommt zusätzlich ein Term mit den Wechselkursrenditen dazu. Die verschiedenen Wechselkursrenditen werden entsprechend ihrem strategischen Währungsanteil h_{sj} gewichtet.

Der Entscheid, den Anteil einer bestimmten Währung im Portfolio zu variieren, ist der taktischen Asset Allocation zuzuordnen. Durch bewusstes Abweichen vom strategischen Währungsanteil kann der aktive Portfoliomanager eine zusätzliche Rendite aufgrund von Wechselkursbewegungen erzielen. Unabhängig davon ist der Entscheid, in bestimmte Anlagen und Märkte zu investieren, um die lokale Performance auszunutzen. Entsprechend spaltet sich die Timing-Komponente bei internationalen Portfolios in zwei Teile auf: in eine Marktkomponente, welche den Investitionsentscheid bezüglich bestimmter Märkte und Anlagekategorien beinhaltet und in eine Währungskomponente, welche den Allokationsentscheid in verschiedene Währungen widerspiegelt:

(4.6) $\qquad r_{\text{Märkte}} = \sum_i r_{si} \cdot (\omega_{pi} - \omega_{si})$

(4.7) $r_{\text{Währung}} = \sum_j r_{WKj} \cdot \left(h_{pj} - h_{sj} \right)$

Die Marktkomponente berechnet sich durch Multiplikation der passiven Normalrenditen, r_{si}, gemessen in der jeweiligen Lokalwährung des Anlagemedi-
ums, mit der Abweichung der Portfoliogewichte von den Normalgewichten. Die
durch Abweichung vom strategischen Währungsanteil erreichte Performance
wird durch die Währungskomponente ausgewiesen.
Die Renditekomponente aus Selektivität definieren wir als:

(4.8) $r_{\text{Selektivität}} = \sum_i \omega_{si} \cdot \left(r_{pi} - r_{si} \right)$

Die Portfoliorendite, r_{pi}, und ebenfalls die Normalrendite, r_{si}, werden in der Lokalwährung gemessen. Die Performance-Komponente aus dem Selektivitätsent-
scheid ist somit nicht tangiert von der Währung der ausgewählten Anlagen,
sondern ergibt sich allein aus der Wahl bestimmter Papiere innerhalb eines
Marktes oder einer Anlagekategorie.

Die neue Renditeaufspaltung wird nun auf das Pensionskassenbeispiel übertragen. Die Betrachtungsperiode wurde gegenüber Tabelle 4.3 um ein Quartal ge-
kürzt und dauert nur noch bis März 1992. Die strategische Asset Allocation der
Pensionskasse definiert eine 20prozentige Investition in amerikanische Wertpapiere (7,5% US-Aktien und 12,5% US-Obligationen), wie aus Tabelle 4.6 zu
entnehmen ist. In diesem Beispiel betrachten wir nur eine einzige Fremdwährung (US-Dollar), obwohl auch eine Diversifikation über mehrere Währungen
denkbar wäre. Die Strategie gibt ausserdem vor, dass 50% des Dollar-
Engagements abgesichert werden soll. Der strategische Währungsanteil beträgt
somit 10% des Portfoliovermögens.

Beobachtungsperiode: Juli 1990 bis März 1992			
Anlagekategorien	Normalrenditen		Normalgewichte
	Benchmark	Rendite, ann.	
Obligationen Schweiz	Pictet-Bondindex CH (sfr)	6,71%	57,5%
US-Obligationen	Bondindex USA ($)*	10,73%	12,5%
Aktien Schweiz	SBV-Gesamtindex (sfr)	-3,35%	22,5%
US-Aktien	MSCI-Index USA ($)	10,97%	7,5%
Währungsanteil	Wechselkurs sFr/$	3,39%	10%**

* Datenquelle: Goldman Sachs
** d.h. 50% der Anlagen in Fremdwährung werden abgesichert.

Tabelle 4.6: Strategische Asset Allocation bei Währungsabsicherung der Auslandsanlagen

In Tabelle 4.6 sind die Normalrenditen neu in der Lokalwährung der einzelnen Anlagekategorien angegeben. Die durchschnittliche Rendite der US-Anlagen in Dollar war in der betrachteten Zeitperiode mit je rund 11% pro Jahr für Obligationen und Aktien sehr hoch im Vergleich zu den Renditen auf dem Schweizer Markt. Die Wechselkursrendite Schweizer Franken zu US-Dollar betrug durchschnittlich 3,39% pro Jahr. Ein Engagement in US-Dollar hat sich in der betrachteten Zeitperiode im Durchschnitt also gelohnt.

In Tabelle 4.7 sind die konkreten Zahlenwerte und Auswertungen für die einzelnen Zeitabschnitte dargestellt.

		1990/3	1990/4	1991/1	1991/2	1991/3	1991/4	1992/1	Gesamt-periode
Normal-gewichte	B sFr	57,50	57,50	57,50	57,50	57,50	57,50	57,50	
	B $	12,50	12,50	12,50	12,50	12,50	12,50	12,50	
	S sfr	22,50	22,50	22,50	22,50	22,50	22,50	22,50	
	S $	7,50	7,50	7,50	7,50	7,50	7,50	7,50	
	Währung	*10,00*	*10,00*	*10,00*	*10,00*	*10,00*	*10,00*	*10,00*	
Normal-renditen	B sfr	-0,75	1,26	4,53	2,09	0,46	0,91	3,26	
	B $	1,74	5,20	1,77	1,52	5,86	5,22	-2,54	
	S sfr	-28,62	1,39	16,02	0,85	-1,12	-2,18	7,79	
	S $	-14,46	8,81	13,78	-0,21	5,27	8,41	-2,39	
	Währung	*-8,55*	*-1,75*	*12,36*	*7,54*	*-7,27*	*-6,23*	*9,82*	
aktuelle Gewichte	B sfr	57,50	53,70	55,70	52,30	54,50	53,80	52,40	
	B $	12,50	16,50	15,80	16,10	15,90	15,70	16,50	
	S sfr	22,50	22,10	22,30	23,60	23,50	23,10	23,20	
	S $	7,50	7,70	6,20	8,00	6,10	7,40	7,90	
	Währung	*10,00*	*14,00*	*0,00*	*5,00*	*12,00*	*8,00*	*15,00*	
aktuelle Renditen	B sfr	-0,32	0,81	4,22	2,12	1,15	0,78	2,32	
	B $	1,03	5,45	1,20	0,95	6,02	4,25	-1,39	
	S sfr	-26,19	1,99	16,69	0,97	0,16	-3,89	10,09	
	S $	-13,46	7,44	15,82	0,00	4,80	7,32	-0,53	
Strategie		-8,60	2,17	8,70	2,32	0,41	0,69	4,11	9,81
Märkte		0,00	0,17	-0,23	-0,05	0,10	0,11	-0,22	-0,12
Währung		*0,00*	*-0,07*	*-1,24*	*-0,38*	*-0,15*	*0,12*	*0,49*	*-1,21*
Selektivität		0,78	-0,20	0,05	-0,01	0,67	-0,66	0,26	0,89
Sonstige		0,00	0,02	-0,04	-0,02	0,00	-0,04	0,12	0,05
Total		-7,81	2,10	7,24	1,87	1,04	0,23	4,76	9,42
total aktive Rendite		0,78	-0,14	-2,70	-0,83	0,48	-0,34	1,14	-0,39

Tabelle 4.7: Performance-Komponenten eines internationalen Portfolios. Alle Angaben in Prozent, stetige Renditen

Gegenüber der Darstellung in Tabelle 4.3 kommt neu eine Währungskomponente dazu. In der 11. Zeile erkennen wir die Wechselkursrendite Schweizer Franken zu US-Dollar für die einzelnen Teilperioden. Zeile 16 enthält die tatsächlich von der Pensionskasse gehaltenen Fremdwährungsquoten, die zwischen 0 und 15% schwanken. Die Berechnung der einzelnen Performance-Komponenten ist exemplarisch für das 5. Quartal in Tabelle 4.8 dargestellt. In diesem Quartal wurde die Performance durch den Währungsentscheid um -0,15% verringert. Trotzdem erreichte der Portfoliomanager in diesem Quartal eine positive aktive Rendite, welche vor allem auf eine gute Selektivität zurückzuführen ist. In der letzten Spalte von Tabelle 4.7 sind die Auswertungen für die Gesamtperiode dargestellt. Demnach hätte der Portfoliomanager eine Rendite von 9,81% erreicht, wenn er sich genau an die vorgeschriebenen Normalgewichte und an eine indexierte Anlage innerhalb der einzelnen Anlagekategorien gehalten hätte. Durch das aktive Management wurde die Rendite jedoch um -0,39% verringert. Der Performance-Verlust ist vor allem auf die Währungskomponente zurückzuführen.

Durch Abweichung vom strategischen Währungsanteil wurde die Rendite um -1,21% geschmälert. Dieser Verlust konnte durch geschickte Titelauswahl innerhalb der einzelnen Anlagekategorien (Selektivität) zum Teil wieder wettgemacht werden.

Strategie:
$$(0{,}575 \cdot 0{,}46\%) + (0{,}125 \cdot 5{,}86\%) + (0{,}225 \cdot (-1{,}12\%)) + (0{,}075 \cdot 5{,}27\%) + (0{,}10 \cdot (-7{,}27\%)) =$$
$$= 0{,}41\%$$

Märkte:
$$(0{,}545 - 0{,}575) \cdot 0{,}46\% + (0{,}159 - 0{,}125) \cdot 5{,}86\% + (0{,}235 - 0{,}225) \cdot (-1{,}12\%) +$$
$$+(0{,}061 - 0{,}075) \cdot 5{,}27\% = 0{,}10\%$$

Währung:
$$(0{,}12 - 0{,}10) \cdot (-7{,}27\%) = -0{,}15\%$$

Selektivität:
$$(1{,}15\% - 0{,}46\%) \cdot 0{,}575 + (6{,}02\% - 5{,}86\%) \cdot 0{,}125 + (0{,}16\% + 1{,}12\%) \cdot 0{,}225 +$$
$$+(4{,}80\% - 5{,}27\%) \cdot 0{,}075 = 0{,}67\%$$

Tatsächliche Rendite:
$$(0{,}545 \cdot 1{,}15\%) + (0{,}159 \cdot 6{,}02\%) + (0{,}235 \cdot 0{,}16\%) + (0{,}061 \cdot 4{,}80\%) + (0{,}12 \cdot (-7{,}27\%))$$
$$= 1{,}04\%$$

Tabelle 4.8: Berechnung der einzelnen Performance-Komponenten

4.4 Probleme des Grundmodells

Nachteil der Methode von Brinson/Hood/Beebower (1986) zur Analyse der Performance von Portfolios ist, dass das Risiko nicht in die Betrachtung einbezogen wird. Die Performance-Attribution wird einzig aufgrund der dargestellten Renditezerlegung vorgenommen, ohne dass das vom Portfoliomanager eingegangene Risiko einbezogen wird. Nur wenn das Risikoniveau der vom Manager gewählten Strategie mit jenem des Benchmark-Portfolios übereinstimmt, liefert die beschriebene Renditezerlegung ein unverzerrtes Bild der tatsächlichen Performance. Wählt der Portfoliomanager hingegen ein systematisch höheres oder tieferes Risikoniveau, wird der risikofreudige Manager in seinen Fähigkeiten überschätzt und entsprechend der konservative Manager benachteiligt. Diese Feststellung beruht auf der Tatsache, dass auf dem Kapitalmarkt höhere systematische Risiken mit einer sogenannten Risikoprämie belohnt werden[7]. Es wird deshalb einem Portfoliomanager leichtfallen, die Indizes der einzelnen Anlagekategorien zu schlagen, indem er Titel mit hohen Exposures gegenüber bewerteten Risiken wählt. Aus diesen Überlegungen folgt für die Performance-Attribution, dass bei abweichendem Risikoniveau die Überschussrendite (positiv oder negativ) nicht mehr allein auf die drei Komponenten Timing, Selektivität und Interaktionsterm zurückzuführen ist. Ein Teil davon wird durch die erhöhte bzw. verringerte Risiko-Exposure des aktiv verwalteten Portfolios erzeugt.

Wie beeinflussen nun aber die Risikounterschiede zwischen Benchmark und Portfolio jede einzelne Performance-Komponente? Wenn der Manager beispielsweise systematisch die Anlagekategorien mit hohem Risiko mehr gewichtet, als dies im Benchmark-Portfolio vorgesehen ist, wird sein Portfolio im Durchschnitt eine höhere Timing-Komponente aufweisen. Diese Zusatzrendite ist jedoch nicht auf eine geschickte taktische Asset Allocation zurückzuführen, sondern vielmehr auf eine erhöhte Risiko-Exposure seines Portfolios. In ähnlicher Weise weist ein Manager, der im Rahmen der Selektivität einen grossen Teil des Portfoliovermögens in Titel mit überdurchschnittlichem Risiko investiert, einen überdurchschnittlichen Selektivitätseffekt aufgrund des erhöhten Risikos seines Portfolios auf. Der Interaktionseffekt zwischen Timing und Selektivität wird schliesslich überschätzt, falls systematisch ein überproportionaler Anteil des Vermögens in jene Anlagekategorien investiert wird, die im Durchschnitt risikoreichere Papiere enthalten.

Durch die Vorgabe einer verbindlichen Risikostruktur des Portfolios zu Beginn einer Mandatsvergabe können oben beschriebene Schwierigkeiten vermieden werden. Die Risikostruktur sollte sich in der definierten Strategie und damit in

---

[7]*Vgl. dazu die Beschreibung zum CAPM in den Kapiteln 2 und 3.*

der vorgegebenen Normalgewichtung der einzelnen Anlagekategorien widerspiegeln. Die Ableitung der Risikostruktur aus der Gewichtung der Anlagekategorien ist jedoch nur sinnvoll, wenn innerhalb der Anlagekategorien die Exposure nicht systematisch verändert wird. Dies kann z.B. durch das Fixieren eines
maximalen Tracking Errors[8] gegenüber den einzelnen Klassenindizes sichergestellt werden.

Ein anderer Lösungsansatz des Problems besteht im Einbezug des Risikos bei
der Renditezerlegung. Um die Verzerrungen bei der Performance-Attribution
kompensieren zu können, schlägt Ankrim (1992) deshalb ein einfaches Risi-
koadjustierungsverfahren vor. Grundidee seines Verfahrens ist es, die einzelnen
Renditekomponenten (Timing, Selektivität, Restkomponente) um die vom Kapitalmarkt aufgrund der veränderten Risiko-Exposure zu erwartende Zusatzrendite zu bereinigen. Als relevantes Risiko betrachtet Ankrim das systematische
Marktrisiko (Beta) einer Anlage. Innerhalb der einzelnen Anlagekategorien
wird auf diese Weise die Selektivität analog zum Jensen-Alpha berechnet. Auf
Ebene der taktischen Asset Allocation wird die Risikobereinigung aufgrund von
systematischen Risikoabweichungen zur Strategie vorgenommen, wobei angenommen wird, dass die effektive Gewichtung der einzelnen Anlagekategorien
vom Verlauf der Marktrenditen unabhängig ist. Ein anderer Ansatz, der jedoch
in die gleiche Richtung der Risikoadjustierung abzielt, ist die Verwendung von
Faktormodellen. Ausgangspunkt ist die Annahme, dass Wertpapierrisiken durch
verschiedene, aber eine letztlich geringe Anzahl systematischer Risikofaktoren
determiniert werden. Kennen wir die Marktprämie dieser Risikofaktoren, ermöglicht uns dieses Modell im Sinne einer Performance-Attribution, den Beitrag der einzelnen systematischen Faktoren zum Gesamtergebnis des Portfolios
zu evaluieren. Ein Vertreter dieser Faktormodelle ist das von Sharpe (1992)
entwickelte Asset-Class-Faktormodell, mit dessen Hilfe sich der Investitionsstil
eines Portfolios bestimmen lässt. Im nächsten Kapitel wird eingehend auf die
Verwendung von Faktormodellen bei der Performance-Messung eingegangen.
Die letzten beiden Methoden führen wieder zurück zu risikobasierten Anlage-
bewertungsmodellen und sind mit deren Schwierigkeiten behaftet, wie z.B. der
geeigneten Wahl von Benchmarkindizes.

Ein weiterer Kritikpunkt zielt auf die eigentliche Natur der Renditezerlegung
ab. Aufgrund der Ergebnisse in Tabelle 4.5 kommen Brinson, Hood und Beebower zum Schluss, dass der entscheidende Anteil der Portfoliorendite durch
die Strategieentscheidung zustande kommt. Hensel/Ezra/Ilkiw (1991) weisen zu
Recht darauf hin, dass dieses Ergebnis stark von der Wahl der naiven Investiti-

---

[8]*Unter dem „Tracking Error" versteht man das risikobereinigte Restrisiko einer Indexrepli-
kation. Er entspricht der Standardabweichung der Residuen (ε_p) folgender Regression: r_p
= $\alpha_p + \beta_p r_m + \varepsilon_p$, wobei r_p = Rendite des replizierenden Portfolios und r_m = Rendite des
zu replizierenden Index.*

onsalternative abhängt. Im Grundmodell nach Brinson/Hood/Beebower ist dies die „Nullvariante", das heisst überhaupt keine Investition. Gegenüber dieser Basisrendite von Null werden die Renditekomponenten Strategie, Timing und Selektivität betrachtet. Es ist klar, dass diese Annahme unrealistisch ist. Ihre Methode misst der Strategieentscheidung zu grosses Gewicht bei. Hensel/Ezra/Ilkiw schlagen statt dessen die durchschnittliche Strategie grosser vergleichbarer Portfolios als naive Strategie vor. Dieser Ansatz teilt die Anlagestrategie des Grundmodells in zwei Komponenten auf: die marktübliche Strategie vergleichbarer Investoren und die spezifische Strategie des zu analysierenden Portfolios.

4.5 Zusammenfassung

In diesem Kapitel wurde gezeigt, wie die Rendite eines Portfolios in einzelne Komponenten zerlegt werden kann: in eine Strategie-, Timing- und Selektivitätskomponente. Dies ermöglicht die Analyse der Performance eines Portfolios bezüglich seiner verursachenden Quellen. Der vorgestellte Ansatz setzt allerdings die Kenntnis der Gewichtung der im Portfolio enthaltenen Anlagekategorien voraus. Das von Brinson/Hood/Beebower (1986) entwickelte Grundmodell wurde auf das Portfolio einer typischen Schweizer Pensionskasse übertragen und um eine Währungskomponente erweitert.

Im letzten Abschnitt wurden zwei bedeutende Schwächen des Modells aufgezeigt. Zum einen lässt der Ansatz die tatsächliche Risiko-Exposure der Investitionen und damit die Risikoadjustierung der Renditen unberücksichtigt, zum anderen ist die Wahl der naiven Investitionsalternative massgebend für die Ergebnisse der Zerlegung. Bei der Interpretation der Ergebnisse müssen diese Punkte berücksichtigt werden.

4.6 Literatur

ANKRIM, E.M. (1992): Risk-Adjusted Performance-Attribution. Financial Analysts Journal, March/April 1992, S. 75-82

BRINSON, G.P. /HOOD, L.R. /BEEBOWER, G.L. (1986): Determinants of Portfolio Performance. Financial Analysts Journal, July/August 1986, S. 39-44

BRINSON, G.P. /SINGER, B.D. /BEEBOWER, G.L. (1991): Determinants of Portfolio Performance: An Update. Financial Analysts Journal, May/June 1991, S. 40-48

HENSEL, C.R. /EZRA, D.D. /ILKIW, J.H. (1991): The Importance of the Asset Allocation Decision. Financial Analysts Journal, July/August 1991, S. 65-72

SHARPE, W.F. (1992): Asset Allocation: Management style and performance measurement. The Journal of Portfolio Management, Winter 1992, S. 7-19

ZIMMERMANN, H. /ARCE, C. /JAEGER, S. /WOLTER, H.-J. (1992): Pensionskassen Schweiz: Neue Strategien für wachsende Leistungsansprüche. Wirtschaft und Gesellschaft, Zürcher Kantonalbank, September 1992

Kapitel 5

Identifikation des Investment Style mit einem Asset-Class-Faktormodell[1]

In diesem Kapitel wird das Sharpesche Asset-Class-Faktormodell dargestellt. Das Modell ermöglicht die Bestimmung des Investment Style eines Fonds. Unter Investment Style versteht man die langfristige Aufteilung des Portfoliovermögens auf verschiedene Anlagekategorien. Die vorliegende Studie versucht als Anwendung, den Investment Style von sechs schweizerischen Investment Fonds zu identifizieren.

5.1 Einleitung..110

5.2 Mehrfaktormodelle als Ausgangspunkt 111

5.3 Das Asset-Class-Faktormodell von Sharpe 113

5.4 Management Style von schweizerischen Aktienfonds.......................115

5.5 Zusammenfassung 126

5.6 Anhang: Einige Betrachtungen zum Bestimmtheitsmass.................127

5.7 Literatur 129

---

[1]*Eine Anwendung eines Asset-Class-Faktormodell für den Goldman Sachs Commodity Index (GSCI) findet man in Zimmermann/Rudolf/Zogg-Wetter (1992), S. 24-33.*

5.1 Einleitung

Die relevante Fragestellung bei der Performance-Messung besteht darin festzu-
stellen, welcher Teil der Rendite eines Portfolios dem passiven Benchmark
Portfolio zuzurechnen ist und welcher durch aktives Management erzielt wurde.
Bei der auf dem CAPM beruhenden Performance-Messung in Kapitel 3 wurde
das passive Benchmark-Portfolio als „Marktportfolio" identifiziert. Das Markt-
portfolio enthält sämtliche verfügbaren Vermögenswerte der Wirtschaft in den
Anteilen ihrer Marktwerte. Dieser Ansatz geht davon aus, dass die Rendite jeder
Anlage durch eine einzige, sämtlichen Anlagen gemeinsam zugrunde liegende
Risikoquelle determiniert wird, nämlich die Wertveränderungen des Marktport-
folios.

Die Verwendung eines eindimensionalen Benchmarks, wie es der CAPM-
Ansatz zur Performance-Messung beinhaltet, birgt jedoch einige Schwierigkeiten und Nachteile. Nebst den empirischen Schwierigkeiten bei der Quantifizierung eines universellen, effizienten Marktportfolios als Proxi für den „Markt"
wird durch die Einschränkung auf eine einzige relevante Risikoquelle vor allem
auch nicht auf die individuellen Besonderheiten bei der gewählten Politik eines
Fonds eingegangen. Jeder Fonds wird im Rahmen seiner strategischen Asset
Allocation die Vermögenswerte unterschiedlich auf verschiedene Anlagekategorien aufteilen. Wir sprechen in diesem Zusammenhang vom Investment Style
eines Fonds[2]. Bei einem Fonds, der ausschliesslich in Aktien investiert ist, beinhaltet der Investment Style die langfristige, passive Aufteilung des Fondsvermögens auf unterschiedliche Teilsegmente des Marktportfolios. Jedes dieser
Teilsegmente unterscheidet sich bezüglich Risiko- und Renditestruktur, so dass
eine unterschiedliche Gewichtung der einzelnen Segmente auch zu unterschiedlichen Portfolioeigenschaften führt. Eine mögliche Segmentierung des Marktportfolios besteht zum Beispiel in der Unterteilung des Gesamtmarktes in unterschiedliche Branchen, in verschiedene Titelkategorien (Namens-, Inhaberaktien,
Partizipationsscheine) oder in Aktienkategorien unterschiedlicher Börsenkapitalisierung (High, Mid and Small Capitalization Stocks)[3].

Aus Kapitel 4 ist bekannt, dass die strategische Asset Allocation einen be-
trächtlichen Teil der Renditeschwankungen eines Portfolios ausmacht. Der gewählte Investment Style determiniert in grossem Umfang die Risiko-Rendite-
Struktur und damit letztendlich auch die Performance eines Fonds. Messen wir
die aktive Rendite eines Fonds als Zusatzrendite gegenüber dem Marktportfolio,
so wird die Performance unter Umständen durch den gewählten Investment

---

[2] *Sharpe (1988).*

[3] *Zur Bestimmung des Investment Style von international diversifizierten Aktienfonds vgl.
Gallati und Rudolf (1995).*

Style des Fonds überschattet. Die Zusatzrendite wurde unter Umständen nicht durch ein aktives Management erzielt, sondern durch einen vom Marktindex abweichenden passiven Asset Mix. Relevanter Benchmark bei der Identifizierung der aktiven Performance-Komponente bildet unter diesem Gesichtspunkt nicht mehr das Marktportfolio, sondern der vom Fonds individuell gewählte Investment Style.

In diesem Kapitel wird gezeigt, wie mit Hilfe eines Asset-Class-Faktormodells der Investment Style eines Fonds identifiziert werden kann. Theoretischer Ansatzpunkt dieses Modells ist die Arbitrage Pricing Theory (APT). Anhand der schweizerischen Aktienfonds aus Kapitel 3 wird die unterschiedliche Performance der Fonds auf Unterschiede im Investment Style untersucht. Dazu verwenden wir zwei unterschiedliche Modelle, welche den Aktienmarkt in jeweils drei Teilsegmente aufteilen. Im ersten Modell wird der Aktienmarkt in die verschiedenen Titelkategorien Inhaberaktien, Namenaktien und Partizipationsscheine aufgeteilt. Im zweiten Modell erfolgt die Segmentierung aufgrund der Börsenkapitalisierung von Gesellschaften in hoch-, mittel- und schwachkapitalisierte Gesellschaften.

5.2 Mehrfaktormodelle als Ausgangspunkt

Asset-Class-Faktormodelle sind typischerweise lineare Modelle. Sie haben Gemeinsamkeiten mit Mehrfaktormodellen. Allgemein kann ein Faktormodell durch folgende Gleichung dargestellt werden:

$$(5.1) \qquad r = b_1 F_1 + b_2 F_2 + b_3 F_3 + ... + b_n F_n + \varepsilon$$

r :   Anlagerendite
$F_1...F_n$:   Faktorrenditen $1,..., n$
ε :   anlagespezifischer Teil der Rendite

Mit diesem Modell wird untersucht, in welchem Ausmass die Rendite einer Anlage durch die Faktoren determiniert wird. Unter den Faktoren werden gesamtwirtschaftliche oder sektorale Variablen verstanden, die zur Parallelität der Kursschwankungen der einzelnen Wertpapiere beitragen. Solche Faktoren können beispielsweise die Veränderungen von Zinssätzen, die Inflationsrate, Wechselkursveränderungen und anderes sein[4]. Als b-Koeffizienten b_1 bis b_n werden, vergleichbar mit dem Beta des CAPM, die Sensitivitäten der Anlage gegenüber den einzelnen Faktoren 1 bis n bezeichnet. Sie geben an, wie stark im Durch-

---

[4]*Vgl. Drummen/Lips/Zimmermann (1992) zur Untersuchung der Bedeutung internationaler, nationaler und sektoraler Faktoren auf den europäischen Aktienmärkten.*

schnitt die Anlagerendite auf eine einprozentige Veränderung des entsprechenden Risikofaktors reagiert. Der Störterm ε erfasst die anlagespezifischen Bewegungen, welche nicht durch die Faktoren erklärt werden. Ein Faktormodell ermöglicht somit die Zerlegung der Rendite einer Anlage in eine systematische
und eine unsystematische Komponente. Die systematische Renditekomponente
wird durch globale Risikofaktoren verursacht, welche sich auf sämtliche Anlagerenditen auswirken und die Korrelation der Anlagerenditen bewirken. Wenn
wir davon ausgehen, dass der Kapitalmarkt die einzelnen systematischen Fak-
torrisiken im Rahmen einer passiven Strategie entschädigt, gewinnen wir durch
ein solches Faktormodell einen mehrdimensionalen, passiven Benchmark, an
welchem die Performance eines Portfolios gemessen werden kann.

Die Schätzung der b-Koeffizienten in Gleichung (5.1) erfolgt durch eine OLS-
bzw. GLS[5]-Regressionsanalyse. Als Gütemass zieht man typischerweise das
Bestimmtheitsmass R^2 heran:

$$(5.2) \qquad R^2 = \frac{\mathrm{Var}\left(b_1 F_1 + ... + b_n F_n\right)}{\mathrm{Var}(r)}$$

R^2 bezeichnet den Anteil der durch das Modell (5.1) erklärten Varianz an der
Gesamtvarianz der Anlagerendite r. Ökonomisch drückt R^2 den Grad der Er-
klärbarkeit der Portfoliorenditen durch die passiven Benchmark-Faktoren aus,
d.h. denjenigen Varianzanteil der Anlagerenditen, der durch das passive Faktorportfolio erklärt werden kann. Die Differenz zwischen 1 und R^2 ist auf die spezifische, Benchmark-unabhängige Selektion des Portfoliomanagers zurückzuführen. Nun gilt im Rahmen des klassischen Faktormodells:

$$(5.3) \qquad \mathrm{Var}\left(b_1 F_1 + b_2 F_2 + b_3 F_3 + ... + b_n F_n\right) + \mathrm{Var}(\varepsilon) = \mathrm{Var}(r)$$

Die Gesamtvarianz *Var(r)* setzt sich zusammen aus der erklärten Varianz
Var(b_1F_1 + b_2F_2 + b_3F_3 + ... + b_nF_n) und der unerklärten Varianz *Var(ε)*. Diese
Eigenschaft ist auf die Tatsache zurückzuführen, dass bei einer Regression die
Residuen mit den Renditen der einzelnen Faktoren unkorreliert sind. Wir kön-
nen R^2 folglich auch wie in Formel (5.4) beschreiben :

$$(5.4) \qquad R^2 = 1 - \frac{\mathrm{Var}(\varepsilon)}{\mathrm{Var}(r)}$$

---

[5] *Ob das OLS-Modell verwendet werden kann oder ob man einen GLS-Schätzer verwenden
muss, hängt davon ab, ob die Varianz der Residuen homoskedastisch oder hetero-
skedastisch ist.*

Dies ist eine Besonderheit des Regressionsmodells, die – wie wir nachfolgend sehen werden – in einem modifizierten Faktormodell nicht weiter aufrechterhalten werden kann. Der Nachteil des in Gleichung (5.1) beschriebenen Modells besteht darin, dass man die b-Koeffizienten zwar als Sensitivitätsmasse interpretieren kann, sie können jedoch nicht direkt als Portfolioanteile aufgefasst werden. Das nachfolgende Modell verändert den geschilderten Ansatz so, dass man von der expliziten Allokation des Portfoliovermögens auf die entsprechenden Faktoren schliessen kann. Wir verwenden dazu ein Asset-Class-Faktormodell.

5.3 Das Asset-Class-Faktormodell von Sharpe

Das Asset-Class-Faktormodell von Sharpe unterscheidet sich in seiner Form von einem allgemeinen Faktormodell wie in Gleichung (5.1) dargestellt dadurch, dass jeder Faktor eine bestimmte Anlagekategorie (z.B. Aktien, Bonds etc.) repräsentiert und sich die Sensitivitäten b_1 bis b_n auf 1 (100%) summieren. Das Modell erzwingt ausserdem von den b_i Nichtnegativität. Die b-Koeffizienten entsprechen in diesem Fall den Portfoliogewichten, mit welchen die einzelnen Anlagekategorien in einem passiven Faktorportfolio gewichtet werden. Die Rendite einer Anlage wird durch das Modell in zwei Komponenten aufgespalten: die Rendite eines passiven, replizierenden Portfolios bestehend aus den n Anlagekategorien, gewichtet entsprechend den b-Koeffizienten und einer Residualgrösse ε, welche nicht durch das passive Portfolio erklärt wird und somit den anlagespezifischen Teil der Rendite repräsentiert. Der passive Teil der Anlagerendite wird durch den Management Style determiniert, während die Residualgrösse auf das aktive Management des Fonds zurückzuführen ist. Ein Asset-Class-Faktormodell kann durch folgende drei Merkmale charakterisiert werden:

1. Die Fondsrendite wird durch n Anlagekategorien möglichst gut erklärt, d.h. die Residualvarianz wird minimiert.
2. Die Faktorkoeffizienten b_1 bis b_n ergänzen sich zu eins.
3. Die Faktorkoeffizienten b_1 bis b_n dürfen nicht negativ sein.

Der dritte Punkt verbietet negative Portfolioanteile. Dies ist sicher für die meisten Fonds eine relativ plausible Annahme. Denn negative Portfolioanteile bedeuten, dass eine Short-Position in der entsprechenden Asset Class eingegangen worden ist – es wurden Leerverkäufe durchgeführt. Sicher findet das Management der meisten Fonds ohne solche Instrumente statt, oft ist es sogar gesetzlich untersagt. Unter der Annahme der Restriktionen in Punkt 2 und 3 kann das Faktormodell in Gleichung (5.1) nicht mehr mit einer linearen Regression geschätzt werden. Vielmehr müssen die b-Koeffizienten mit Hilfe einer quadrati-

schen Optimierung geschätzt werden. Entsprechend der Sharpeschen Vorgehensweise lösen wir das folgende Programm:

$$(5.5) \qquad \min_{b_i} \quad Var(\varepsilon) = Var\left[r - \sum_{i=1}^{n} b_i F_i \right] \quad \text{s.t.} \quad \sum_{i=1}^{n} b_i = 1 \quad \underset{1 \le i \le n}{\forall} \quad b_i \ge 0$$

Wir minimieren die unerklärte Varianz $Var(\varepsilon)$ unter der Nebenbedingung, dass
sich die Koeffizienten zu eins ergänzen und nicht negativ sind. Bezeichnen wir
mit b den Vektor der Faktorsensitivitäten, mit V die Kovarianzmatrix der Faktorrenditen, mit F den Vektor der Faktorrenditen, mit e den n-dimensionalen
Einsvektor und mit C den Vektor der Kovarianzen zwischen den Faktoren und
der Portfoliorendite R, dann kann man Problem (5.5) wie folgt umformulieren[6]:

(5.6)   Minimiere $Var(\varepsilon) = Var(r) + b'Vb - 2b'C$

        unter den Nebenbedingungen: $b'e = 1 \qquad b \ge 0$

Da $Var(r)$ von b unabhängig ist, wollen wir das folgende, äquivalente Problem
lösen:

(5.7)   Minimiere $z := Var(\varepsilon) - Var(r) = b'Vb - 2b'C$

        unter den Nebenbedingungen: $b'e = 1 \qquad b \ge 0$

Es liegt ein quadratisches Programm vor. Zur Lösung solcher Programme gibt
es Algorithmen[7]. Im vorliegenden Aufsatz wird das Lemke-Verfahren imple-
mentiert, weil es aus informatischer Sicht effizient ist. Es soll allerdings nicht
im einzelnen auf diesen Algorithmus eingegangen werden; der interessierte Leser sei auf die entsprechende Literatur verwiesen.

Es ist zu beachten, dass das in (5.5) formulierte Programm keineswegs identisch
ist mit einem Programm, welches die erklärte Varianz:

$$Var\left(b_1 F_1 + b_2 F_2 + b_3 F_3 + \ldots + b_n F_n\right)$$

maximiert[8]. Während bei einer Regression aufgrund der Beziehung in Gleichung (5.2) diese beiden Problemstellungen identisch sind, unterscheiden sie

---

[6]*Ausführlichere Definitionen und analytische Betrachtungen sind im Anhang zu finden. Vgl.
    vor allem Gleichung (A2).*

[7]*Vgl. Lemke (1962) oder auch Markowitz (1956).*

[8]*Vgl. Beweis im Anhang.*

sich bei einem quadratischen Optimierungsprogramm. Bei einer Regression ist garantiert, dass die Residuen mit den Renditen der einzelnen Faktoren unkorreliert sind. Bei einer quadratischen Optimierung ist es hingegen möglich, dass die Residuen korreliert sind mit einem oder mehreren Faktorrenditen. Aus diesem Grund entspricht das in Gleichung (5.4) definierte Bestimmtheitsmass für das Asset-Class-Faktormodell nicht dem R^2 aus Gleichung (5.2) bei einer Regressionsanalyse; aus dem Anhang wird klar, dass das Bestimmtheitsmass von einem Kovarianzterm zwischen den Residuen und den Faktorrenditen beeinflusst wird.

Sharpe hat den geschilderten Ansatz verwendet, um amerikanische Mutual Funds zu analysieren[9]. Wir wollen in den nachfolgenden Abschnitten ein modifiziertes Modell auf den schweizerischen Markt übertragen.

5.4 Management Style von schweizerischen Aktienfonds

Charakteristika der untersuchten Fonds

Gegenstand der Untersuchung sind sechs schweizerische Anlagefonds, deren Anlagespektrum sich auf schweizerische Aktien beschränkt, sowie der Vontobel Swiss Small Companies Index (VSCI). Es handelt sich mit Ausnahme des VSC-Index um dieselben Aktienfonds, die bereits für die Analyse in Kapitel 3 verwendet wurden[10]. Die wichtigsten Daten zu den untersuchten Fonds sind in Tabelle 3.1 zusammengestellt. Der VSC-Index wird als Ersatz für den kürzlich durch die Bank Vontobel lancierten Aktienfonds für klein- und mittelkapitalisierte Schweizer Aktien[11] verwendet, für welchen keine ausreichend weit zurückgehende Datenreihe zur Verfügung steht. Der VSC-Index repräsentiert das Small-Capitalization-Segment des schweizerischen Aktienmarktes und dient als Benchmark für den Vontobel Swiss Small Companies Fund. Der Index enthält Schweizer Aktien, welche 0,2% oder weniger der Gesamtkapitalisierung des Schweizer Aktienmarktes ausmachen. Obwohl der Index 60% aller an den Schweizer Börsen kotierten Firmen enthält, macht seine Marktkapitalisierung nur gerade 8% aus. Der VSC-Index ist kapitalisierungsgewichtet und nicht di-

---

[9]Vgl. Sharpe (1992), S. 10; eine ausgezeichnete Software zu dieser Problematik ist der von Sharpe mitgestaltete BHSW Style Advisor.

[10]Die Datenreihen für die Aktienfonds wurden uns freundlicherweise von Herrn J. Wheatley von der WRD RENAND SA in Lausanne, diejenige des VSC-Index von Herrn G. Fischer von der Bank Vontobel in Zürich zur Verfügung gestellt.

[11]Vontobel Swiss Small Companies Fund.

videndenadjustiert. Für diese Untersuchung wurde eine Dividendenadjustierung vorgenommen.

Der Beobachtungszeitraum erstreckt sich über sieben Jahre, vom Februar 1985 bis Dezember 1991. Sämtliche Zeitreihen werden auf monatlicher Basis erhoben. Bei der Berechnung der verwendeten Performance-Reihen wird vom Net Asset Value des Fonds per Monatsende sowie den zum Zeitpunkt der Ausschüttung reinvestierten Jahresausschüttungen ausgegangen. Die monatliche Rendite des Fonds berechnet sich als Differenz der logarithmierten Indexwerte und entspricht somit der stetigen Wertveränderung des Fonds.

In Tabelle 5.1 sind die annualisierten Durchschnittsrenditen und Volatilitäten der Fonds im Vergleich zu zwei schweizerischen Aktienindizes und einer risikolosen einmonatigen Schweizer-Franken-Anlage dargestellt.

	Mittelwert	Standardabw.	Sharpe Ratio
Fonsa	8,10%	20,24%	0,13
Schweizeraktien	7,52%	20,30%	0,10
Swissvalor	5,69%	19,19%	0,01
Swissbar	5,68%	20,57%	0,01
Valsuisse	8,41%	17,98%	0,16
VSCI mD	6,31%	18,60%	0,04
SBVGES mD	7,91%	19,66%	0,12
SBV100 mD	7,77%	20,46%	0,11
Depositen	5,55%	0	---

• VSCI mD: Vontobel-Swiss-Small-Companies-Index mit reinvestierten Dividenden
• SBVGES mD: Schweizerischer-Bankverein-Gesamtindex mit reinvestierten Dividenden
• SBV100 mD: Schweizerischer-Bankverein-100-Index mit reinvestierten Dividenden

Tabelle 5.1: Beschreibende Statistik der Fondsrenditen, annualisiert, 02/1985 bis 12/1991, T=83

Als Referenzindizes dienen der Bankverein-Gesamtindex und der Bankverein100-Index mit reinvestierten Dividenden. Die durchschnittlichen Fondsrenditen liegen zwischen 5,68% und 8,41%. Sämtliche Fonds weisen eine Durchschnittsrendite auf, die über dem risikolosen Satz von 5,55% liegt, wobei zwei der Fonds (Swissvalor und Swissbar) nur knapp darüber liegen. Die beiden SBV-Aktienindizes weisen eine mit den Fonds vergleichbare Durchschnittsrendite auf. Sie wurden von zwei der sechs Fonds übertroffen. Die Standardabweichung in der dritten Spalte misst das in der Stichprobenperiode eingegangene Gesamtrisiko der Fonds. Es fällt auf, dass der Fonds mit der höchsten Durchschnittsrendite (Valsuisse) die geringste Standardabweichung aufweist, der Fonds mit der geringsten Rendite (Swissbar) jedoch das höchste Risiko verzeichnet. Dieses Resultat lässt vermuten, dass zwischen den Fonds effektive Unterschiede in der Performance und damit auch im Management Style bestehen. Aufgrund der Sharpe-Ratio weist der Fonds Valsuisse das günstigste Verhältnis zwischen Rendite und Risiko auf, während eine Investition in die Fonds

Swissvalor oder Swissbar für das eingegangene Risiko am schlechtesten entschädigt wurde.

Das verwendete Modell

Ziel dieser Untersuchung ist es, herauszufinden, worauf die unterschiedliche Performance der betrachteten Aktienfonds zurückzuführen ist. Welches sind die Gründe für das unterschiedliche Abschneiden der untersuchten Fonds? Liegt es am gewählten Investment Style, der Allokation des Fondsvermögens in einzelne Anlagesektoren? Tabelle 5.2 enthält die zwei verschiedenen Asset-Class-Faktormodelle.

Marktsegmente	Verwendete Datenreihen
Modell 1:	
Namenaktien	Pictet-Performance-Index für Namenaktien
Inhaberaktien	Pictet-Performance-Index für Inhaberaktien
Partizipationsscheine	Pictet-Performance-Index für Partizipationsscheine
Modell 2:	
Hochkapitalisierte Aktien	Swiss-Market-Index (SMI) ohne reinvestierte Dividenden
Mittelkapitalisierte Aktien	MILO-Aktienindex ohne reinvestierte Dividenden
Schwachkapitalisierte Aktien	SILO-Aktienindex ohne reinvestierte Dividenden

• MILO: Lombard-Odier-Index für mittelkapitalisierte Aktien
• SILO: Lombard-Odier-Index für schwachkapitalisierte Aktien

Tabelle 5.2: Verwendete Segmentierung des CH-Aktienmarktes

Im ersten Modell teilen wir den schweizerischen Aktienmarkt in verschiedene Titelkategorien auf: Namenaktien, Inhaberaktien und Partizipationsscheine. Als passive Benchmarkindizes für die einzelnen Titelkategorien verwenden wir die Pictet-Performance-Indizes. Diese berücksichtigen eine Reinvestition der anfallenden Dividenden. Im zweiten Modell wird die Segmentierung des Aktienmarktes aufgrund der Börsenkapitalisierung vorgenommen. Wir unterteilen den Aktienmarkt in drei Kategorien von Aktien: in Titel von Gesellschaften mit hoher Börsenkapitalisierung, in Titel von Gesellschaften mit mittlerer Börsenkapitalisierung und in Titel von Gesellschaften mit geringer Börsenkapitalisierung. Der Swiss-Market-Index dient als Barometer für das hochkapitalisierte Aktiensegment der Schweiz.

Für die mittel- und schwachkapitalisierten Aktien verwenden wir die Lombard-Odier-Indizes für Schweizer Nebenwerte, MILO und SILO. Die Indizes MILO und SILO basieren auf den Gesellschaften, die im SPI-Index enthalten sind. Der MILO-Index der mittleren Werte umfasst alle Titel der 50 grössten Gesellschaften nach denjenigen des SMI. Entsprechend enthält der Index der kleinen Titel (SILO) alle Titel der 209 Gesellschaften, die weder im SMI noch im MILO enthalten sind. Die anfallenden Dividenden werden für die Berechnung der drei

Indizes nicht reinvestiert. Es handelt sich somit nicht um Performance-Indizes, sondern um Preisindizes.

Tabelle 5.3 beinhaltet eine Zusammenstellung der wichtigsten Merkmale der für das Asset-Class-Faktormodell verwendeten Indizes.

	Pictet-Index Namen-aktien	Pictet-Index Inhaber-aktien	Pictet-Index PS, GS
Stichdatum	31.10.1985	31.10.1985	31.10.1985
Anzahl Titel	73	92	43
Kapitalisierung	47,085 Mrd. sfr	74,096 Mrd. sfr	25,174 Mrd. sfr
Kapitalisierung in %	32%	51%	17%
Dividenden	ja	ja	ja
	SMI[12]	MILO	SILO
Stichdatum	30.6.1992	30.6.1992	1.7.1992
Anzahl Titel	21	94	295
Anz. Gesellschaften	18	50	209
Kapitalisierung	186,6 Mrd sFr	51,5 Mrd sFr	21,1 Mrd sFr
Kapitalisierung in %	72%	20%	8%
Dividenden	nein	nein	nein

•SMI: Swiss-Market-Index (ohne reinvestierte Dividenden)
•MILO:Lombard-Odier-Index für mittelkapitalisierte Aktien (ohne reinvestierte Dividenden)
•SILO: Lombard-Odier-Index für schwachkapitalisierte Aktien (ohne reinvestierte Dividenden)

Tabelle 5.3: Merkmale der verwendeten Aktienindizes

Der Pictet-Performance-Index ist ein kapitalisierungsgewichteter Aktien-marktindex, der auf rund 220 Titeln von ca. 120 schweizerischen Firmen beruht. Am 31. Oktober 1985 betrug der Börsenwert des Gesamtindex rund 146,4 Mrd. sfr. Innerhalb des Gesamtindex machen die Inhaberaktien mit 92 Titeln rund 51%, die Namenaktien mit 73 Titeln rund 32% und die Partizipations- und Genussscheine mit 43 Titeln rund 17% der Gesamtkapitalisierung aus. Teilen wir den Gesamtmarkt bezüglich Börsenkapitalisierung der Gesellschaften auf, so ergibt sich folgende Aufteilung: 72% der Börsenkapitalisierung des Gesamtmarktes werden durch nur 18 im SMI berücksichtigte Gesellschaften repräsentiert, 20% durch den MILO mit 50 Gesellschaften und 8% durch den SILO mit 209 Gesellschaften.

---

[12]*Es ist zu beachten, dass der SMI nicht alle Titelkategorien der 18 in ihm enthaltenen Gesellschaften enthält. Die Kapitalisierung des SMI bezieht sich jedoch auf die Gesamtkapitalisierung der im SMI berücksichtigten Gesellschaften, wobei davon ausgegangen wird, dass sich die im SMI nicht berücksichtigten Titel der 18 Gesellschaften parallel zu den im Index berücksichtigten Werten entwickelten.*

Tabelle 5.4 enthält die mittlere Rendite und die Volatilität der verschiedenen Teilindizes. Man erkennt, dass sich die einzelnen Aktienmarktsegmente durchaus durch unterschiedliche Anlageeigenschaften auszeichnen[13].

	Mittelwert	Standardabw.	Sharpe-Ratio
Pictet mD N	12,09%	19,46%	0,62
Pictet mD I	4,69%	20,39%	0,23
Pictet mD PS	7,92%	23,84%	0,33
SMI	3,79%	21,38%	0,18
MILO	5,53%	20,87%	0,27
SILO	-2,63%	19,66%	-0,13

•Pictet mD N: Pictet-Index für Namenaktien mit reinvestierten Dividenden
•Pictet mD I: Pictet-Index für Inhaberaktien mit reinvestierten Dividenden
•Pictet mD PS: Pictet-Index für Partizipationsscheine mit reinvestierten Dividenden
•SMI: Swiss-Market-Index (ohne reinvestierte Dividenden)
•MILO: Lombard-Odier-Index für mittelkapitalisierte Aktien (ohne reinvestierte Div.)
•SILO: Lombard-Odier-Index für schwachkapitalisierte Aktien (ohne reinvestierte Div.)

Tabelle 5.4: Risiko-Rendite-Vergleich verschiedener Aktienmarktsegmente, annualisiert 02/1985 bis 12/1991, T=83

Beträgt die mittlere, annualisierte Rendite für Namenaktien in der betrachteten Zeitperiode stolze 12,09%, so war die Rendite der Inhaberaktien nur 4,69%. Die Partizipationsscheine liegen mit 7,92% zwischen den beiden anderen Kategorien. Auch bezüglich des Risikos können deutliche Unterschiede ausgemacht werden. Eine Investition in den Sektor der Partizipationsscheine war im Vergleich zu den Namenaktien wesentlich riskanter. Der Volatilitätsunterschied dieser beiden Segmente beträgt 4,38%. Die Renditen des SMI, MILO und SILO liegen alle deutlich unter jenen der Pictet-Teilindizes. Für den Index der kleinen Werte ist die Rendite in der betrachteten Teilperiode sogar negativ. Bemerkenswert ist, dass die Rendite des Aktienmarktsegmentes mit Gesellschaften mittlerer Börsenkapitalisierung (MILO) diejenige des SMI, welcher vorwiegend Blue-Chips enthält, übertroffen hat. Bezüglich der Volatilität sind die Unterschiede dieser drei Sektoren nicht so deutlich wie im ersten Modell.

Investment Style

In diesem Abschnitt sollen die Ergebnisse der Investment-Style-Analyse anhand der beiden oben beschriebenen Modelle vorgestellt werden. Wir betrachten im ersten Schritt die schweizerischen Anlagefonds in bezug auf die Pictet-Inhaberaktien-, Namenaktien- und Partizipationsschein-Indizes. Nachfolgend

---

[13]*Zu den Unterschieden in den Anlageeigenschaften von Namen- und Inhaberaktien sowie Partizipationsscheinen vgl. Horner (1986).*

werden die Einflüsse von schwach-, mittel- und hochkapitalisierten Aktienindizes auf die Fonds analysiert.

Zur Gewinnung der Ergebnisse wird das in Kapitel 5.2 erläuterte Optimierungsmodell gewählt. Alle geschätzten Portfolioanteile ergänzen sich deshalb zu eins, und negative Werte werden ausgeschlossen. Dadurch ist eine direkte Interpretation der gefundenen Faktorsensitivitäten als Portfolioanteile und damit ein unmittelbarer Schluss auf den Investment Style der einzelnen Fonds möglich. Tabelle 5.5 enthält die Schätzungen der Portfolioanteile von Namenaktien, Inhaberaktien und Partizipationsscheinen sowie die zu den Schätzungen gehörenden R^2-Werte. Auffällig ist, dass man extrem hohe R^2-Werte erhält, manche überschreiten sogar den Wert 1. Letzteres ist durch die spezielle Konstruktion des Optimierungsmodells möglich; es bedeutet lediglich, dass die Varianz des replizierenden Portfolios die Varianz des Fondsportfolios überschreitet[14]. Im Regressionsmodell kann eine solche Entwicklung ausgeschlossen werden.

geschätzte Anteile	*Pictet mD N*	*Pictet mD I*	*Pictet mD PS*	R^2 [15]
Fonsa	0,51	0,21	0,27	0,98
Schweizeraktien	0,59	0,26	0,14	0,98
Swissvalor	0,30	0,54	0,16	1,09
Swissbar	0,25	0,65	0,10	0,94
Valsuisse	0,26	0,54	0,20	1,22
VSCI mD	0,26	0,67	0,07	1,30

- VSCI mD: Vontobel-Swiss-Small-Companies-Index mit reinvestierten Dividenden
- Pictet mD N: Pictet-Index für Namenaktien mit reinvestierten Dividenden
- Pictet mD I: Pictet-Index für Inhaberaktien mit reinvestierten Dividenden
- Pictet mD PS: Pictet-Index für Partizipationsscheine mit reinvestierten Dividenden

Tabelle 5.5: Investment Style schweizerischer Fonds bei Namen- und Inhaberaktien bzw. Partizipationsscheinen als Faktoren

Hohe R^2-Werte lassen auf eine starke Kongruenz zwischen den Fonds und den replizierenden Faktorportfolios schliessen. Dies ist darauf zurückzuführen, dass alle betrachteten Aktienfonds offenbar gut diversifiziert sind. Sie halten ein breit gestreutes Portfolio, welches dem schweizerischen Aktienmarkt als Ganzes ähnlich ist. Bemerkenswert ist aber die unterschiedliche Aufteilung der Aktien auf die verschiedenen Aktienindexklassen. Während die Fonds Fonsa und Schweizeraktien etwa zur Hälfte aus Namenaktien bestehen, beträgt deren Anteil bei den anderen Fonds gerade ein Drittel. Dort spielen die Inhaberaktien

---

[14]*Stark von 1 abweichende R^2-Werte, sei es nach oben oder nach unten, deuten auf stark vom Benchmark-Portfolio unterschiedliche Anlageeigenschaften hin.*

[15]*R^2 wird nach Formel (5.2) berechnet und nicht nach Formel (5.4). Dadurch können grössere Werte als 1 auftreten.*

eine entsprechend grössere Rolle. Die Namenaktien erzielten in der betrachteten Zeitperiode eine besonders hohe Rendite. Es ist deshalb nicht verwunderlich, dass Fonsa und Schweizeraktien gegenüber den übrigen Fonds eine bessere Performance aufweisen (vgl. Sharpe-Ratio in den Tabellen 5.1 und 3.4). Der Fonds mit der höchsten Sharpe-Ratio, der Valsuisse, zeichnet sich jedoch nicht durch eine besonders hohe Gewichtung von Namenaktien in seinem Portfolio aus. Hier spielen andere Gründe für das vergleichsweise gute Verhältnis zwischen Rendite und Risiko eine Rolle, welche durch die Analyse mit dem verwendeten Modell nicht erfasst werden.

Partizipationsscheine sind in allen Fonds eher niedrig gewichtet, was auf ihre vergleichsweise geringe Kapitalisierung am schweizerischen Aktienmarkt zurückzuführen ist. Lediglich bei Fonsa scheint hier ein grösseres Engagement erkennbar zu sein. Abbildung 5.1 stellt die wichtigsten der herausgearbeiteten Unterschiede einander graphisch gegenüber.

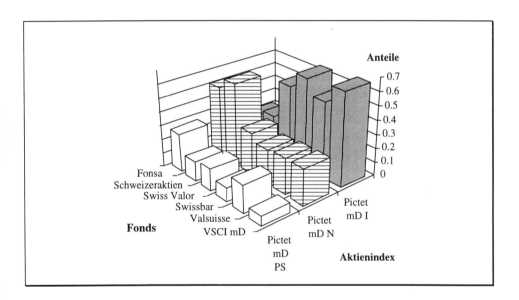

Abbildung 5.1: Geschätzte Portfolioanteile von Namenaktien, Inhaberaktien und Partizipationsscheinen in schweizerischen Anlagefonds

In einem zweiten Schritt werden nun die Auswirkungen verschieden kapitalisierter Aktienindizes auf die untersuchten Fonds beleuchtet. Auch hier liegt wieder die Idee zugrunde, dass verschiedene Aktienmarktsegmente verschiedene Anlageeigenschaften aufweisen. Auffällig, dennoch nicht erstaunlich, ist bei den meisten der analysierten Fonds der hohe Erklärungsanteil des SMI. Der Swiss-Market-Index deckt die 18 am höchsten kapitalisierten Unternehmen der Schweiz ab, die zusammen einen Kapitalisierungsanteil von 72% auf sich ver-

einen (vgl. Tabelle 5.3). Lediglich beim VSCI ist die Erklärungskraft des SMI
gleich null, was auf die Spezialisierung dieses Index auf schwach- und mittelkapitalisierte Aktien zurückzuführen ist. Zwischen den einzelnen Fonds sind
durchaus Unterschiede bezüglich des Investment Style feststellbar. Das Engagement in schwachkapitalisierte Unternehmen ist bei allen Fonds (mit Ausnahme des VSCI) mit einem Anteil von 19% bis 33% vergleichbar. Bei der Aufteilung in hoch- und mittelkapitalisierte Gesellschaften unterscheiden sich die
Fonds jedoch deutlich. Während sich die Aktienfonds Fonsa, Swissvalor und
Valsuisse vorwiegend auf die beiden Aktienmarktsegmente der hoch- und
schwachkapitalisierten Titel konzentrieren, investieren Schweizeraktien und
Swissbar rund einen Viertel des Vermögens in mittelkapitalisierte Unternehmen.

	SMI	MILO	SILO	R^2
Fonsa	0,72	0,06	0,22	0,95
Schweizeraktien	0,57	0,23	0,19	0,93
Swissvalor	0,72	0,03	0,25	1,04
Swissbar	0,53	0,25	0,23	0,89
Valsuisse	0,62	0,05	0,33	1,12
VSCI mD	0,00	0,11	0,89	0,90
VSCI oD	0,00	0,09	0,91	0,89

• VSCI mD: Vontobel-Swiss-Small-Companies-Index mit reinvestierten Dividenden
• SMI: Swiss-Market-Index (ohne reinvestierte Dividenden)
• MILO: Lombard-Odier-Index für mittelkapitalisierte Aktien (ohne reinvestierte Div.)
• SILO: Lombard-Odier-Index für schwachkapitalisierte Aktien (ohne reinvestierte Div.)

*Tabelle 5.6: Investment Style schweizerischer Fonds bei verschieden kapitalisierten Aktien-
indizes als Faktoren*

Beim Vontobel-Swiss-Small-Companies-Index ist die Bedeutung schwachkapi-
talisierter Aktien vergleichsweise hoch. Dies spiegelt sich auch in den Ergebnissen der Modellschätzung wider. Etwa 91% des VSCI sind sowohl beim Performance-Index, wie auch beim Preisindex auf kleinkapitalisierte Aktien zurückzuführen.

Die R^2-Werte liegen insgesamt etwas niedriger als im ersten Modell. Allerdings
ist auch im Fall der verschieden stark kapitalisierten Indizes insgesamt der Erklärungsanteil an den Fondsrenditen sehr hoch, was wiederum auf eine starke
Kongruenz zwischen Faktoren und Fonds schliessen lässt. Dies ist dadurch er-
klärbar, dass durch die drei Faktoren ein fast vollständiges Spektrum des
schweizerischen Aktienmarktes erfasst ist und die Fonds gut diversifiziert sind.
Die Abbildung unten fasst die wichtigsten Ergebnisse aus der Tabelle 5.6 graphisch zusammen.

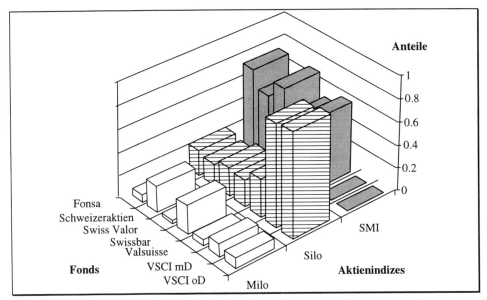

Abbildung 5.2: Geschätzte Portfolioanteile von hoch-, mittel- und schwachkapitalisierten Aktienindizes in schweizerischen Anlagefonds

Performance

Zur Beurteilung des Anlageerfolgs der einzelnen Fonds werden nachfolgend die unsystematischen Renditen und ihre Eigenschaften erfasst. Es geht um denjenigen Teil des Anlageertrags, der nicht durch die systematischen Faktoren, sondern durch das aktive Management des Fonds verursacht wird. Dieser Teil beinhaltet sowohl Selektivität als auch Timing[16].

Zu diesem Zweck werden die von den Fonds erzielten Renditen mit der aus dem Investment Style resultierenden, passiven Rendite verglichen. Die Resultate dieser Analyse sind in Tabelle 5.7 und 5.8 dargestellt. Jede der Tabellen enthält drei Spalten. In der ersten Spalte sind die durchschnittlichen Abweichungen der Fondsrendite[17] vom Investment Style dargestellt. Je positiver dieser Wert ist, desto eher war ein Fondsmanager in der Lage, die durch den Investment Style definierte, passive Strategie zu schlagen. Die zweite Spalte enthält die Standardabweichung der Renditeabweichungen und die dritte die dazugehörige t-Statistik. Nur bei t-Werten, die über 2 liegen, ist von einer signifikant von null verschiedenen Performance auszugehen.

---

[16]*Zur Auftrennung der Portfolio-Performance in Selektivität und Timing vgl. Kapitel 4.*

[17]*Die durchschnittlichen Abweichungen betragen im klassischen Regressionsmodell definitionsgemäss null, im vorliegenden Asset-Class-Faktormodell ist dies nicht der Fall. Vgl. dazu den Anhang.*

In Tabelle 5.7 sind die Ergebnisse in bezug auf die passive Strategie durch Namenaktien, Inhaberaktien und Partizipationsscheine dargestellt.

	durchschnittliche Abweichung in %	Standard- abweichung in %	t-Wert
Fonsa	0,47	2,01	0,23
Schweizeraktien	0,38	2,24	0,17
Swissvalor	0,29	1,51	0,19
Swissbar	0,24	1,62	0,15
Valsuisse	0,56	1,59	0,35
VSCI mD	0,67	0,81	0,83
VSCI oD	0,06	0,83	0,07

Tabelle 5.7: Performance der schweizerischen Fonds, monatliche Daten. (Benchmark: Pictet mD N, Pictet mD I, Pictet mD PS)

Alle Fonds haben eine leichte Überperformance im Vergleich zum gewählten Investment Style; keiner der Werte ist allerdings signifikant von null verschieden. Am stärksten ist die Renditeabweichung beim VSCI mit Dividende. Dies erstaunt insofern, als es sich beim VSCI mD selbst wiederum um ein passives Portfolio handelt und diesem durch aktives Management kein Wert zugefügt werden konnte.

Der VSCI mD weist mit dem Gesamtmarkt eine geringe Ähnlichkeit auf und wird durch die in Tabelle 5.5 gewählte Segmentierung des Aktienmarktes nur schlecht repliziert. Dies erkennt man aus dem hohen R^2-Wert von 1,30 in Tabelle 5.5. Die Varianz des replizierenden Portfolios liegt in diesem Fall um 30% höher als die Varianz des VSCI, was bedeutet, dass die Rendite des VSCI durch den identifizierten Investment Style nur sehr schlecht nachgezeichnet wird. Die positive Renditeabweichung gegenüber dem passiven Benchmark ist in diesem Fall nicht auf ein aktives Management zurückzuführen, sondern vielmehr auf die ungeeignete Wahl eines Benchmarks.

	durchschnittliche Abweichung in %	Standard- abweichung in %	t-Wert
Fonsa	-0,11	1,29	-0,08
Schweizeraktien	-0,17	1,56	-0,11
Swissvalor	-0,15	1,26	-0,12
Swissbar	-0,10	1,61	-0,06
Valsuisse	0,10	1,58	0,06
VSCI mD	-0,04	3,11	-0,01
VSCI oD	-0,66	3,14	-0,21

Tabelle 5.8: Performance der schweizerischen Fonds, monatliche Daten. (Benchmark: SMI, MILO, SILO)

Tabelle 5.8 analysiert denselben Sachverhalt. Allerdings werden als Faktoren für das passive Referenzportfolio nun die Indizes verschieden kapitalisierter

Aktien herangezogen. Hier stellen sich die Ergebnisse erheblich unterschiedlich von den vorangegangenen dar. Die Performance aller Fonds, mit Ausnahme von Valsuisse, ist durchwegs leicht negativ. Im Durchschnitt liegt die Fondsrendite zwischen -0,04% und -0,17% pro Monat unterhalb der Rendite des passiven Portfolios. Das entspricht einer Minderrendite von etwa 0,5% bis 2,0% pro Jahr. Allerdings schwanken die Abweichungen beträchtlich um diesen Wert, was an den hohen Standardabweichungen zu erkennen ist, so dass durchaus in einigen Perioden positive Differenzen zwischen Fonds und Faktoren möglich sind. Auch hier sind die t-Statistiken wieder durchwegs nicht signifikant, so dass die Ergebnisse als statistisch nicht gesichert angesehen werden dürfen.

5.5 Zusammenfassung

Das Ziel der vorliegenden Untersuchung war es, den Investment Style bezogen auf verschiedene Anlagekategorien (Asset Classes) zu identifizieren. Jede Anlagekategorie wird durch ein passives Benchmark-Portfolio repräsentiert. Im Fall von Aktienfonds erfolgt die Unterteilung in verschiedene Aktienmarktsegmente anstelle von Anlagekategorien. Die Identifizierung des Investment Style dient als Kontrollinstrument im Portfoliomanagement. Ist die Exposure eines Fonds gegenüber den verschiedenen Anlagekategorien einmal bestimmt, ermöglicht uns die Analyse die Beantwortung folgender zwei Fragen:

– Entspricht der identifizierte Investment Style den anlagepolitischen Vorgaben des Fonds oder müssen diesbezüglich Korrekturen vorgenommen werden?

– Welcher Wert wurde dem Fonds durch ein aktives Management hinzugefügt?

Nach einer allgemeinen Darstellung des Modells im ersten Teil des Kapitels wurde es anhand eines Anwendungsbeispiels für schweizerische Aktienfonds illustriert. Die Ergebnisse zeigen eine insgesamt hohe Erklärungskraft durch Inhaber-, Namenaktien und Partizipationsscheine sowie durch verschieden stark kapitalisierte Aktienmarktsegmente. Bezüglich des Investment Style der einzelnen Fonds sind teilweise wesentliche Unterschiede festzustellen, die zum Teil die Performance-Unterschiede bei den Fonds erklären.

5.6 Anhang: Einige Betrachtungen zum Bestimmtheitsmass

Um die Schreibweise übersichtlicher zu halten, definieren wir folgendes:

$b' = (b_1,...,b_n)$	Vektor der Portfolio-Exposures gegenüber den Faktoren
$F' = (F_1,...,F_n)$	Vektor der Faktorrenditen
σ_{ij}	$= Cov\,(F_i, F_j)$ Kovarianz zwischen Faktor i und Faktor j
V	$= \begin{bmatrix} \sigma_{11}...\sigma_{1n} \\ .... \\ \sigma_{n1}...\sigma_{nn} \end{bmatrix}$
$\hat{r}$	$= b'F$ geschätzte Portfoliorendite
C	$= \big(Cov(r,F_1),...,Cov(r,F_n)\big)$
	Kovarianz zwischen den Faktoren und der Portfoliorendite

Im klassischen Regressionsmodell gilt nach Gleichung (5.3):

(A1) $$Var\,(\hat{r}) + Var\,(\varepsilon) = Var\,(r)$$

Nun wird durch Widerspruch bewiesen, dass sich die Summe aus erklärten und nicht erklärten Renditen nicht notwendigerweise zur Gesamtvarianz ergänzt, wenn die Nichtnegativität der Gewichte b_i verlangt wird. Dazu wird (A1) als gültig angenommen. Unter der Annahme, dass die Faktoren nicht unkorreliert sind, gilt[18]:

$$Var\,(\hat{r}) = b'Vb$$
$$Var\,(\varepsilon) = Var\,(r\text{-}b'F) = Var\,(r) + Var\,(\text{-}b'F) + 2\,Cov\,(r,\text{-}b'F)$$
(A2) $$Var\,(\varepsilon) = Var\,(r) + b'Vb - 2b'C$$

Gleichung (A2) gibt die zu minimierende Zielfunktion aus Gleichung (5.5) wieder.

Setzt man diesen Ausdruck in Gleichung (A1) ein, dann erhält man die Gesamtvarianz als Summe aus der Varianz der Residuen und der Varianz der geschätzten Renditen:

---

[18] *Dass bei der Beschränkung des Lösungsraumes auf nichtnegative b_i nicht mehr von der Unkorreliertheit zwischen Faktor- und Portfoliorenditen ausgegangen werden darf, ist offensichtlich.*

(A3) $Var\ (r) = Var\ (r) + b'Vb - 2b'C + b'Vb = Var\ (r) + 2b'(Vb - C)$

Zu zeigen ist, dass (A3) im Fall der Regressionsanalyse erfüllt ist, im Fall des Asset-Class-Faktormodells aber nicht. Zur Erfüllung von (A3) muss gelten:

$$Vb - C = 0 \Leftrightarrow Vb - C = \begin{bmatrix} \sum_{i=1}^{n} b_i\ Cov(F_1, F_i) \\ .... \\ \sum_{i=1}^{n} b_i\ Cov(F_n, F_i) \end{bmatrix} - \begin{bmatrix} Cov(r, F_1) \\ .... \\ Cov(r, F_n) \end{bmatrix}$$

$$= \begin{bmatrix} Cov\left(F_1, \sum b_i F_i\right) \\ .... \\ Cov\left(F_n, \sum b_i F_i\right) \end{bmatrix} - \begin{bmatrix} Cov(r, F_1) \\ .... \\ Cov(r, F_n) \end{bmatrix}$$

$$= \begin{bmatrix} Cov(F_1, \hat{r}) - Cov(F_1, r) \\ .... \\ Cov(F_n, \hat{r}) - Cov(F_n, r) \end{bmatrix} = 0$$

Mit $\hat{r}$ ist die aufgrund der Faktoren geschätzte Rendite des Portfolios bezeichnet. Daraus folgt:

$$\forall 1 \le i \le n \quad Cov\ (F_i, \hat{r}) - Cov\ (F_i, r)$$
$$= Cov\ (F_i, \hat{r} - r) = Cov\ (F_i, \varepsilon)$$

Im klassischen Regressionsmodell ist ε annahmegemäss unkorreliert mit den Faktoren. Das Asset-Class-Faktormodell unterliegt Restriktionen, die diese Annahme verletzen. Folglich wird:

$$Cov\ (F_i, \varepsilon) \ne 0 \Rightarrow Var\ (\hat{r}) + Var\ (\varepsilon) \ne Var\ (r),$$

also Gleichung (5.3), nicht erfüllt sein.

q.e.d.

5.7 Literatur

DRUMMEN, M. /LIPS, T. /ZIMMERMANN, H. (1992): Finanzkolloquium: Bedeutung internationaler, nationaler und sektoraler Faktoren auf den europäischen Aktienmärkten. Finanzmarkt und Portfolio Management 6, Nr. 2, S. 204-218

GALLATI, R. R. / RUDOLF, M. (1995): Asset Allocation: Investment Style and Hedging Style of Internationally Diversified Funds. Forschungsgemeinschaft für Nationalökonomie an der Universität St. Gallen, Discussion Paper No. 9507

HORNER, M. (1986): Ein Portfolio-Modell zur Erklärung des Preisabschlages der Namenaktien gegenüber den Inhaberaktien und Partizipationsscheinen. Schweiz. Zeitschrift für Volkswirtschaft und Statistik, S. 61-78

LEIBOWITZ, M.L. und HENRIKSSON, R.D. (1989): Portfolio Optimization with Shortfall Constraints: A Confidence-Limit Approach to Managing Downside Risk. Financial Analysts Journal, March/April, S. 34-41

LEMKE, C.E. (1962): A Method of Solution to Quadratic Programs. Management Science, (8), S. 681-689

MARKOWITZ, H. (1956): The Optimization of a Quadratic Function Subject to Linear Constraints. Naval Research Logistics Quarterly, S. 111-133

ROLL, R. und ROSS, S.A. (1984): The Arbitrage Pricing Theory Approach To Strategic Portfolio Planning. Financial Analysts Journal, May/June, S. 14-26

SHARPE, W.F. (1966): Mutual Fund Performance. Journal of Business, S. 119-138

SHARPE, W.F. (1988): Determing a Fund's Effective Asset Mix. Investment Management Review, S. 59-69

SHARPE, W.F. (1992): Asset Allocation: Management style and performance measurement. The Journal of Portfolio Management, Winter , S. 7-19

ZIMMERMANN, H. (1992): Performance-Messung im Asset Management. In: K. Spremann und E. Zur (Hrsg.): Controlling. Grundlagen-Informationssysteme-Anwendungen. Wiesbaden: Gabler, S. 69-76

ZIMMERMANN, H. /RUDOLF, M. /ZOGG-WETTER, C. (1992): Goldman
     Sachs Commodity Index: Eine Charakterisierung der Anlage- und Port-
     folioeigenschaften aus der Sicht des Schweizer Anlegers. Eine empirische
     Untersuchung im Auftrag der Goldman Sachs Finanz AG, Zürich

Kapitel 6

Management Fees - eine ökonomische Betrachtung[1]

Welche Auswirkungen haben die Entschädigungsstrukturen in der Vermögensverwaltung auf das Verhalten der Asset Manager und damit auf die zu erwartende Performance der Anlagen? Im folgenden Kapitel werden die Anreizstrukturen verschiedener Management-Fee-Konzepte untersucht, es wird die optimale Leistungspartizipation einer Performance Fee bestimmt, und es werden die
Möglichkeiten aufgezeigt, wie durch geeignete Entschädigungs- und Kontroll-
systeme die Interessen von Investoren und Asset Managern zur Übereinstimmung gebracht werden können.

6.1 Heutige Situation 132

6.2 Leistungsabhängige Vermögensverwaltungsgebühr........................133

6.3 Bestimmung der Basis-Fee 138

6.4 Bestimmung der optimalen Leistungspartizipation 138

6.5 Anreizeffekte von Performance Fees..142

6.6 Grundprobleme bei der Umsetzung..145

6.7 Zusammenfassung 148

6.8 Literatur 149

---

[1] *Vgl. Jaeger/Staub (1992), S. 317-320, für ein Beispiel, das zeigt, mit welchen erwünschten
und weniger erwünschten Effekten bei Management Fees im Asset Management zu rechnen
ist. Als weitere Grundlage dieses Kapitels vergleiche auch Jaeger (1994), S. 86-94.*

6.1 Heutige Situation

Vermögensverwaltungsgebühr und Depotgebühr

Bei einer Vermögensverwaltungsgebühr bzw. Depotgebühr erhält der Vermögensverwalter oder die beauftragte Bank in Abhängigkeit des Depotwertes eine fixe Entschädigung; die Vermögensverwaltungsgebühr für die Vermögensverwaltung (Portfoliomanagement, Asset Management), die Depotgebühr für die Aufbewahrung und die Verwaltungshandlungen. Bei den Schweizer Banken ist die Vermögensverwaltungsgebühr sehr unterschiedlich. Sie schwankt zwischen 0,1% und 1%, während Banken bei der Depotgebühr in der Regel 0,15% verlangen (vgl. Bilanz, April 1992).

Diese Art von Entschädigung kann durch die Akquisition zusätzlicher Vermögenswerte gesteigert werden. Der Vermögensverwalter hat über seinen Verwaltungsauftrag nur indirekten Einfluss auf den Umfang der Gebühren. Durch Erreichung einer für seinen Kunden zufriedenstellenden Performance erarbeitet er sich aber die Chance, weitere Vermögenswerte zu erhalten, was sich positiv auf den Ertrag auswirken dürfte. Da aber die Performance auf bestehenden Portfolios gegenüber neuen Kunden vielfach intransparent und schwierig zu vergleichen ist, dürfte sich dieser Effekt in Grenzen halten. Bei den einmal akquirierten Vermögen erscheint ein passives Verhalten als optimale Alternative. Damit besteht kein direkter Anreiz zur Steigerung der Performance. Der Manager hat also nur den Anreiz, keine derart schlechte Leistung zu erbringen, dass ihm wieder Werte entzogen werden.

Grundsätzlich wird durch diese Gebührenstruktur kein Anreiz geboten, eine aktive Strategie durchzuführen.

Kommissionen

Der Vermögensverwalter wird in Abhängigkeit der durchgeführten Transaktionen honoriert. In der Schweiz sind die Kommissionen im Wertschriftengeschäft zweigeteilt. Der Kunde hat einerseits bei jeder Transaktion einen fixen Transaktionsbetrag zu entrichten, welcher sich zwischen 80 und 150 Franken bewegt. Zusätzlich ist eine Kommission in Abhängigkeit des Transaktionsvolumens zu bezahlen, die sich in regressiver Staffelung auf 0,6% bis 1,1% beläuft.

Der Vermögensverwalter hat somit einen klaren Anreiz, möglichst häufig Transaktionen in entsprechendem Umfang durchzuführen. Wiederum gibt es aber keinen direkten Anreiz zur Performance-Steigerung. Auch hier kann jedoch argumentiert werden, dass durch überdurchschnittliche historische Performance-Ausweise zusätzliche Vermögenswerte akquiriert werden können. Allgemein wird durch Kommissionen eine aktive Strategie gefördert.

Vermögensverwaltungsgebühr und Kommissionen

Der heutige Regelfall besteht aus einer Kombination zwischen Vermögensverwaltungsgebühr/Depotgebühr und Kommission. Die daraus resultierende Anreizstruktur ist die Summe aus den Anreizen, die Depotgebühren und Kommissionen je für sich selbst bereits generieren. Letztlich versucht der Asset Manager eine aktive Strategie anzuwenden, da er auf diese Weise sowohl die Entschädigung für Transaktionen als auch jene für die passive Vermögensverwaltung erhält. Anders ausgedrückt: Trotz der aktiven Strategie verliert der Asset Manager das Recht auf die Vermögensverwaltungsgebühr nicht.

6.2 Leistungsabhängige Vermögensverwaltungsgebühr

Die oben beschriebenen Entschädigungsstrukturen führen zu Unterschieden zwischen den Interessen des Investors und jenen des Portfoliomanagers. Während der Investor an einer möglichst optimalen Rendite-Risiko-Struktur seines Portfolios interessiert ist, wird der Portfoliomanager unabhängig von der Erreichung dieses Ziels entschädigt. Entschädigungsstrukturen, die die Interessen von Investor und Vermögensverwalter durch leistungsabhängige Entlöhnung zur Deckung bringen, wären diesem Zustand vorzuziehen. Der Asset Manager erhält - eventuell neben einer passiven Entschädigung (Kommission, Vermögensverwaltungsgebühr) - eine Entschädigung für das Erreichen eines bestimmten Anlageziels. Leistungsabhängige Vermögensverwaltungsgebühren können dort eingesetzt werden, wo Anreizstrukturen geschaffen werden sollen, die zur Erwirtschaftung einer überdurchschnittlichen Performance anregen. Die Erfolgskomponente kann anteilmässig an der überdurchschnittlichen Rendite, gemessen an einem Benchmark (vorgegebenes, vergleichbares Leistungsziel), bestimmt werden.

Zur tatsächlichen Umsetzung einer Anlagestrategie in einen quantifizierbaren Benchmark sind den einzelnen Anlagesegmenten relevante Marktindizes zuzuweisen. So kann etwa für die Investition im schweizerischen Aktienmarkt der Swiss-Performance-Index verwendet werden. Weicht der Asset Manager beispielsweise von der vorgegebenen Gewichtung der einzelnen Segmente ab, betreibt er *Markt-Timing* bzw. *Taktische Asset Allocation*. Verzichtet der Asset Manager innerhalb der einzelnen Segmente auf die möglichst perfekte Replikation des Index und versucht, diesen durch das möglichst geschickte Trading seiner Meinung nach unter- oder überbewerteter Titel zu schlagen, betreibt er *Stock Picking* bzw. *Selektivität* (vgl. Kapitel 4). Mit einer solchen vom Benchmark abweichenden Anlagepolitik versucht der Asset Manager eine höhere Anlagerendite zu erwirtschaften. Ist er erfolgreich, wird die leistungsabhängige Vermögensverwaltungsgebühr dies entschädigen.

Verschiedene Grundformen der Performance Fees

Grundsätzlich können Performance Fees in ihrer Ausgestaltung aufgrund eines Malus- und/oder Bonussystems, d.h. bezüglich ihrer Symmetrieeigenschaften oder aufgrund der Benchmarkdefinition differenziert werden.

Einen einfachen Zugang zu den verschiedenen Grundformen von Performance Fees bietet eine Betrachtung ex post. Dabei wird zwischen Performance Fees relativ zu einem festen (deterministischen) Benchmark und relativ zu einem variablen (stochastischen) Benchmark unterschieden.

Bei Performance Fees relativ zu einem deterministischen Benchmark wird im voraus eine festbleibende Vergleichsrendite festgelegt. Geht man beispielsweise von einem zu bewirtschaftenden Vermögen von 20 Mio. Franken und einer festgesetzten Benchmarkrendite von 5% p.a. aus, resultiert für eine durch den Manager realisierte Portfoliorendite von 6% ein Überschuss im Ausmass von 200'000 Franken. Unterstellt man im weiteren eine Partizipation (Erfolgskomponente) des Managers an dieser Überschussrendite in der Höhe von 10%, beträgt der Wert der Performance Fee ex post 20'000 Franken. Für jede höhere Überschussrendite steigt der Wert der Performance Fee linear an.

Bei Performance Fees relativ zu einem stochastischen Benchmark wird im voraus keine feste Vergleichsrendite festgelegt, sondern die Entwicklung eines Benchmark-Portfolios als Massstab gesetzt. Die Unsicherheit über die Höhe der Performance Fee steigt, da neben der Rendite des verwalteten Portfolios nun auch die Rendite des Benchmarks stochastisch ist.

Beide Grundformen von Performance Fees lassen sich über die Optionspreistheorie ex ante bewerten. Somit kann der Wert derartiger Entschädigungsstrukturen im voraus kalkuliert und budgetiert werden. Der Wert einer Performance Fee relativ zu einem deterministischen Benchmark kann über die Preisbestimmung einer Call-Option gefunden werden, während es für Performance Fees relativ zu einem stochastischen Benchmark eine sogenannte Austauschoption zu bewerten gilt. Die folgenden Ausführungen zu den Bewertungsansätzen beschränken sich auf Bonussysteme:

(i)   *Bewertung der Performance Fee relativ zu einem deterministischen Benchmark*

(6.1) $\tilde{F}_P = \delta \cdot \max\left[0, \tilde{P}_t - X\right]$

mit:

$\tilde{F}_P$:   Performance Fee

δ :   Erfolgskomponente in Prozent der Überschussrendite

$\tilde{P}_t$:   Portfoliowert im Zeitpunkt t

X :   deterministischer Benchmark, fester Wert, z.B. (1+5%) des heutigen Portfoliowertes

Diese Form der Performance Fee hat eine Payoff-Struktur, die mit derjenigen einer Call-Option verglichen werden kann. Der Asset Manager ist mit dem Anteil δ an der Über-Performance beteiligt. Wird das Anlageziel verfehlt, hat er jedoch keine Entschädigung zu leisten.

Der Wert der Fee, der sich durch Anwendung der Optionspreistheorie berechnen lässt, steigt in Abhängigkeit verschiedener Faktoren, die teilweise im Einflussbereich des Portfolioverwalters stehen. Dies wird besonders wichtig für die dadurch entstehenden Anreizstrukturen. Der Wert der Fee steigt:

• mit steigender Volatilität des Portfolios;
• mit steigendem Portfoliowert;
• mit steigender Erfolgskomponente bzw. Beteiligungsfaktor δ;
• mit steigendem Anlagehorizont.

Kann die Performance Fee ex ante bestimmt werden, erlaubt dies nicht nur eine ungefähre Budgetierung der anfallenden Entschädigungskosten, sondern bietet auch Vergleichsmöglichkeiten relativ zu anderen Entschädigungssystemen.

(ii)   *Bewertung der Performance Fee relativ zu einem stochastischen Benchmark*

(6.2) $\tilde{F}_P = \delta \cdot max\left[0, \tilde{P}_t - \tilde{I}_t\right]$

mit:

$\tilde{I}_t$:   Wert des Benchmarks im Zeitpunkt t; stochastische Grösse, z.B. Aktienmarktindex

Diese Form der Performance Fee hat eine Payoff-Struktur, die nicht mehr genau mit derjenigen einer Call-Option identisch ist. In diesem Fall spricht man von einer Austauschoption, da der Manager jederzeit zwischen dem ebenfalls stochastischen Benchmark und dem Portfolio „wählen" kann. Sobald der Manager durch eine positive Überbietung des Benchmarks einen Fee-Anspruch erreicht hat, der seinen Ansprüchen genügt, d.h. sobald der zusätzliche Aufwand für das Portfoliomanagement durch die erwartete zusätzliche Erhöhung der Fee nicht mehr wettgemacht wird, wird der Manager das Portfolio verkaufen und mit dem ganzen Vermögen in den Index gehen. Durch ein perfektes Tracking bleibt ihm die einmal erreichte Fee auf jeden Fall erhalten. Diese auf den ersten Blick kontraintuitive Konsequenz - man würde ja eigentlich meinen, dass der Manager unablässig auf eine noch höhere Prämie hinarbeitet - lässt sich durch die ebenfalls stochastische Entwicklung des Index begründen, womit die Korrelation zwischen Portfolio und Index zum entscheidenden Einflussfaktor wird. Für den Vermögensverwalter besteht jederzeit die Gefahr, mit dem Portfolio wieder unter den Index zu fallen. Dieses Risiko wird ab einer gewissen Entschädigungshöhe durch die Hoffnung auf noch mehr Erfolgsprämie nicht mehr aufgewogen, so dass der Portfoliomanager seine Austauschoption ausüben, das Portfolio verkaufen und den Index „kaufen" wird. Zusammenfassend kann festgehalten werden, dass der Manager auf die Wertentwicklung dieser Art von Manager Fee über eine Senkung der Korrelation zwischen Portfolio und Index direkten Einfluss hat. Dieser Punkt wird für die entstehenden Anreizstrukturen sehr wichtig sein.

Infolge dieser Austauschbedingung ist es angebracht, den Wert dieser leistungsabhängigen Option mit Hilfe eines Modells zu bewerten, das die Austauschfähigkeit zweier stochastischer „Assets" gebührend berücksichtigt. Margrabe entwickelte auf der Grundlage des Black/Scholes-Modells einen Ansatz, der es ermöglicht, den Wert der Performance Fee zu bestimmen.[2] In Formel (6.3) ist das Margrabe-Modell dargestellt. Der Wert der Performance Fees kann interpretiert werden als die gewichtete Differenz zwischen Portfoliowert und Bechmarkwert multipliziert mit der Leistungspartizipation. Die Gewichte $N(d_1)$ und $N(d_2)$ stellen Werte zwischen Null und Eins dar:

$$(6.3) \qquad \tilde{F}_P = \delta \cdot \left[\tilde{P} \cdot N(d_1) - \tilde{I} \cdot N(d_2) \right]$$

---

[2] *Vgl. Margrabe (1978) für die Herleitung des Austauschmodells für Optionen und Kritzman (1987) für die Bestimmung der Incentive Fee. Kritzman zeigt ausführlich die Probleme im Spannungsfeld zwischen Investor und Asset Manager bezüglich leistungsabhängiger Entschädigungsstrukturen.*

(6.4) $$d_1 = \frac{\ln(\tilde{P}) - \ln(\tilde{I}) + 0,5 \cdot T \cdot \left(\sigma_P^2 + \sigma_B^2 - 2 \cdot \rho_{P,B} \cdot \sigma_P \cdot \sigma_B\right)}{\sqrt{T \cdot \left(\sigma_P^2 + \sigma_B^2 - 2 \cdot \rho_{P,B} \cdot \sigma_P \cdot \sigma_B\right)}}$$

(6.5) $$d_2 = d_1 - \sqrt{\sigma_P^2 + \sigma_B^2 - 2 \cdot \rho_{P,B} \cdot \sigma_P \cdot \sigma_B}$$

mit:

σ_P	:	Standardabweichung der Porfoliorenditen
σ_B	:	Standardabweichung der Benchmarkrenditen
$\rho_{P,B}$	:	Korrelation zwischen den Portfolio- und Benchmarkrenditen
T	:	Zeithorizont
$N[\,]$	:	Kumulative Normalverteilungsfunktion

Das in Tabelle 6.1 dargestellte Zahlenbeispiel zeigt die Wertentwicklung der Performance Fee in Abhängigkeit unterschiedlicher Korrelationen zwischen Portfolio und Benchmark. Dabei deuten tiefe Korrelationen auf eine aktive Strategie des Managers hin. Für eine Erfolgskomponente von 10%, einen Portfolio- und einen Benchmarkwert von 20 Mio. Franken, eine Portfoliovolatilität von 20%, eine Benchmarkvolatilität von 18% sowie einen Zeithorizont von einem Jahr steigt der Wert der Performance Fee bei einer abnehmenden Korrelation.

Korrelation	0,95	0,90	0,85	0,80	0,75
Wert der Performance Fee	50'454	69'536	84'401	97'007	108'148
in % des Portfoliowertes	0,25%	0,35%	0,42%	0,49%	0,54%

Tabelle 6.1: Performance Fee bei unterschiedlichen Korrelationen

(iii)   Bewertung der Performance Fee relativ zu einem stochastischen Benchmark mit maximaler Gewinnbeteiligung

(6.6) $$\tilde{F}_P = \delta \cdot \max\left[0, \tilde{P}_t - \tilde{I}_t, b\right]$$

mit:

b: Maximal mögliche Höhe der Beteiligung an der Überschussrendite

Mit der Begrenzung der maximal möglichen Fee versucht man, den Anreiz für eine Maximierung des Portfoliorisikos relativ zum Benchmark zu begrenzen.

Mit diesem Cap, der die Performance-Struktur auf einem maximalen Niveau limitiert, kann zwar das obige Problem gemildert werden, gleichzeitig führt man aber eine neue Ineffizienz in die derart entschädigte Vermögensverwaltung ein. Sobald der Manager die maximal mögliche Fee erreicht hat, wird er wiederum das Portfolio möglichst perfekt mit dem Benchmark korrelieren, bzw. wenn immer möglich dieses verkaufen und den Index „kaufen". Somit fördert man letztlich wiederum durch mangelhafte Anreizstrukturen eine suboptimale Vermögensverwaltung.

6.3 Bestimmung der Basis-Fee

In der Praxis sind sehr oft sogenannte Flat-Fee-Strukturen oder Pauschalgebühren anzutreffen. Im vorliegenden Fall besteht die fixe Gesamtentschädigung aus der Kombination einer Basis-Fee und einer Performance Fee. Die in Prozenten des verwalteten Vermögens festgesetzte Flat Fee beinhaltet sämtliche Kosten der Vermögensverwaltung.[3] Geht man von einer maximalen Flat Fee von 1% und einer festgesetzten Erfolgskomponente von 10% aus, stellt sich die Frage nach der entsprechenden Höhe der Basis-Fee. Über die Bewertung der Performance Fee kann die Basis-Fee als Residualgrösse aus der Differenz zwischen der Flat Fee und der Performance Fee errechnet werden.

Im folgenden Beispiel erfolgt über Formel (6.3) die Bewertung der Performance Fee. Tabelle 6.2 zeigt die resultierenden Werte der Basis-Fee bei einer festbleibenden Flat Fee von 0,2 Mio. Franken in der Höhe von 1% des verwalteten Vermögens. Dabei werden dieselben Datengrundlagen wie in Tabelle 6.1 verwendet.

Korrelation	0,95	0,90	0,85	0,80	0,75
Wert der Performance Fee	50'454	69'536	84'401	97'007	108'148
in % des Portfoliowertes	0,25%	0,35%	0,42%	0,49%	0,54%
Wert der Basis Fee	149'546	130'464	115'599	102'993	91'852
in % des Portfoliowertes	0,75%	0,65%	0,58%	0,51%	0,46%

Tabelle 6.2: Basis-Fee bei unterschiedlichen Korrelationskoeffizienten

6.4 Bestimmung der optimalen Leistungspartizipation

Entscheidet sich ein Investor im Bewusstsein der oben gemachten Ausführungen für die Implementation einer Performance Fee mit Gewinnbeteiligung, stellt sich auch die Frage nach der Bemessung der prozentualen Beteiligung an der Überschussrendite. Die folgenden Ausführungen erläutern die Bestimmung der

---

[3]*In der Praxis werden in der Regel nur (ausländische) Fiskalabgaben separat verrechnet.*

optimalen Leistungspartizipation: Ein Vermögensverwalter erhält für die Bewirtschaftung eines Vermögens eine feste Grundentschädigung (Basis-Fee) von z.B. 40 Basispunkten. Der Investor möchte nun den Asset Manager an einer *realen* Performance[4] beteiligen und damit Anreize zu einer möglichst optimalen Rendite-Risiko-Struktur seines Aktienportfolios schaffen. Mit Hilfe des Austauschmodells von Margrabe kann wiederum der Wert der Performance Fee gegeben eine bestimmte Partizipation von z.B. 10% berechnet werden (vgl. Formel (6.3)). Hat der Asset Manager gegenüber der Inflationsrate eine höhere Performance erzielt, so ist er an dieser Performance mit 10% beteiligt. Die optimale Bemessung dieser Partizipation steht im Mittelpunkt des Interesses und wird im folgenden bestimmt. Dabei wird davon ausgegangen, dass die leistungsabhängige Entlöhnung und die fixe *Basis-Fee* im Durchschnitt 1% des verwalteten Vermögen nicht übersteigen sollen. Die optimale leistungsabhängige Partizipation an einer realen Überschussrendite muss so festgelegt werden, dass der *Wert der Performance Fee* in Prozent vom Portfoliowert im Erwartungswert 60 Basispunkte beträgt. Die Basis Fee beläuft sich somit, wie vorgegeben, auf einen Wert von 40 und die gesamte Entlöhnung, die sogenannte Flat Fee, auf 100 Basispunkte. In Tabelle 6.3 sind die historischen Werte dargestellt, die den Ausgangspunkt für die Berechnung der optimalen Leistungspartizipation bilden.

Ist der durchschnittliche Wert der Performance Fee mit 60 Basispunkten vorgegeben, resultiert aus Formel (6.3) für die optimale Leistungspartizipation δ folgender Zusammenhang ($\tilde{F}_P$: Performance Fee, P_0: Portfoliowert, I_0: Wert des Benchmarks):

$$(6.7) \qquad \delta = \frac{\tilde{F}_P}{\left[P_0 \cdot N(d_1) - I_0 \cdot N(d_2) \right]}$$

Der Wert der Performance Fee beläuft sich aufgrund der Fragestellung auf 60 Basispunkte des Portfoliowertes und soll im Erwartungswert folglich 0,6 Mio. Franken betragen, was bei einer Partizipation von rund *7,15%* erreicht wird.[5]

$$7,15\% = \frac{0,6 \text{ Mio.}}{\left[100 \text{ Mio} \cdot 0,541986 - 100 \text{ Mio} \cdot 0,458014 \right]}$$

Tabelle 6.3 gibt einen Überblick über das in den weiteren Zahlenbeispielen verwendete Datenmaterial.

---

[4] *Der Benchmark steht in Stellvertretung eines wertmässig identischen Warenkorbes, der sich entsprechend der Inflationsrate (Konsumentenpreisindex) weiterentwickelt.*

[5] *Zur Berechnung der optimalen Leistungspartizipation von 7,1452% sind folgende Werte vorhergehend zu ermitteln: $d_1=0,105439$; $d_2=-0,105439$; $N(d_1)=0,54198$; $N(d_2)=0,458014$.*

	Wert	Rendite	Volatilität	Korrelation	
				Aktien	Benchmark
Aktien[a]	100 Mio.	7,81%	20,17%	1,0	
Benchmark[b]	100 Mio.	3,18%	2,48%	-0,317	1,0
Basis-Fee		0,40%			
Performance Fee		0,60%			
Flat Fee		1,00%			
Datenquelle: Eigene Berechnungen [a] Pictet-Aktienindex von 1950-1990 [b] Konsumentenpreisindex (BIGA) von 1950-1990.					

Tabelle 6.3: Die Werte in dieser Tabelle bilden Ausgangspunkt zur Berechnung der optimalen Partizipation

Der Asset Manager partizipiert folglich an jeder realen Überschussrendite mit 7,15%, was ihm im Durchschnitt jährlich 0,6 Mio. Franken einbringen soll. Schliesslich ist noch die Frage interessant, wie gross die jährliche Performance sein sollte, damit der Asset Manager der einprozentigen Flat Fee wertmässig gleichgestellt ist. Die Flat Fee, die Basis-Fee und die Performance Fee entwikkeln sich im nächsten Jahr in Abhängigkeit der erwirtschafteten Portfoliorenditen wie folgt:

$$(6.8) \qquad F_F = \varphi_F \cdot P_0 \cdot (1 + \mu_P)$$

F_F :   Wert der Flat Fee
φ_F :   Flat-Fee-Komponente (z.B. 1%)
μ_P :   Erwartete Portfoliorendite

$$(6.9) \qquad F_B = \varphi_B \cdot P_0 \cdot (1 + \mu_P)$$

F_B: Wert der Basis-Fee
φ_B :   Basis-Fee-Komponente (z.B. 0,40%)

$$(6.10) \qquad F_P = \delta \cdot \left[P_0 \cdot (1 + \mu_P) - I_0 \cdot (1 + \mu_B) \right]$$

F_P :   Wert der Performance Fee
μ_B :   Erwartete Entwicklung des Benchmarks

In Abbildung 6.1 ist die wertmässige Entwicklung der Flat Fee und der leistungsabhängigen Entlöhnung (Basis plus Performance Fee) in Abhängigkeit einer möglichen jährlichen Portfoliorendite dargestellt.

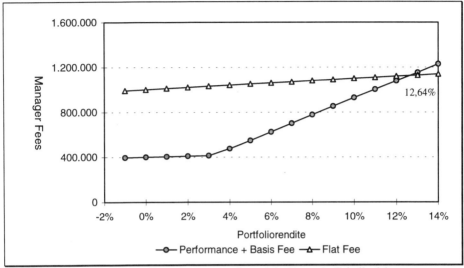

Quelle: Eigene Berechnungen aufgrund der Daten in Tabelle 6.3.

Abbildung 6.1: Break-even-Punkt zwischen Flat Fee und Performance Fee

Wie aus dieser Abbildung im weiteren zu sehen ist, wird der Asset Manager gegenüber einer Entlöhnung fix versus variabel (bei einer Partizipation von 7,15%) erst bei einer Portfoliorendite von 12,6% indifferent. Die Formel für den Break-even-Punkt zwischen diesen dargestellten Entschädigungsstrukturen kann aufgrund der oben dargestellten Zusammenhänge leicht hergeleitet werden. Für den Schnittpunkt der beiden Funktionsverläufe in Abbildung 6.1 gilt folgende Beziehung:

$$(6.11) \qquad F_F = F_P + F_B$$

Durch Einsetzen der entsprechenden Gleichungen für die Flat Fee (Formel 6.8), für die Basis Fee (Formel 6.9) und für die Performance Fee (Formel 6.10) in Gleichung (6.11) erhält man für die erwartete Rendite des Portfolios gemäss Formel (6.12) 12,64%. Dabei wird angenommen, dass der Portfoliowert mit dem Wert des Benchmarks in Periode 0 übereinstimmt ($I_0=P_0$). Der Asset Manager hat im Gegensatz zur durchschnittlichen Rendite des Benchmarks mit 3,18% eine erstaunliche Performance zu erarbeiten, damit sich für ihn die leistungsabhängige Entlöhnung auch lohnt.

$$(6.12) \qquad \mu_p = \frac{\varphi_F + \delta \cdot \mu_B - \varphi_B}{\varphi_B - \varphi_F + \delta}$$

Der Grund für die hohe verlangte Portfoliorendite einerseits und dem hohen durchschnittlichen Wert der Performance Fee von 60 Basispunkten andererseits liegt in der tiefen Korrelation zwischen dem Portfolio und dem Benchmark von -0,317 und den deutlich unterschiedlichen Volatilitätseigenschaften ($\sigma_P = 20,17\%$ versus $\sigma_B = 2,48\%$).

6.5 Anreizeffekte von Performance Fees

Nach der Darstellung der technischen Grundlagen gilt es nun, die durch Performance-basierte Entschädigungssysteme induzierten Anreizstrukturen genau darzulegen. Dabei wird zwischen einer limitierten und einer unlimitierten Erfolgsbeteiligung unterschieden.

Unlimitierte Performance Fee

Der Vermögensverwalter erhält einen fixen Anteil an der Überschussrendite des Fonds gegenüber dem Benchmark; diese Beteiligung ist gegen oben nicht limitiert.

Der Vermögensverwalter hat einen eindeutigen Anreiz, die erwartete Performance Fee zu maximieren, indem er zusätzliches Risiko auf sich nimmt und/oder die Korrelation zwischen dem Portfolio und dem Benchmark senkt. Technisch gesprochen maximiert er den Wert seiner Austauschoption. Der Wert dieser Option lässt sich in Abhängigkeit der Korrelation und in Abhängigkeit der Volatilität graphisch darstellen.

Abbildung 6.2 zeigt auf der horizontalen Achse die vom Manager gewählte Volatilität des Portfolios, während die vertikale Achse den anhand des Margrabe-Modells berechneten Wert der Performance Fee in Franken darstellt. Es ist deutlich zu sehen, dass das erwartete Einkommen des Managers in Abhängigkeit des Volatilitätsspreads zwischen Portfolio und Benchmark ($\sigma_B = 15\%$) zunimmt. Es liegt also nicht im Interesse des Portfoliomanagers, eine möglichst genau dem Benchmark entsprechende Risikostruktur aufzubauen, ja es liegt vielmehr in seinem direkten Interesse, eine sich möglichst stark vom Benchmark unterscheidende Risikostruktur zu fahren.

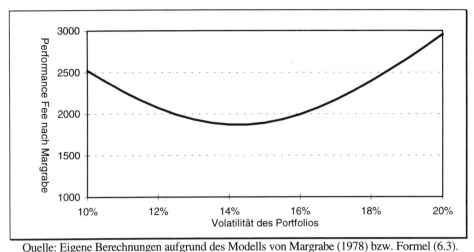

Quelle: Eigene Berechnungen aufgrund des Modells von Margrabe (1978) bzw. Formel (6.3).

Abbildung 6.2: Entwicklung der Performance Fee in Abhängigkeit der Volatilität des Portfolios

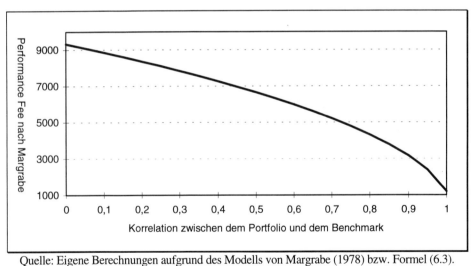

Quelle: Eigene Berechnungen aufgrund des Modells von Margrabe (1978) bzw. Formel (6.3).

Abbildung 6.3: Performance Fee in Abhängigkeit der Korrelation zwischen Portfolio und Benchmark

Abbildung 6.3 zeigt auf der horizontalen Achse die vom Manager gewählte Korrelation zwischen dem Portfolio und dem Benchmark, während die vertikale Achse den anhand des Margrabe-Modells berechneten Wert der Performance Fee darstellt. Eine Korrelation von 1 entspräche einer perfekten Replikation des Benchmarks, eine solche von 0 einer vollkommenen Unabhängigkeit. Die Graphik zeigt klar, dass perfektes Tracking des Benchmarks nicht im Interesse des Managers liegt, da dann der Wert seiner Fee auf Null sinken würde. Senkt hingegen der Vermögensverwalter die Korrelation, verzichtet er also auf eine möglichst parallele Entwicklung zwischen Benchmark und Portfolio, steigt der erwartete Wert seiner Fee an.

Der Verwalter wird diesen Optionswert nun selbstverständlich maximieren, was nichts anderes bedeutet, als dass Performance Fees äusserst heikle Anreizstrukturen generieren. Es entsteht der Anreiz für ein aktives, risikoreiches Anlageverhalten, das vom vordefinierten Benchmark wesentlich abweichen kann. Die positiven Anreize, die die leistungsabhängige Entlöhnung eigentlich setzt, könnten so wieder verlorengehen. Ein möglicher Ausweg aus dieser Situation liegt im Risk Monitoring durch eine qualifizierte Performance-Kontrolle und/oder in der Vorgabe eines maximalen Tracking Errors.

Limitierte Performance Fee

Der Vermögensverwalter erhält einen fixen Anteil an der Überschussrendite des Fonds gegenüber dem Benchmark; diese Beteiligung ist gegen oben limitiert.

Diese Variante versucht, die oben aufgezeigten Probleme der unlimitierten Erfolgsbeteiligung durch eine Beschränkung der Erfolgsbeteiligung zu lösen. Dies ist jedoch ein zweischneidiges Schwert: Bis der Manager mit seinem Vermögen die maximale Beteiligungsschwelle erreicht hat, wird er sich genauso verhalten wie oben beschrieben. Über dieser Schwelle wäre jede weitere Anstrengung seinerseits sinnlos. Was wird er also tun? Er wird mit dem Portfolio möglichst perfekt den Benchmark replizieren und bis zum Ende der Bewertungsperiode eine passive Strategie verfolgen.

Symmetrische Performance Fee

Die oben beschriebenen Anreizeffekte entstehen einzig und allein durch die asymmetrische Verteilung von Gewinnpotential und Verlustrisiko zwischen dem Asset Manager und dem Investor. Der Asset Manager profitiert von einer Überschussrendite, ohne die Kosten einer Unterschreitung des Benchmarks mittragen zu müssen. Wie die obigen Beispiele gezeigt haben, ist es in seinem Eigeninteresse, den Erwartungswert dieser Überschussrendite durch die Übernahme zusätzlicher Risiken zu maximieren. Dieses Verhalten ist nicht im Interesse des Investors. Durch eine Korrektur der Beteiligungsstrukturen können diese adversen Anreizeffekte von asymmetrischen Performance Fees überwunden werden. Bei symmetrischen Performance Fees reduziert sich die Entschädigung des Asset Managers - beispielsweise die Basis-Fee - beim Nichterreichen des Benchmarks. Er hat somit keinen Anreiz mehr, dieselben Risiken einzugehen wie bei asymmetrischen Performance Fees ohne Verlustbeteiligung. Symmetrische Performance Fees schaffen Anreizstrukturen, unter denen die Erfüllung der Ziele des Investors im Eigeninteresse des Asset Managers liegt.

6.6 Grundprobleme bei der Umsetzung

Bei der Umsetzung des Performance-Fee-Konzeptes stellen sich verschiedene Problembereiche, die im folgenden kurz angesprochen werden. Dabei soll vor allem versucht werden, Einsichten aus der theoretischen Analyse für die praktische Umsetzung fruchtbar zu machen.

Moral Hazard

Unter dem Begriff des Moral Hazard versteht die Ökonomie einen Problembereich der sogenannten Prinzipal-Agenten-Beziehung. Von Prinzipal-Agenten-Beziehungen spricht die Theorie immer dann, wenn ein Individuum - der Agent - im Interesse eines zweiten Individuums - des Prinzipals - Handlungen unternimmt und von diesem entlöhnt wird. Die Beispiele sind zahllos: Rechtsanwalt und Klient, Manager und Aktionär oder eben Vermögensverwalter und Investor. Allen diesen Beispielen ist nun gemeinsam, dass der Agent gegenüber dem Prinzipal einen Informationsvorsprung besitzt: Der Prinzipal kann weder alle Handlungen des Agenten genau überprüfen, noch kann er jede einzelne richtig bewerten. Aufgrund dieser Tatsache entsteht für den Agenten der Anreiz, die ihm versprochene Entlöhnung zu maximieren, ohne auch seinen Aufwand entsprechend zu steigern. Um diesem Moral Hazard entgegenzuwirken, stehen dem Prinzipal zwei Varianten zur Verfügung: (i) Er kann die Kontrolle des Agenten verbessern, also Monitoring betreiben; (ii) er kann dem Agenten eine erfolgsabhängige Entlöhnung anbieten, die durch Anreizstrukturen die Interessen des Agenten und des Prinzipals zur Übereinstimmung bringt.

Bestimmung des Benchmarks

Falls der Vermögensverwalter bei der Bestimmung des Benchmarks involviert ist, besteht für ihn der Anreiz, einen Benchmark zu empfehlen, der durch eine aktive Strategie möglichst leicht zu schlagen ist. Ein Beispiel zur Illustration: Gelingt es dem Vermögensverwalter, eine Rendite von 4% p.a. als Benchmark zu setzen, wird er diese möglicherweise bereits mit schuldnerrisikofreien Bundesobligationen überbieten und kommt so in den Genuss einer sicheren Performance Fee.

Verwaltung

Ist dem Portfoliomanager einmal ein Benchmark gesetzt, besteht für ihn aufgrund der Performance Fee ein positiver Anreiz, diesen nicht nur zu erreichen, sondern wenn immer möglich zu schlagen. Wie kann er dies erreichen? Aufgrund des positiven Verhältnisses (Tradeoff) zwischen Risiko und Rendite kann der Vermögensverwalter die Wahrscheinlichkeit einer positiven Performance Fee durch Inkaufnahme grösserer Risiken erhöhen. Durch dieses Verhalten sinkt die Korrelation zum Benchmark, zudem steigt das Risiko für den Kunden; der Vermögensverwalter aber maximiert sein erwartetes Einkommen. Wie oben dargestellt wurde, führen die Performance Fees zu Payoff-Strukturen, die denjenigen von Call-Optionen entsprechen. Der systematische Anreiz für den Portfoliomanager, durch gesteigerte Risikoexposition bzw. durch verminderte Korrelation zum Benchmark die Wahrscheinlichkeit für die Ausschüttung einer Performance Fee zu steigern, kann wie gezeigt mit Hilfe des Optionsmodells von Margrabe bewertet werden.

Die Unterbindung dieser falschen Anreizstruktur kann durch eine Risiko- bzw. Politikkontrolle (Risk Monitoring) erfolgen. Ähnliche Wirkung haben auch die oben beschriebenen symmetrischen Performance Fees.

Zusätzliche Probleme treten auf, wenn mehrere Kundenportfolios bei ein und demselben Manager liegen, was ja in der Praxis in aller Regel der Fall ist. In diesem Fall nutzt der Manager die Intransparenz unter seinen Kunden. In jedem einzelnen Portfolio maximiert er das Risiko in bezug auf einen Bestimmungsfaktor. Dergestalt maximiert er zwar das Risiko für den einzelnen Kunden, erreicht aber für sich selbst wieder eine Risikodiversifikation bei gleichzeitiger Maximierung der erwarteten Performance Fees (vgl. Kritzman, 1987).

Unterscheidung zwischen Taktik und Strategie

Hier stellt sich die Problematik, ob die erreichte Performance auf die Anlagefähigkeiten des Investors oder auf die Definition bzw. Festlegung des Normalportfolios zurückzuführen ist. Die Performance kann beispielsweise mit Hilfe einer Performance-Komponentenzerlegung analysiert werden. Durch dieses Verfahren können die Renditebeiträge von Strategie, Timing und Selektivität unterschieden werden (vgl. Kapitel 4).

Unterscheidung zwischen Zufall und Strategie

Ein grundsätzlicheres Problem besteht darin, ob die erreichte Überschussrendite gegenüber dem Benchmark gekonntes Anlageverhalten des Managers oder Zufall war. Es stellt sich die Frage, wann die Performance-Messung als statistisch signifikant angesehen werden kann. Dies lässt sich nur mit Berechnungen lösen, die auf einer Vielzahl von Beobachtungen über eine lange Zeitperiode hinweg beruhen. Die Beantwortung dieser Fragestellung hat ebenfalls entsprechende Konsequenzen für die Ausgestaltung der Performance Fees.

6.7 Zusammenfassung

Welche Anforderungen sind aufgrund der obigen Ausführungen an ein Management-Fee-Konzept zu stellen?

1. Belohnung der passiven Strategie, d.h. einer möglichst parallelen Entwicklung zum Index;

2. Belohnung der überdurchschnittlichen Performance im Vergleich zum Benchmark;

3. Belohnung des geringen Volatilitätsspreads zum Benchmark;

4. Entschädigung für Transaktionen und Verwaltung.

Um alle diese Forderungen unter einen Hut zu bringen, kann die Beschränkung auf ein einziges Entschädigungssystem nicht zum Ziel führen. Darüber hinaus wird auch die Limitierung auf blosse monetäre Anreizsysteme die anstehenden Probleme nicht völlig aus dem Weg räumen können. Eine denkbare Lösung muss somit aus einer in sich stimmigen Kombination von Entlöhnung *und* Kontrolle bestehen:

Ein Grundteil sollte aus einer fixen Entschädigung für Verwaltung und Transaktionen zusammengesetzt sein. So wird der Vermögensverwalter auf faire und transparente Art und Weise für die ohnehin anfallenden Leistungen entlöhnt.

Des weiteren sollten durch ein Performance-Fee-Konzept die nötigen Anreizstrukturen für leistungsorientierte Vermögensverwaltung geschaffen werden. Um die dadurch entstehenden Anreizeffekte nun unter Kontrolle zu halten, ist parallel und völlig gleichberechtigt ein Instrumentarium für qualifiziertes Risk Monitoring aufzubauen.

Asset Manager, die ihren Kunden solche Systeme anbieten können, werden in Zukunft über einen Wettbewerbsvorteil verfügen, da professionelle Kunden letztlich nur an einer leistungsorientierten Vermögensverwaltung bei gegebener Informationstransparenz zwischen gleichberechtigten Partnern interessiert sind.

6.8 Literatur

BRINSON, G. /HOOD, R. /BEEBOWER, G.: Determinants of Portfolio Performance. Financial Analysts Journal, July/August 1986, S. 39ff

COX, J. und RUBINSTEIN, M.: Options Markets, Prentice-Hall, 1985

JAEGER, S.: Leistungsorientierte Anlagestrategien für Vorsorgeeinrichtungen. Paul Haupt, Band 185, 1994

JAEGER, S. und STAUB, Z.: Management Fees. Sondernummer der Schweizer Personalvorsorge: „Vermögensanlagen", September 1992

KRITZMAN, M.: Incentive Fees: Some problems and some solutions. Financial Analysts Journal, Januar/Februar 1987, S. 21ff

MARGRABE, W.: The Value of an Option to Exchange One Asset for Another. The Journal of Finance, March 1978

ZIMMERMANN, H.: Performance-Messung im Asset Management. Informationssysteme im Controlling, Hrsg. K. Spremann und E. Zur, Gabler, 1992

ZIMMERMANN, H.: Zeithorizont, Risiko und Performance: Eine Übersicht. Finanzmarkt und Portfolio Management, 2/1991, S. 164ff

Kapitel 7

Shortfall Risk[1]

Relevante Entscheidungsvariablen für Investoren auf den Kapitalmärkten sind die Rendite und das Risiko von Anlagemöglichkeiten. Seit 1952 ist bekannt, dass optimale Investitionen nur dann zustande kommen, wenn nicht einzelne Anlagen gehalten werden, sondern Portfolios von Assets, wenn also diversifiziert wird (Portfoliotheorie von Markowitz). Das vorliegende Kapitel zeigt, wie man optimale Investitionsalternativen selektieren kann. Dabei wird das Shortfall Risk (auch: Ausfall-Wahrscheinlichkeit) als das relevante Risikomass angesehen. Unter Shortfall Risk versteht man die Wahrscheinlichkeit, eine bestimmte Mindestrendite zu verfehlen. Ein optimales Portfolio im hier verstandenen Sinn ist eines, dessen Shortfall Risk relativ zu einer gegebenen Mindestrendite minimal ist oder dessen Mindestrendite relativ zu einem gegebenen Shortfall Risk maximal ist. Ein besonders wichtiges Anwendungsgebiet des Shortfall-Risk-Ansatzes ist das Management von Pensionskassenvermögen.

7.1 Einleitung...152

7.2 Rekapitulation der Portfoliotheorie 152

7.3 Einführung in den Shortfall Risk Approach 155

7.4 Der Shortfall-Risk-Ansatz 158

7.5 Portfoliooptimierung unter Shortfall-Restriktionen.................161

7.6 Die Efficient Shortfall Frontier..163

7.7 Telser-Kriterium 165

7.8 Shortfall Risk und Pensionskassenmanagement.......................166

7.9 Zusammenfassung 170

7.10 Literatur 171

---

[1]*Einige Betrachtungen zum Shortfall Risk sind zu finden in Rudolf (1994a). Ein analytischer Zugang zu den Shortfall-Risk-Optimierungskriterien ist in Rudolf (1994b) dargestellt. Das Shortfall Risk im Zusammenhang mit der Performance-Messung ist in Zimmermann (1991) und Zimmermann (1994) dargestellt. Shortfall Risk und das Management von Pensionskassen-Assets wird in Zimmermann/Arce/Jaeger/Wolter (1992) und in Jaeger (1994) betrachtet. In Zimmermann (1991) werden ebenso wie in Wolter (1993) die Effekte des Zeithorizonts auf das Shortfall Risk betrachtet.*

7.1 Einleitung

Markowitz (1952) beleuchtet die Sichtweise von Kapitalmarktanlagen aus einem neuen Blickwinkel. Seine wesentliche neue Idee bestand darin, dass er eine Verbesserung des Rendite-Risiko-Tradeoffs nachwies, wenn man beliebige Anlagen nicht als alleinstehende Wertpapiere betrachtet, sondern sie in sog. Portfolios zusammenfasst. Aus der Sicht des Praktikers weist der Portfolioansatz interpretative Schwächen auf. Aus diesem Grund soll ein neuer Ansatz von Leibowitz/Henriksson (1989), der aber zweifellos der Portfoliotheorie zuzuordnen ist, vorgestellt und durch Beispiele belegt werden. Es handelt sich um den sog. Shortfall Risk Approach. Der Shortfall-Risk-Ansatz kann substantiell zwar nicht der Performance-Messung zugerechnet werden. Dennoch besteht ein Zusammenhang, da durch diesen Ansatz untersucht werden kann, mit welcher Wahrscheinlichkeit bestimmte Ziele eines Fonds oder insbesondere auch einer Pensionskasse erreicht werden können. Die Leistung z.B. einer Kasse wird somit in ein objektiveres Licht gerückt.

In Kapitel 2 wurden verschiedene Methoden zur Berechnung von Renditen einzelner Anlagen und Portfolios vorgestellt. Darüber hinaus wurde gezeigt, wie das Risiko von Portfolios im Sinne der Portfoliovarianz berechnet werden kann. Hier knüpft dieses Kapitel an, indem eine Kurzeinführung in die Portfoliotheorie gegeben wird. Bei der Portfoliovarianz spielt der Korrelationskoeffizient zwischen zwei Anlagen[2] eine wichtige Rolle. Das vorliegende Kapitel zeigt die Weiterentwicklung der Portfoliotheorie zum Shortfall Risk Approach. Dabei wird lediglich Interesse für Kapitalmarktthemen vorausgesetzt. Auf schwierige mathematische und ökonomisch-analytische Verfahren wird verzichtet. Zur Illustration der Relevanz der Ansätze wird das Management einer Pensionskasse exemplarisch vorgestellt. Besonders interessierte Leser werden allerdings an den entsprechenden Stellen auf weiterführende und Originalliteratur verwiesen. Alle vorgestellten Verfahren beruhen auf Zahlenbeispielen. Dadurch wird eine einfache Nachvollziehbarkeit und eine verbesserte Interpretation der Ergebnisse ermöglicht.

7.2 Rekapitulation der Portfoliotheorie

Grundlage von Anlageentscheidungen von Investoren sind die Rendite und das Risiko eines Wertpapiers. Klassischerweise werden diese Grössen durch die erwartete Rendite und die Standardabweichung (Volatilität) quantifiziert. Oft werden sie durch historische Betrachtungen gewonnen. Entscheidend für die

---

[2] siehe Abschnitt 2.7.

Gültigkeit portfoliotheoretischer Aussagen ist aber nicht die Art der Schätzung der Parameter Rendite und Risiko. Dennoch liefern historische Werte gute Anhaltspunkte für subjektive Schätzungen, und ihre Konstanz ist, zumindest was die Volatilität von Anlagen betrifft, relativ gut. Die Erwartungen bezüglich der Renditen von Anlagen sind sicher wesentlich heterogener. Dies wird deutlich, wenn man sich etwa verschiedene Branchen vor Augen führt. Sicher gibt es Branchen, die man traditionellerweise als besonders volatil (etwa der Maschinenbau) betrachten muss, andere wiederum sind relativ konstant in ihrer Entwicklung (etwa der Versorgungsbereich). Hier werden die Erwartungen der Investoren also verhältnismässig homogen sein. Hingegen schwanken Renditen sehr stark auch innerhalb der Branchen, so dass man hier eher Heterogenität der Erwartungen annehmen muss.

Markowitz (1952) hat verdeutlicht, dass sich die erwartete Rendite eines Portfolios μ_P von Wertpapieren linear aus den erwarteten Einzelrenditen μ_i ergibt. Es wird angenommen, dass ein beliebiges Portfolio n Wertpapiere umfasse und dass jedes Einzelwertpapier verschiedene Anteile ω_i am Gesamtportfoliowert (etwa 15% oder 25%) auf sich vereinigt. Der lineare Renditezusammenhang eines Portfolios kann in einer Formel wie folgt ausgedrückt werden:

$$(7.1) \qquad \mu_P = \sum_{i=1}^{n} \omega_i \cdot \mu_i$$

Je grösser die Einzelrendite einer Portfolioanlage ist, desto mehr vermag sie die Portfoliorendite zu steigern. Die Portfoliorendite wird deshalb mindestens so hoch sein wie die Einzelrendite der am wenigsten rentablen Anlage, und sie wird die maximale Einzelrendite sicher nicht überschreiten.

Betrachtet man nun die Volatilität σ_P des Portfolios, so sieht man sich einem etwas komplizierteren Zusammenhang gegenübergestellt. Die Portfolio-Standardabweichung ist nicht nur abhängig von den Standardabweichungen σ_i der Einzelanlagen, sondern insbesondere auch von den Korrelationen der Einzelanlagen untereinander. Unter einem Korrelationskoeffizienten versteht man ein Mass, das den Zusammenhang der Renditen der Einzelanlagen ausdrückt. Bezeichnet man die Korrelation zwischen den Renditezeitreihen zweier Portfolioanlagen i und j mit ρ_{ij}, dann kann das Portfoliorisiko auch in einer Formel beschrieben werden[3]:

---

[3] *Formel (2.21) entspricht Formel (7.2.) im Fall von nur zwei Wertpapieren.*

$$\text{(7.2)} \qquad \sigma_P = \sqrt{\sum_{i=1}^{n} \sum_{j=1}^{n} \omega_i \cdot \omega_j \cdot \sigma_i \cdot \sigma_j \cdot \rho_{ij}}$$

Aus der Formel wird erkennbar, dass die Portfoliovolatilität verringert werden kann, wenn man möglichst viele, möglichst niedrig korrelierte Einzelanlagen einschliesst. Das impliziert, dass man durch die Bildung von Portfolios das Risiko bei geschickter Zusammenstellung der Wertpapiere gegenüber allen Einzelanlagen verringern kann. Man spricht von einem Diversifikationseffekt durch Portfolioselektion. Das Risiko von Portfolios lässt sich nicht beliebig verringern. Mit zunehmender Zahl der Anlagen strebt die Porfoliovarianz gegen die Varianz des Marktportfolios; man spricht vom systematischen Risiko. Eine niedrige Korrelation bedeutet, dass die Kursverläufe der Portfolio-Assets nicht parallel sind. Man kann also schwache Renditen auf einer Position durch überdurchschnittliche Renditen auf anderen Positionen wieder ausgleichen. Dadurch wird die Volatilität und damit das Risiko des Portfolios als Ganzes geglättet.

Solche Erkenntnisse kann man in sehr anschaulicher Weise graphisch darstellen. Zu diesem Zweck soll in der nachfolgenden Tabelle ein Zahlenbeispiel angegeben werden, welches im gesamten Kapitel verwendet wird. Es werden zwei arbiträr gewählte Wertpapierindizes (Assets) mit folgenden Eigenschaften betrachtet.

	erw. Rendite	Volatilität	Korrelation gegenüber:	
			Bonds	Aktien
Aktien (A)	20%	15%	-0,3	1,0
Bonds (B)	9%	2,5%	1,0	

Tabelle 7.1[4]: Datengrundlage für die nachfolgenden Anwendungsbeispiele

Ebenso wie für die vorangegangenen Kapitel ist es entscheidend, stetig berechnete Durchschnittsrenditen zu verwenden. Man erkennt, dass die Aktien zwar in der Vergangenheit eine höhere Rendite als Bonds aufgewiesen haben, dass dies aber auch durch eine erheblich höhere Volatilität bezahlt werden musste. Die Korrelation zwischen A und B ist mit -0,3 relativ niedrig. Der Wert ist so gewählt, dass ein Diversifikationseffekt erwartet werden kann.

Häufig wird die erwartete Rendite als durchschnittliche, historische Rendite berechnet. Es ist möglich, die Durchschnittsrendite (engl. Mean) und die Volatilität des Portfolios in Abhängigkeit der Gewichtung von A und B im Portfolio darzustellen. Als Ergebnis erhält man eine Linie, welche Portfolios mit minimal möglichem Risiko zu alternativen Durchschnittsrenditen darstellt. Man be-

---

[4]*Die Masszahlen sind arbiträr gewählt. Sie können aber durch Formel (7.1) und (7.2) unter Verwendung stetiger Renditen aus dem ursprünglichen Datenmaterial abgeleitet werden.*

zeichnet solche Portfolios als effiziente Portfolios und die aus ihnen gebildete Linie als Efficient Frontier.

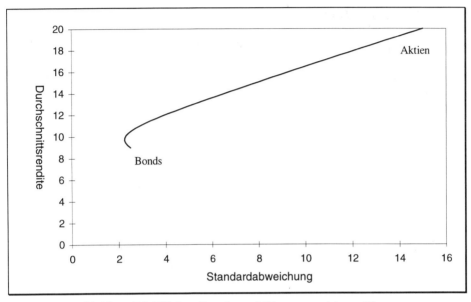

Abbildung 7.1: Efficient Frontier, gebildet aus zwei Asset-Klassen

Am unteren Ende der Efficient Frontier besteht das Portfolio aus 100% Bonds; die Portfoliorendite beträgt deshalb 9% und die Volatilität 2,5%. Ersetzt man nun zunehmend Bonds durch Aktien, so nimmt die Rendite des Portfolios zwar stetig zu, die Volatilität nimmt aber zunächst ab. Erst von einem gewissen Punkt an nimmt die Volatilität wieder zu, und zwar solange, bis man ausschliesslich Aktien hält. In diesem Fall hat man eine Durchschnittsrendite von 20% und eine Volatilität von 15%. Welche Rendite-Risiko-Kombination gewählt wird, hängt nun von der persönlichen Risikoeinstellung eines Investors ab und von dem Mischungsverhältnis zwischen Bonds und Aktien.

7.3 Einführung in den Shortfall Risk Approach

Aus der Sicht vieler Investoren ist die Volatilität als Risikomasszahl ein relativ abstrakter Begriff. Denn Volatilität bedeutet Schwankung einer Anlage, was zwar zum einen ein Risiko darstellt, zum anderen aber auch eine Chance, hohe Renditen zu erzielen[5]. Gefährlich ist lediglich das Renditepotential nach unten, das sog. Downside Potential. Dies wurde in neuerer Zeit erkannt (Leibowitz/ Henriksson, 1989) und in einen neuen Ansatz umgesetzt.

---

[5] *Vgl. Abbildungen 2.2. und 2.3.*

Renditen von Wertpapieren folgen bestimmten wahrscheinlichkeitstheoreti-
schen Gesetzmässigkeiten. Allgemein anerkannt ist, dass stetige Renditen unter
bestimmten Umständen einer sog. Normalverteilung folgen. Dies bedeutet, dass
Renditen um den Durchschnitt herum wesentlich häufiger auftreten als extreme
Ausreisser nach oben oder unten. Die Wahrscheinlichkeit, extrem hohe Renditen zu erzielen, ist ebenso hoch wie die Wahrscheinlichkeit für extrem niedrige
Renditen. Graphisch lässt sich dieser Sachverhalt wie folgt für den in Tabelle
7.1 angegebenen Aktienindex darstellen:

Aus der folgenden Abbildung erkennt man eine symmetrische Wahrscheinlichkeitsverteilung.

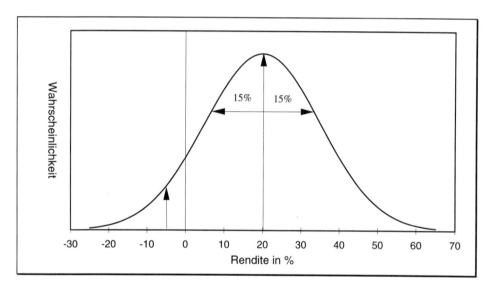

Abbildung 7.2: Wahrscheinlichkeitsverteilung von stetigen Aktienrenditen

Die Wahrscheinlichkeit, eine Rendite um den Durchschnitt herum (20%) zu erzielen, ist maximal. Man erkennt ausserdem, dass sich die Breite der Verteilung
in der Volatilität der Renditen äussert. Je grösser die Volatilität der Verteilung
ist, desto breiter ist sie und desto grösser wird die Wahrscheinlichkeit tiefer
Renditen. Im vorliegenden Fall beträgt die Wahrscheinlichkeit einer Rendite um
0% ca. 1,1%. Wesentlich interessanter als die Wahrscheinlichkeit einer Rendite
zu berechnen ist es aber, die Unterschreitungswahrscheinlichkeit zu einer bestimmten Rendite anzugeben. Möglicherweise ist ein Investor gerade noch bereit, einen Verlust von 5% in einem Jahr hinzunehmen; alles was darunter liegt,
ist für ihn nicht tragbar. Die Wahrscheinlichkeit dafür entspricht der Fläche unter der Normalverteilungskurve bis zum ersten senkrecht eingezeichneten Pfeil.

Aus Abbildung 7.3 ist die Wahrscheinlichkeitsverteilung der standardisierten Renditen zu erkennen.

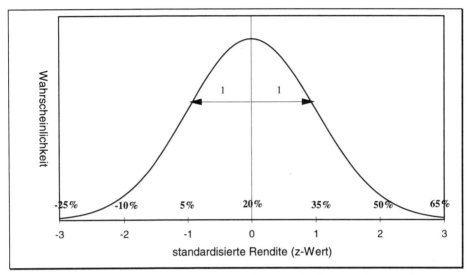

Abbildung 7.3: Wahrscheinlichkeitsverteilung standardisierter Aktienrenditen

Der dargestellte Wertebereich reicht von -3 bis 3. Über der Abszisse sind fett die nicht standardisierten, stetigen Renditen abgetragen. Eine nicht transformierte Rendite von -10% entspricht einer standardisierten Rendite von -2, eine standardisierte Rendite von 0 entspricht gerade der Durchschnittsrendite. Die Wahrscheinlichkeit eines z-Wertes von -1 entspricht der Wahrscheinlichkeit einer nicht standardisierten Rendite von 5%. Die beiden Pfeile deuten die Breite der standardisierten Wahrscheinlichkeitsverteilung an. Sie entspricht der Standardabweichung von z, also eins. Besonderes Interesse wird im Zusammenhang mit dem Shortfall Risk Approach der Wahrscheinlichkeit für die Unterschreitung einer bestimmten Mindestrendite (man spricht auch von Target Return oder einfach nur Target) R^* bzw. einer standardisierten Mindestrendite z_k zukommen. Auch hier werden die Wahrscheinlichkeiten durch die Standardisierung nicht verändert. Die nachfolgende Tabelle fasst diese Erkenntnis zusammen.

> Wahrscheinlichkeit (Portfoliorendite $\geq R^*$) = k
>
> $\Leftrightarrow$
>
> Wahrscheinlichkeit (standardisierte Portfoliorendite $\leq z_k$) = k

Tabelle 7.2: Der Zusammenhang zwischen Shortfall Risk und standardisierten Portfoliorenditen

Für eine exakte Berechnung der angedeuteten Problematik muss eine Standardisierung der Renditen durchgeführt werden. Durch die Standardisierung erreicht man eine Standardabweichung von 1 und einen Erwartungswert von 0. Dies hat einige technische Vorteile, auf die hier nicht detailliert eingegangen werden soll. Es ist dann möglich, zu jeder ursprünglichen Rendite eine standardisierte Rendite zu finden, deren Auftrittswahrscheinlichkeit ebenso hoch ist. Man bezeichnet die standardisierte Rendite typischerweise als z-Wert.

Mit k ist die Unterschreitungswahrscheinlichkeit für eine bestimmte Mindestrendite R^* bzw. standardisierte Mindestrendite z_k bezeichnet. Man spricht im Zusammenhang mit k von der Shortfall-Wahrscheinlichkeit. Die Standardisierung für den Fall der Berechnung einer Unterschreitungswahrscheinlichkeit wird in der untenstehenden Tabelle exemplarisch für Bonds vorgeführt.

Target Return $R*$	standardisierter Target Return z_k	Shortfall-Wahrscheinlichkeit
9,00%	0,0	50,00%
6,50%	-1,0	15,87%
4,00%	-2,0	2,28%
0,00%	-3,6	0,01%

Tabelle 7.3: Beispiel: Durchschnittsrendite = 9%, Volatilität = 2,5%

Die Wahrscheinlichkeit, die durchschnittliche Rendite des Bondindex von 9% zu unterschreiten, beträgt 50%. Standardisiert erhält man eine durchschnittliche, standardisierte Rendite von 0, deren Unterschreitungswahrscheinlichkeit ebenfalls 50% beträgt. Tabelle 7.3 enthält weitere verschiedene Varianten für Target Returns, deren Standardisierung und die zugehörige Unterschreitungswahrscheinlichkeit.

7.4 Der Shortfall-Risk-Ansatz

Bis hierhin sind wir ohne die Darstellung analytischer Zusammenhänge ausgekommen. Eine Gleichung, die den Zusammenhang zwischen originären und standardisierten Mindestrenditen beschreibt, wird allerdings für die nachfolgenden Ausführungen von besonderer Wichtigkeit sein. Wir haben festgestellt, dass der z-Wert z_k einerseits von der zu standardisierenden Mindestrendite R^* abhängt, andererseits aber auch von der Shortfall-Wahrscheinlichkeit k (siehe dazu Tabelle 7.3). In Gleichung (7.3) ist die lineare Bedingung für alle Portfolios aufgetragen, die mit der zu z_k gehörigen Shortfall-Wahrscheinlichkeit die Mindestrendite R^* erfüllen. Hier wird auch der Zusammenhang zwischen standardisierten und originären Renditen spezifiziert.

(7.3) $\mu_p = R^* - z_k \cdot \sigma_p$

Die durch (7.3) gegebene Gleichung bezeichnet man als Shortfall Constraint. Alle Portfolios auf der Efficient Frontier, deren Durchschnittsrendite und deren Volatilität so beschaffen sind, dass bei gegebener Mindestrendite und gegebener Shortfall-Wahrscheinlichkeit die Shortfall Constraint erfüllt ist, haben exakt eine Unterschreitungswahrscheinlichkeit von k bezüglich R^*. Durch Gleichung (7.3) ist eine Gerade gegeben, deren Ordinatenabschnitt von der Mindestrendite R^* und deren Steigung von z_k und damit von der Shortfall-Wahrscheinlichkeit k abhängt. Alle Portfolios, deren Durchschnittsrendite grösser als die durch die Shortfall Constraint gegebene Rendite ist, haben eine niedrigere ShortfallWahrscheinlichkeit als k. Für die Erfüllung der Shortfall Constraint gilt also folgende Bedingung:

(7.4) $\mu_p \geq R^* - z_k \cdot \sigma_p$

Diese etwas abstrakt anmutenden Überlegungen sollen nun durch das bisherige Beispiel erläutert werden. Angenommen ein Investor wolle eine Mindestrendite von 3% im kommenden Jahr erreichen. Die Shortfall-Wahrscheinlichkeit soll höchstens 5% betragen. Der zu einer Shortfall-Wahrscheinlichkeit von 5% gehörige z_k-Wert beträgt -1,645. Je negativer der z_k-Wert, desto kleiner ist die zugehörige Shortfall-Wahrscheinlichkeit. Da z_k negativ ist, führt er zu einer positiven Steigung der Shortfall Constraint. Die zu dieser verbal dargelegten Shortfall Constraint gehörige Gleichung ist:

(7.5) $\mu_p \geq 3\% + 1,645 \cdot \sigma_p$

In Abbildung 7.4 ist diese Bedingung graphisch dargestellt. Hier sind zwei Shortfall Constraints enthalten. Die obere der beiden ist steiler und entspricht der oben definierten Bedingung. Es existieren deshalb weniger Portfolios auf der Efficient Frontier, die über ihr liegen, die also die Shortfall Constraint erfüllen, als bei der unteren Shortfall-Geraden. Sie korrespondiert zu einer Mindestrendite von ebenfalls 3%, aber zu einer Shortfall-Wahrscheinlichkeit von 10%. Man erkennt, dass sich durch die Einbeziehung von Shortfall Constraints das Universum möglicher Anlagealternativen verkleinert. Je steiler eine Shortfall-Gerade ist, je geringer also die Shortfall-Wahrscheinlichkeit gewählt wird, desto kleiner wird die Menge zulässiger Portfolios.

Belassen wir hingegen die Shortfall-Wahrscheinlichkeit konstant und verändern wir nur die Mindestrendite, dann verschiebt sich die Shortfall-Gerade parallel. Je höher die geforderte Mindestrendite gewählt wird, desto höher ist der Ordinatenabschnitt der Shortfall Constraint und desto eingeschränkter ist deshalb wiederum das Universum der Anlagemöglichkeiten.

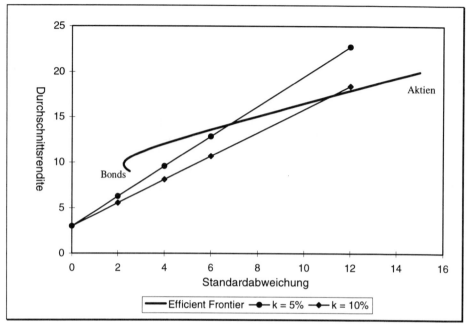

Abbildung 7.4: Shortfall-Linien bei konstantem Target von 3%

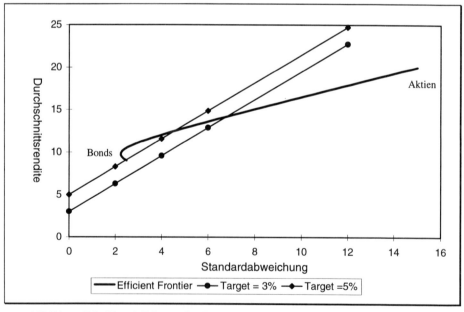

Abbildung 7.5: Shortfall-Linien bei konstanter Shortfall-Wahrscheinlichkeit von 5%

Abbildung 7.5 zeigt die Efficient Frontier der beiden Indizes und zwei Shortfall Constraints bei gleicher Shortfall-Wahrscheinlichkeit, aber verschiedenen Targets von 3% bzw. 5%. Beide Constraints engen die Anlagemöglichkeiten ein, jene mit einem Target von 5% allerdings mehr als die andere.

Zusammenfassend ist als Grundidee festzuhalten, dass der Shortfall Risk Approach aus der Menge effizienter Portfolios nur diejenigen zur Auswahl zulässt, die eine bestimmte Mindestrendite R^* mit einer Wahrscheinlichkeit von höchstens k unterschreiten. Die dadurch gegebene Restriktion bezeichnet man als Shortfall Constraint.

7.5 Portfoliooptimierung unter Shortfall-Restriktionen

Durch den Shortfall Risk Approach wurde der abstraktere Risikobegriff aus der Portfoliotheorie (Volatilität) durch den leicht verständlichen Begriff der Verlustwahrscheinlichkeit erweitert. Dennoch muss ein Investor nach wie vor aus verschiedenen Anlagealternativen auswählen, weil die Constraint zwar das Universum der Anlagemöglichkeiten einschränkt, nicht aber auf eine optimale Anlage reduziert. Dieser Schritt soll nun in diesem Abschnitt erläutert werden. Als optimal werden solche Portfolios auf der Efficient Frontier angesehen, die entweder die kleinstmögliche Shortfall-Wahrscheinlichkeit aufweisen oder durch die eine maximale Mindestrendite erreichbar ist. Diese beiden Kriterien sind als Roy-Kriterium bzw. Kataoka-Kriterium in die Literatur eingegangen.

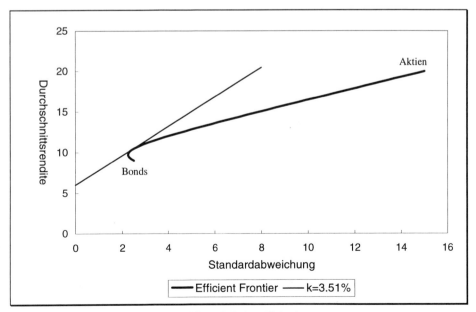

Abbildung 7.6: Roy-Kriterium
Minimierung der Shortfall-Wahrscheinlichkeit bei gegebenem Target von 6%

Weiter oben wurde festgehalten, dass die Verlustwahrscheinlichkeit um so geringer ist, je negativer der entsprechende z_k-Wert, je grösser also die Steigung der Shortfall Constraint ist. Im nachfolgenden Schaubild ist die steilstmögliche Shortfall Constraint eingetragen, deren Target 6% beträgt und die noch einen gemeinsamen Punkt mit der Efficient Frontier aufweist.

Es handelt sich um die Tangente an die Efficient Frontier mit einem Ordinatenabschnitt von 6%. Ihre Steigung entspricht einer Shortfall-Wahrscheinlichkeit von 3,51%. Die Wahrscheinlichkeit eine Rendite von 6% zu unterschreiten beträgt also 3,51%. Es existiert keine Shortfall Constraint, die mit dem Portfolio, bestehend aus Aktien und Bonds, noch vereinbar ist und die eine geringere Shortfall-Wahrscheinlichkeit aufweist. Die shortfall-minimale Anlagestrategie wird durch den Tangentialpunkt zwischen Efficient Frontier und der eingezeichneten Shortfall Constraint gegeben. Dieses Optimierungskriterium bezeichnet man als Roy-Kriterium (Roy, 1952).

Alternativ zu der geschilderten Vorgehensweise ist es möglich, dass ein Investor eine höchstmögliche Verlustwahrscheinlichkeit fest wählt und in jenes Portfolio investiert, welches die maximal mögliche Mindestrendite aufweist. Dies erreicht man durch eine Parallelverschiebung der Shortfall Constraint nach oben, solange, bis sie die Efficient Frontier nur noch tangiert. Die nachfolgende Abbildung verdeutlicht auch diese Vorgehensweise.

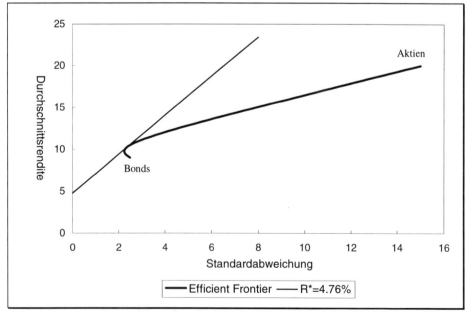

Abbildung 7.7: Kataoka-Kriterium
Maximierung des Target Return bei gegebener Shortfall-Wahrscheinlichkeit von 1%

Vorgegeben ist eine Shortfall-Wahrscheinlichkeit von 1%. Man erkennt, dass die maximal mögliche Zielrendite R^*, die mit höchstens 1% Wahrscheinlichkeit unterschritten wird, 4,76% beträgt. Das in dieser Hinsicht optimale Portfolio ist auch hier wieder das Tangentialportfolio. Diese Art der Optimierung bezeichnet man in der Literatur als Kataoka-Kriterium.

7.6 Die Efficient Shortfall Frontier

Im vorangegangenen Abschnitt wurden zwei alternative Optimalitätskriterien für die Auswahl von Portfolios vorgeschlagen. Dieser Abschnitt versucht nun, beide Kriterien zu einem einzigen Kriterium zu aggregieren. Ziel ist es, den Tradeoff zwischen Mindestrendite R^* und Verlustwahrscheinlichkeit k darzustellen. In diesem Fall erhält man ein gut interpretierbares Risikomass, nämlich die Wahrscheinlichkeit, einen bestimmten Target zu unterschreiten. So wird man von dem abstrakten Begriff des Risikos, der Volatilität, unabhängig.

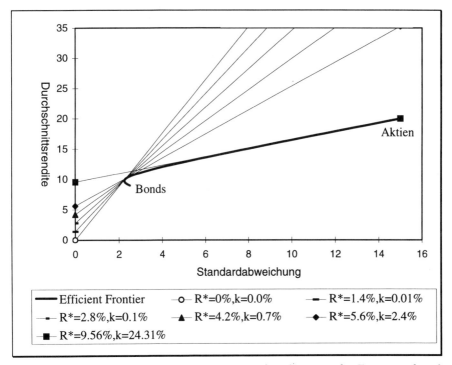

Abbildung 7.8: Verschiedene Shortfall-Tangenten bei alternierenden Targets und wechselnden Shortfall-Wahrscheinlichkeiten

Sowohl das Roy- wie auch das Kataoka-Kriterium ergeben sich dadurch, dass man Tangenten an die Efficient Frontier legt. Es ist möglich, an jeden Punkt der Efficient Frontier eine Tangente zu legen. Jede dieser Tangenten lässt sich durch einen Ordinatenabschnitt (Mindestrendite) und eine Steigung (Shortfall-Wahrscheinlichkeit) eindeutig kennzeichnen. Man bezeichnet sie als Shortfall-Tangenten.

Wählt man z.B. einen Target von 5,6%, so beträgt die minimal erreichbare Shortfall-Wahrscheinlichkeit 2,4%. Diese Bedingung wird durch die zweite Gerade von oben ausgedrückt. Man erkennt, dass der Maximal-Target mit steigender Shortfall-Wahrscheinlichkeit ansteigt. Dies wird durch intuitive Überlegungen bestätigt: Je höher die geforderte (maximale) Mindestrendite ist, desto grösser wird die (minimale) Wahrscheinlichkeit sein, sie zu verfehlen. Die Portfoliotheorie hat gezeigt, dass ein Tradeoff zwischen Rendite und Volatilität (Risiko) besteht. Der hier gefundene Zusammenhang ist ganz ähnlich: Es existiert ein Tradeoff zwischen Mindestrendite und Shortfall-Wahrscheinlichkeit. Inhaltlich ergibt sich also keine neue Erkenntnis. Interpretativ aber ersetzen wir den Volatilitätsbegriff durch den der Shortfall-Wahrscheinlichkeit, was aus der Sicht vieler Praktiker eine Vereinfachung darstellt. Insbesondere konzentriert man sich durch die Shortfall-Wahrscheinlichkeit als Risikobegriff ausschliesslich auf das Downside Potential von Anlagen.

Im abschliessenden Diagramm ist dieser Tradeoff graphisch dargestellt.

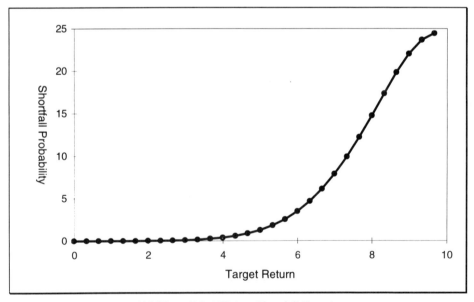

Abbildung 7.9: Efficient Shortfall Frontier

Man bezeichnet die dargestellte Linie als Efficient Shortfall Frontier (Jaeger/Rudolf/Zimmermann, 1995). Auf der Ordinate ist die Shortfall-Wahrscheinlichkeit k, auf der Abszisse der Target Return R^* abgetragen. Mit zunehmender Zielrendite steigt die Shortfall-Wahrscheinlichkeit an. Eine Zielrendite von 7% beispielsweise ist mit einer minimalen Shortfall-Wahrscheinlichkeit von etwa 7,94% möglich. Jeder der Punkte der Efficient Shortfall Frontier impliziert eine andere Zusammensetzung des Portfolios, bestehend aus Aktien und Bonds.

7.7 Telser-Kriterium

Eine weitere Variante des Shortfall Risk Approach besteht darin, dass man diejenigen Portfolios selektiert, welche einen gegebenen Target Return R^* mit einer vorgegebenen Shortfall-Wahrscheinlichkeit k erfüllen, die also die Shortfall Constraint (7.3) exakt erfüllen. Aus Abbildung 7.10 erkennt man, dass diese Bedingung gerade von zwei Portfolios erfüllt wird. Es sind die Portfolios auf der Efficient Frontier, die von der Shortfall Constraint geschnitten werden. Als optimales Portfolio im Sinne des Schnittpunktkriteriums versteht man dasjenige Portfolio, welches von der Shortfall Constraint geschnitten wird und welches die höhere der beiden erwarteten Renditen aufweist (Telser 1955 und Wolter 1993). Die nachfolgende Graphik verdeutlicht die Vorgehensweise.

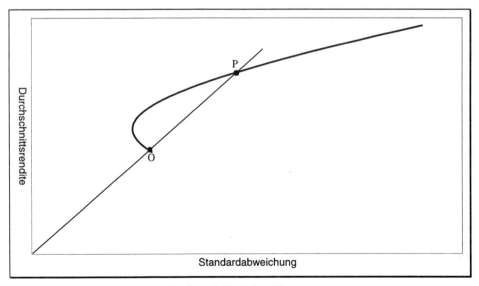

Abbildung 7.10: Telser-Kriterium

Portfolio P repräsentiert das optimale Portfolio bei Verwendung des Schnittpunktkriteriums. Portfolio O hat zwar das gleiche Shortfall Risk und die gleiche

Target-Rendite wie Portfolio P, es weist allerdings eine geringere erwartete Rendite auf. Deshalb ist es optimal, Portfolio P zu wählen.

7.8 Shortfall Risk und Pensionskassenmanagement

Typisch für Pensionskassen ist, dass sie auf der einen Seite ihrer Bilanz Vermögen (Assets) verwalten und anlegen, dass sie auf der anderen Bilanzseite aber Auszahlungen an die Destinatäre zu leisten haben. Ihre Anlagepolitik wird so nicht ausschliesslich von der persönlichen Risikopräferenz des Managers abhängen, sondern insbesondere auch von der Struktur und Fälligkeit der Auszahlungsverpflichtungen. Ziel einer Pensionskasse muss es sein, die Anlagepolitik so zu gestalten, dass der Marktwert der Assets zum Zeitpunkt t (A_t) niemals den Wert der Liabilities zum Zeitpunkt t (L_t) unterschreitet. Die Mindestrendite R^* für die Assets einer Pensionskasse hängt vom Verhältnis zwischen Assets und Liabilities, dem sog. Deckungsgrad F_t, ab.

$$(7.6) \qquad F_t = \frac{A_t}{L_t}$$

Die Differenz zwischen Assets und Liabilities wird als Surplus bezeichnet. In der nachfolgenden Bilanz sind die angesprochenen Begriffe schematisch erläutert:

Aktiva	Passiva
Assets	Liabilities
	Surplus = Assets - Liabilities

Wichtig ist, dass zu Marktwerten bilanziert wird, weil nur so sichergestellt ist, dass der tatsächliche Wert des Vermögens dem tatsächlichen Wert der Liabilities gegenübergestellt werden kann. Das Ziel einer Pensionskasse besteht darin, den Deckungsgrad nicht unter 1 absinken zu lassen. Sie muss also ihre Anlagepolitik unter Berücksichtigung der Assets und der Liabilities gestalten. Die Target-Rendite des Surplus muss so beschaffen sein, dass ein Deckungsgrad von 1 mit gegebener Wahrscheinlichkeit erfüllt werden kann. Dies ist die Anwendung des zuvor dargelegten Telser-Kriteriums.

Unter der Rendite des Surplus versteht man den Surplus der aktuellen Periode im Verhältnis zu den Liabilities der vorangegangenen Periode. Dies stellt sicher, dass die Rendite auch bei einem Surplus von 0 in der vorangegangenen Periode berechenbar ist. Sei dazu Periode 0 die Entscheidungsperiode und Periode 1 die nachfolgende Periode, A_t und L_t die Assets bzw. die Liabilities in Periode t, R_s die Surplus-Rendite, R_a die Rendite der Assets und R_l die Veränderung der Liabilities, dann gilt:

$$(7.7) \qquad R_s \equiv \frac{A_1 - L_1}{L_0} = F_0 \cdot R_a - R_l$$

Durch die Definition in Gleichung (7.7) stellt eine Surplus-Rendite von 0 gerade die Deckung der Liabilities durch die Assets in der nachfolgenden Periode sicher. Nach dem Telser-Kriterium muss die Surplus-Rendite die Shortfall Constraint (7.3) bei gegebener Target-Surplus-Rendite R_s^* erfüllen. Sei dazu μ_s die erwartete Surplus-Rendite und σ_s die Volatilität der Surplus-Rendite, dann muss also gelten:

$$(7.8) \qquad \mu_s = R_s^* - z_k \cdot \sigma_s$$

Wir wollen zur Vereinfachung im vorliegenden Modell von nicht stochastischen Liabilities ausgehen, d.h. die Varianz der Liabilities ist 0. Daher ist auch die Kovarianz zwischen Assets und Liabilities gleich 0. Für die Volatilität des Surplus[6] σ_s gilt dann:

$$(7.9) \qquad \sigma_s = F_0 \cdot \sigma_a$$

Wenn mit μ_a die erwartete Rendite der Assets und mit μ_l die erwartete Rendite der Liabilities bezeichnet wird, dann kann (7.8) unter Berücksichtigung von (7.7) und (7.9) umgeschrieben werden zu:

$$(7.10) \qquad F_0 \cdot \mu_a - \mu_l = R_s^* - z_k \cdot \sigma_a \cdot F_0$$

Die Shortfall Constraint für die Assets lautet dann (Jaeger/Zimmermann, 1996):

$$(7.11) \qquad \mu_a = \frac{R_s^* + \mu_l}{F_0} - z_k \cdot \sigma_a$$

---

[6]*Gleichung (7.9) wird unmittelbar deutlich, wenn man den Varianz-Operator auf Gleichung (7.7) anwendet.*

Die Target-Rendite für die Assets R_a^* ist folglich gegeben durch den Bruch:

$$(7.12) \qquad R_a^* = \frac{R_s^* + \mu_1}{F_0}$$

Die Investitionspolitik einer Pensionskasse sollte also darin bestehen, einen Surplus Target R_s^* von 0% anzustreben, weil dadurch nach Gleichung (7.7) die Bedienung der Liabilities in der Folgeperiode gerade noch gewährleistet wird. Dies kann erfüllt werden, wenn der nach Gleichung (7.12) gegebene Asset-Target R_a^* erfüllt wird. Die nach dem Telser-Kriterium optimale Anlagepolitik (bei deterministischen Liabilities!) besteht deshalb in der Maximierung der erwarteten Portfoliorendite μ_p bei gegebener Shortfall-Wahrscheinlichkeit k und gegebenem Asset Target Return von R_a^*.

Die Vorgehensweise soll nun durch ein Beispiel verdeutlicht werden. Es wird angenommen, dass die erwartete (und gleichzeitig tatsächliche – nicht stochastische) Rendite der Liabilities μ_l 5% pro Jahr betrage. Dies entspricht in etwa der durchschnittlichen Lohnsteigerungsrate in der Schweiz. Die Target-Rendite des Surplus R_s^* betrage 0%, weil so ein Deckungsgrad in der Folgeperiode von $F_1 = 1$ sichergestellt würde. Wir nehmen weiterhin an, dass das Universum der Anlagemöglichkeiten für die Pensionskasse aus Aktien und Bonds besteht, wie sie in Tabelle 7.1 charakterisiert wurden. Die risikolose Anlageform habe eine jährliche Verzinsung von 6%. Nachfolgend soll die Investitionspolitik einer Pensionskasse bei verschiedenen aktuellen Deckungsgraden F_0 berechnet und allgemeine Aussagen daraus abgeleitet werden. Das Shortfall Risk wird bei allen Alternativen als 5% angenommen. Tabelle 7.4 fasst die wichtigsten Ergebnisse zusammen:

F_0	Asset Target	erwartete Rendite	Volatilität	Gewicht Aktien
90 %	5,56 %	11,95 %	3,89 %	26,81 %
100 %	5,00 %	12,50 %	4,56 %	31,79 %
110 %	4,55 %	12,91 %	5,08 %	35,53 %
120 %	4,17 %	13,24 %	5,51 %	38,50 %

Tabelle 7.4: Investitionspolitik einer Pensionskasse bei verschiedenen Deckungsgraden ($\mu_l = 5\%$, $R_s^* = 0$, $k = 5\%$)

Je höher der aktuelle Deckungsgrad der Pensionskasse ist, desto niedriger ist die zu erreichende Zielrendite für die Assets, um die Surplus-Zielrendite von 0% zu erreichen. Dies erlaubt einer Pensionskasse eine um so riskantere Anlagepolitik, je komfortabler der Überschuss der Assets über die Liabilities ist. Man erkennt dies an der Volatilität der nach dem Telser-Kriterium optimalen Anlagepolitik: Je höher der Deckungsgrad, desto tiefer kann die Mindestrendite der Assets bei gegebenem Shortfall Risk ausfallen, ohne dass die Deckung der

Liabilities durch die Assets in der Folgeperiode gefährdet wird. Dies erlaubt eine Portfoliozusammensetzung der Assets, die insgesamt eine höhere Volatilität aufweist, deren erwartete Rendite aber auch entsprechend ansteigt. Ist das Anlagespektrum wie in Tabelle 7.1 gegeben, so wird der Portfolioanteil der Aktien mit zunehmendem Deckungsgrad F_0 ansteigen, jener der Bonds sinkt. Bei einem Deckungsgrad von 90% beträgt er gerade 26,81%, bei einem Deckungsgrad von 120% etwa 12% mehr.

In Abbildung 7.11 wird das geschilderte Ergebnis graphisch aufgezeigt. Je komfortabler die Finanzausstattung einer Pensionskasse ist, desto geringer ist die Zielrendite der Assets und damit auch der Achsenabschnitt der entsprechenden Shortfall Line. Daraus resultiert ein höherer Schnittpunkt zwischen der Efficient Frontier und den Shortfall-Geraden.

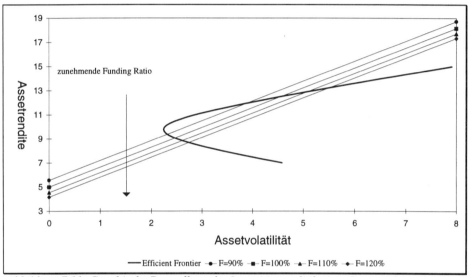

Abbildung 7.11: Graphische Darstellung der Investitionspolitik einer Pensionskasse bei verschiedenen Deckungsgraden (μ_l= 5%, R_s^* = 0, k = 5%) nach dem Telser-Kriterium

Das Ergebnis dieses Abschnitts steht im Widerspruch zur Anlagepolitik vieler Pensionskassen. Intuitiv würde man eine um so riskantere Anlagestrategie verfolgen, je niedriger der Deckungsgrad ist, weil man hofft, durch die höhere Risikoprämie wieder zu einer vollen Deckung der Verbindlichkeiten durch Assets zurückzufinden. Eine solche Vorgehensweise verstärkt allerdings auch die Gefahr, das Ziel eines Deckungsgrades von 1 völlig zu verfehlen. Damit steigt auch das Risiko der Zahlungsunfähigkeit. Die in diesem Kapitel postulierte These zielt auf die *Tragfähigkeit* des Risikos ab: Eine Pensionskasse sollte höhere Risiken nur dann eingehen, wenn sie aufgrund ihres Deckungsgrades in der Lage ist, diese Risiken zu tragen. Sie muss auch im Fall einer erfolglosen Investitionspolitik in der Lage bleiben, die Zahlungsverpflichtungen in jedem Zeitpunkt zu erfüllen.

7.9 Zusammenfassung

Das vorliegende Kapitel beinhaltet die Darstellung des Shortfall-Risk-Ansatzes. Dabei möchte man Portfolios identifizieren, die bestimmte Mindestrenditen mit zu berechnenden Höchstwahrscheinlichkeiten unterschreiten. Eine Verlustwahrscheinlichkeit von 5% und eine Mindestrendite von -2% etwa impliziert, dass in nur einem von 20 Jahren eine Rendite des Portfolios zu erwarten ist, die unter -2% liegt.

Zu diesem Zweck wurden einige einleitende Bemerkungen zur klassischen Portfoliotheorie erläutert. Daran anschliessend wurde der Shortfall Risk Approach dargelegt und an einem Beispiel erläutert. Die nächsten beiden Abschnitte befassen sich mit der Optimierung von Portfolios aus der Sicht von Verlustwahrscheinlichkeiten und Mindestrenditen. Die Quintessenz dieser Vorgehensweise wurde in der Erläuterung der sog. Efficient Shortfall Frontier zusammengefasst.

Eine geeignete Anwendung für Shortfall-Risk-Ansätze ist das Management von Pensionskassenvermögen. Gerade hier ist Begriffen wie „Verlustwahrscheinlichkeit" und „Mindestrendite" schon im Interesse des Leistungsversprechens an die Versicherten ein hoher Stellenwert einzuräumen. Dieses Kapitel wird deshalb durch einen Anwendungsfall abgeschlossen, der direkt auf Pensionskassen bezogen ist. Das dargelegte Modell ist zwar stark vereinfachend, es dient aber im wesentlichen nur dazu, die abgeleitete Grundaussage zu vedeutlichen. Sie besagt, dass Pensionskassen um so risikofähiger sind, je höher ihr Deckungsgrad ist (und um so weniger risikofähig, je niedriger der Deckungsgrad ist!). Diese Grundaussage ist auch für komplexere Modelle gültig.

7.10 Literatur

JAEGER, S. (1994): Leistungsorientierte Anlagestrategien für Vorsorgeeinrichtungen. Paul Haupt

JAEGER, S. /RUDOLF, M. /ZIMMERMANN, H. (1995): Efficient Shortfall Frontier. Zeitschrift für betriebswirtschaftliche Forschung, 47. Jahrgang, S. 355-365

JAEGER, S. und ZIMMERMANN, H. (1996): On Surplus Shortfall Constraint. Journal of Investing. in Vorbereitung.

LEIBOWITZ, M.L. und HENRIKSSON, R.D. (1989): Portfolio Optimization with Shortfall Constraints: A Confidence-Limit Approach to Managing Downside Risk. Financial Analysts Journal, March/April, S. 34-41

MARKOWITZ, H.M. (1952): Portfolio Selection. The Journal of Finance, S. 77-91

ROY, A.D. (1952): Safety First and the Holding of Assets. Econometrica, S. 431-449

RUDOLF, M. (1994a): Efficient Frontier und Shortfall Risk. Finanzmarkt und Portfolio Management, 8. Jahrgang, Nr.1, S. 88-105

RUDOLF, M. (1994b): Algorithms for Portfolio Optimization and Portfolio Insurance. Paul Haupt

TELSER, L.G. (1955): Safety First and Hedging. Review of Economics and Statistics, Vol. 23, S. 1-16

WOLTER, H.-J. (1993): Shortfall-Risiko und Zeithorizonteffekte. Finanzmarkt und Portfolio Management 7, Nr. 3, S. 330-338

ZIMMERMANN, H. (1991): Zeithorizont, Risiko und Performance: Eine Übersicht. Finanzmarkt und Portfolio Management 5, S. 164-181

ZIMMERMANN, H. (1994): Editorial: Reward-to-Risk. Finanzmarkt und Portfolio Management, 8. Jahrgang, Nr. 3, S. 1-6

ZIMMERMANN, H. /ARCE, C. /JAEGER, S. /WOLTER, H.-J. (1992): Pensionskassen Schweiz: Neue Strategien für wachsende Leistungsan-sprüche. Wirtschaft und Gesellschaft, Zürcher Kantonalbank, September

Kapitel 8

Optionen und Ausfallrisiko[1]

Im Kapitel 7 wurde das Konzept des Ausfallrisikos dargestellt. Optionen sind Finanzkontrakte, welche eine selektive und effiziente Steuerung des Ausfallrisikos zulassen: Verluste lassen sich absichern oder gar ausschliessen, ohne dass auf eine Gewinnpartizipation vollumfänglich verzichtet werden muss. Häufig kann ein vorgegebenes Ausfallrisiko ertragsmässig effizienter mit der Absicherung von Optionen statt mit der Risikobegrenzung durch Diversifikation erreicht werden. Um dies im Einzelfall zu beurteilen, kann aus statistischen Gründen nicht die soweit betrachtete Ausfallwahrscheinlichkeit als Risikomass herangezogen werden. Die Risikoabsicherungseffekte von Optionen werden statt dessen mit der Ausfallvolatilität und der darauf beruhenden modifizierten Effizienzlinie analysiert.

8.1 Strategische Steuerung des Ausfallrisikos mit Optionen 174

8.2 Eine historische Langzeitanalyse der Absicherungseffekte einer Put-Strategie 179

8.3 Der Risiko-Rendite-Tradeoff aufgrund von Optionspreisen 183

8.4 Exkurs: Das Schreiben von Call-Optionen auf vorhandene Aktienbestände 184

8.5 Ist die Ausfallwahrscheinlichkeit ein geeignetes Mass
zur Feststellung von Ausfallrisiken? 186

8.6 Ein alternativer Ansatz zur Messung von Ausfallrisiken:
Lower Partial Moments (LPM) 188

8.7 Die modifizierte Effizienzlinie 189

8.8 Optionen, Ausfallvolatilität und effiziente Risikoabsicherung 191

8.9 Zusammenfassung 193

8.10 Literatur 194

---

[1]*Das vorliegende Kapitel beruht auf Zimmermann/Arce/Jaeger/Wolter (1992), Kapitel 6.*

8.1 Strategische Steuerung des Ausfallrisikos mit Optionen

Der Einsatz von Optionen erlaubt eine selektive, das heisst separate Bewirt-schaftung des positiven und negativen Bereichs der Volatilität und damit eine differenzierte Steuerung des Ausfallrisikos. Wie die vorangehenden Abschnitte gezeigt haben, kann das Ausfallrisiko eines Portfolios auch dadurch reduziert werden, indem ein grösserer Teil eines Vermögens in weniger volatile Anlagen, beispielsweise in Bonds oder im Extremfall in risikolose Depositen umge-schichtet wird.

Ein Beispiel soll dies veranschaulichen: Ein Portfolioanteil von 0%, 25%, 50%, 75% und 100% wird in ein diversifiziertes Aktienportfolio investiert, der Rest in Obligationen. Datengrundlage bilden die jährlichen Renditen der Pictet-Rätzer-Indizes seit 1926. Wie hoch sind die Durchschnittsrendite, die Volatilität und die Ausfallwahrscheinlichkeit für einen Threshold Return von -10% der verschiedenen Strategien? Die Antwort findet man in Tabelle 8.1.

	Aktienanteil im Portfolio				
	100%	75%	50%	25%	0%
Mittelwert (stetig)	6,85%	6,17%	5,50%	4,83%	4,15%
Volatilität	18,70%	14,28%	9,90%	5,87%	3,24%
Ausfallwahrschein-lichkeit bei -10%					
-theoretisch	17,60%	12,10%	5,30%	0,44%	0,00%
-empirisch	18,50%	10,80%	6,10%	0,00%	0,00%
Renditeverteilung (einfache Renditen)					
bis -40%	0	0	0	0	0
-40% bis -30%	2	0	0	0	0
-30% bis -20%	1	3	0	0	0
-20% bis -10%	9	4	4	0	0
-10% bis 0%	9	2	13	13	3
0% bis 10%	19	23	28	39	58
10% bis 20%	7	12	13	12	4
20% bis 30%	10	4	5	1	0
30% bis 40%	2	6	2	0	0
40% bis 50%	4	1	0	0	0
50% bis 60%	1	0	0	0	0
über 60%	1	0	0	0	0

Quelle: Eigene Berechnungen aufgrund der Pictet-Rätzer-Indexrenditen 1926-1990

Tabelle 8.1: Portfolioabsicherung durch Diversifikation zwischen Aktien und Bonds: „symmetrische" Risikobewirtschaftung

Man erkennt, dass durch diese Form der Absicherung zwar das Ausfallrisiko im Sinne einer Vermeidung stark negativer Anlagerenditen sinkt, dass aber völlig symmetrisch dazu die Chance, in guten Aktienjahren von der Hausse zu profitieren, ebenfalls zurückgeht. Man kann dies als *symmetrische Risikobewirt-schaftung* bezeichnen. Zu ähnlichen Ergebnissen führt im übrigen auch der Einsatz von Zins- und Aktienindexfutures: Auch durch sie wird das Gewinn und Verlustpotential von Portfolios in völlig symmetrischer Weise verändert – die Wahrscheinlichkeit von Kursverlusten lässt sich nur durch Inkaufnahme entsprechend reduzierter Gewinnchancen herabsetzen.

Es wäre vorteilhaft, wenn es Strategien gäbe, welche die Ausfallrisiken vermindern und trotzdem die Gewinnchancen wahren würden. Genau diese *asymmetrische* Form der Bewirtschaftung des Verlust- und Gewinnrisikos wird durch den Einsatz von Optionen erreicht, resp. durch dynamische Strategien, welche die Effekte von Optionen replizieren. Die Grundlagen dieser Strategien werden beispielsweise bei Schwartz (1986/87), Rubinstein/Leland (1981), Perold/Sharpe (1988) oder Zimmermann (1994) dargestellt, und konkrete Anwendungen für den schweizerischen Aktienmarkt findet man bei Tolle (1993).

Zwar schliesst die ökonomische Realität aus, dass eine vollständige Vermeidung von Ausfallrisiken bei vollständiger Wahrung der Gewinnchancen möglich ist; dies wäre gleichbedeutend mit einer Versicherungsagentur, welche Versicherungspolicen verschenken würde! Aber immerhin lassen sich mit Optionen Verluste im gewünschten, tolerierbaren Umfang gegen Leistung des Optionspreises vermeiden – und im Umfang dieses Preises verzichtet man auf die Gewinnchancen.

Eine Darstellung der Grundbegriffe des Optionsgeschäfts findet man an unterschiedlichen Stellen[2]. Prinzipiell verkörpern Optionen für den Käufer das Recht, eine bestimmte Anzahl von Wertpapieren, Devisen oder anderen Anlagen (bis) zu einem späteren Zeitpunkt zu einem heute festgesetzten Preis zu kaufen oder zu verkaufen. Beim Kaufrecht spricht man von einer Call-Option, beim Verkaufsrecht von einer Put-Option. Wenn sich das Ausübungsrecht auf den letzten Tag der Laufzeit beschränkt, liegt eine europäische Option vor; kann die Option jederzeit vor Verfall ausgeübt werden, so liegt der Typus einer amerikanischen Option vor (diese Bezeichnungen haben keinen geographischen Bezug). Der Preis, zu dem die Papiere gekauft oder verkauft werden können, nennt man Ausübungspreis (Exercise Price, Strike Price). Ob eine Option ausgeübt wird oder nicht, hängt von der Höhe des Kurses der zugrunde liegenden Anlage im Ausübungszeitpunkt ab; man bezeichnet diesen als Settlement-Preis. Eine Call-Option wird dann ausgeübt, wenn der Kurs über dem Ausübungspreis liegt: Die Anlage kann in diesem Fall zu einem Preis unter ihrem Marktwert erworben werden. Umgekehrt verhält es sich bei einer Put-Option: Diese wird dann ausgeübt, wenn der Kurs der zugrunde liegenden Anlage unter dem Ausübungspreis liegt. Die Anlage kann in diesem Fall zu einem Preis über ihrem

---

[2] *Vgl. Cox/Rubinstein (1985), Hull (1993)*

Marktwert veräussert werden. In beiden Fällen resultiert ein Gewinn in Höhe der (absoluten) Differenz zwischen Settlement-Preis (S_T) und Ausübungspreis (X). Optionsgeschäfte sind geldmässige „Nullsummenspiele": Was der Käufer bei der Ausübung einer Option gewinnt, verliert der Verkäufer der Option. Der Verkäufer wird dafür durch den *Optionspreis* entschädigt. Dieser wird beim Abschluss des Kontrakts bezahlt und richtet sich nach:

- dem Verhältnis zwischen Ausübungspreis und momentanem Kassakurs;
- dem Zinssatz einer risikolosen Anlage bis zum Verfall;
- der erwarteten Volatilität des Kassakurses bis zum Verfall;
- der Laufzeit der Option.

Der genaue Zusammenhang zwischen den preisbestimmenden Faktoren und den Optionspreisen gewinnt man durch Optionspreismodelle; das bekannteste stammt von Black/Scholes (1973) und eignet sich (in seiner Grundform) für die Preisbildung europäischer Optionen. Es wird bei sämtlichen nachfolgenden Berechnungen verwendet.

Eine der wichtigsten Verwendungsmöglichkeiten von Optionsgeschäften liegt im kombinierten Einsatz der Optionen mit den zugrunde liegenden Kassainstrumenten zum Zwecke der Risikobegrenzung. Während Optionen für sich betrachtet durchaus volatile und risikobehaftete Anlagen darstellen, vermögen sie in Verbindung mit traditionellen Anlageformen das Portfoliorisiko massgeblich und selektiv einzuschränken. So lassen sich die Verluste eines Aktienportfolios durch den Kauf von Put-Optionen auf einen Aktienindex (der dem Portfolio möglichst ähnlich ist) auf ein subjektiv gewünschtes Ausmass begrenzen, je nach Ausübungspreis und Anzahl der gekauften Kontrakte. Da die Put-Optionen hier quasi die Funktion eines Versicherungskontraktes erfüllen, bezeichnet man diese Strategie als Portfolio Insurance (vgl. Schwartz 1986/87, Tolle 1993, u.a.). Wie einleitend erwähnt, werden hier im Gegensatz zur Absicherung mit Index-Futures die Kursgewinne und -verluste nicht gleichermassen eingeschränkt, sondern das Gewinnpotential wird bis auf den zu leistenden Optionspreis (der dem Preis des Versicherungsschutzes gleichkommt) aufrechterhalten. Dies ist in Tabelle 8.2 anhand einer spezifischen Absicherungsstrategie dargestellt.

Eine Put-Option stellt das Recht dar, Aktienbestände zu einem bestimmten Preis (Ausübungspreis) in einem späteren Zeitpunkt (Verfall, Ausübung) veräussern zu können. Im Falle einer Aktienindexoption müssen die Papiere nicht zum vereinbarten Preis verkauft werden, sondern man erhält den Differenzbetrag zwischen dem Marktwert der Papiere und dem Ausübungswert ausbezahlt (Cash Settlement, Barausgleich).

a) Vorgaben
- Heutiges Vermögen in sfr   100 Mio.
- Absicherungsgrad   100%
- Angestrebter Mindestwert des Portfolios   90% des heutigen Werts
- Zeithorizont   1 Jahr

b) Marktdaten
- Zinssatz für Einjahresdepositen   4%
- Erwartete Aktienmarktvolatilität   18,7%

c) Strategie
- Ausübungspreis in % des Aktienvermögens   92,58%
- Optionsprämie in % des Aktienvermögens   2,86%*
- Aktienmarkt-Exposure in %   97,21%
- Optionsprämien in sfr   2,78 Mio.
- Aktienmarkt-Exposure in sfr   97,21 Mio.

d) Ergebnis

i) Index ist um 20% gesunken;
   Marktwert des Aktienportfolios = 97,21 Mio. abzüglich 20%   77,77 Mio.
   Ausschüttung der Put-Option
   = 92,58% von 97,21 Mio. abzüglich 77,77 Mio.   12,23 Mio.
   Summe   90,00 Mio.

ii) Index ist um 20 % gestiegen
   Marktwert des Aktienportfolios = 97,21 Mio. zuzüglich 20%   116,65 Mio
   Ausschüttung der Put-Option: 0 Mio.
   Summe   116,65 Mio.

*exkl. Transaktionskosten
Quelle: Eigene Berechnungen

Tabelle 8.2: Absicherung von Verlusten durch Put-Optionen

Im Beispiel wird ein minimaler Vermögenswert von 90% des heutigen Kapitals, das in Aktien angelegt werden soll, garantiert. Implizit wird eine kundenspezifische OTC-Option (Over-the-Counter-Option) unterstellt, da sowohl der Ausübungspreis (92,58%) als auch die Laufzeit (1 Jahr) nicht den Merkmalen standardisierter Optionen, wie sie an der Börse (SOFFEX, DTB) gehandelt werden, entsprechen. Der Ausübungspreis mag auf den ersten Blick überraschen. Es muss jedoch beachtet werden, dass das investierte Kapital (W) neben dem Aktienengagement (S) auch die Absicherungskosten (also den Optionspreis, P) decken muss:

(8.1) $W = S + P(X)$

P(X) zeigt die Kosten der Put-Optionen in Abhängigkeit des (gesuchten) Ausübungspreises. Damit durch die Optionsausübung trotzdem ein Mindestwert von 90% (*f*) des gesamten, heute investierten Vermögens (Aktien plus Absicherungskosten) anfällt:

(8.2)   geforderter Mindestwert $= f \cdot W = f[S + P(X)]$

müssen die Aktien zu einem höheren Ausübungspreis als 90% des heutigen Kurses veräussert werden können. Da bei einer schlechten Kursentwicklung die Ausübung der Put-Optionen genau den geforderten Mindestwert liefern muss, ist der gesuchte Optionspreis durch:

(8.3)   geforderter Mindestwert $= X = f[S + P(X)]$

bestimmt. Diese Gleichung weist keine explizite Lösung für den gesuchten Ausübungspreis *X* auf, sondern muss numerisch bestimmt werden. Im vorliegenden Zahlenbeispiel resultiert ein Ausübungspreis von 92,58%. Eine einjährige europäische Put-Option weist bei einer erwarteten Aktienmarktvolatilität von 18,7% einen theoretischen Optionspreis von 2,86% (des investierten Kapitals) auf. Damit partizipiert man im Umfang von:

$$\text{Exposure} = \frac{100}{100 + 2,86} = 0,9721 = 97,21\%$$

an positiven Marktentwicklungen. Natürlich kann man, ähnlich einer Versicherungspolice, den Kapitalschutz (fast) beliebig festlegen. Wünscht man beispielsweise einen strikten Ausschluss jeglicher Verluste, so müsste man einen Optionskontrakt erwerben, mit welchem man nur noch im Umfang von 88,86% von Kurssteigerungen profitiert. In diesem Beispiel erkennt man das Prinzip der *Portfolio Insurance*: die selektive Ausschaltung von Verlustrisiken (Ausfallrisiken) unter Wahrung einer prozentualen, wenn auch nicht vollumfänglichen Gewinnchance[3].

---

[3]*Vgl. Bookstaber (1985) und Bookstaber/Clarke (1984) für die Darstellung der Auswirkung von Optionsstrategien auf die Renditeverteilung der abgesicherten Position.*

8.2 Eine historische Langzeitanalyse der Absicherungs-effekte einer Put-Strategie

Welche Risiko- und Renditeeffekte ergeben sich, wenn die in Tabelle 8.2 dargestellte Strategie über einen längeren Zeitraum, konkret 1926-1990, für den schweizerischen Aktienmarkt durchgeführt worden wäre? Diese Frage wird in Abbildung 8.1 beantwortet, wo die jährlichen Renditen, die sich durch eine konsequente Absicherung über den erwähnten Zeitraum ergeben hätten, dargestellt sind.

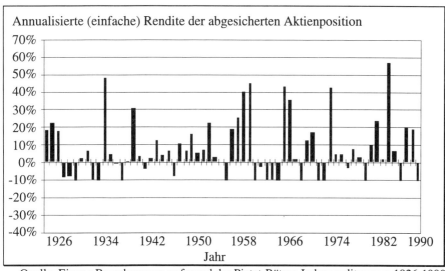

Quelle: Eigene Berechnungen aufgrund der Pictet-Rätzer-Indexrenditen von 1926-1990

Abbildung 8.1: Verteilung der Aktienrenditen, die mit Out-of-the-Money-Put-Optionen zu 100% abgesichert wurden (Floor = 90%)

Datengrundlage bilden die Pictet-Rätzer-Aktienrenditen, eine implizite Volatilität für die Optionspreise von 18,7%[4] sowie ein risikoloser Zinssatz von 4%. Es wird eine Strategie gewählt, bei welcher man das Aktienengagement über die gesamte Zeitdauer jeweils bei Jahresbeginn durch eine einjährige Put-Option so abgesichert hätte, dass der Vermögenswert nie unter 90% des zu Beginn jeden Jahres vorhandenen Vermögens gesunken wäre. Aufschlussreich dürfte insbesondere Abbildung 8.2 sein, wo die Jahresrenditen des abgesicherten Portfolios (Balken) den ungesicherten Aktienrenditen (Linie) gegenübergestellt sind[5].

---

[4]*Diese Volatilität entspricht der historischen Volatilität des Pictet-Rätzer-Aktienindex über die betrachtete Zeitperiode. Kurzfristig kann die tatsächliche implizite Volatilität, welche die Höhe der Optionspreise bestimmt, höher oder tiefer ausfallen.*

[5]*Zur einfachen Interpretierbarkeit der Renditeentwicklung handelt es sich durchwegs um einfache Renditen.*

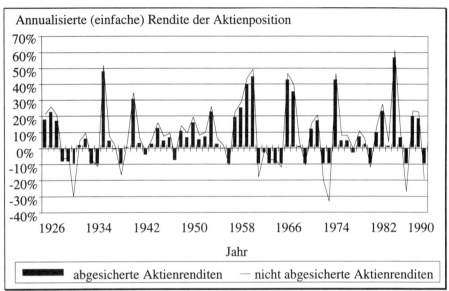

Annualisierte (einfache) Rendite der Aktienposition

█████ abgesicherte Aktienrenditen   — nicht abgesicherte Aktienrenditen

Quelle: Eigene Berechnungen aufgrund der Pictet-Rätzer-Indexrenditen von 1926-1990

Abbildung 8.2: Verteilung der Aktienrenditen, die mit Out-of-the-Money-Put-Optionen zu 100% abgesichert wurden (Floor = 90%)

Dass der Verlust nie unter 10% sinkt, widerspiegelt die Adäquanz des gewählten Vorgehens. Die Kurssteigerung (Exposure) von rund 97% kommt in geringfügig kleineren Erträgen im Falle einer guten Aktienmarktentwicklung zum Ausdruck.

Die statistische Auswertung der Risiko-Rendite-Strukturen findet man in Tabelle 8.3. Da eine vollumfängliche Absicherung in den wenigsten Fällen erforderlich ist, wird die Strategie für unterschiedliche Absicherungsgrade analysiert: Es wird schrittweise eine Absicherung von 0%, 25%, 50%, 75% und 100% des investierten Aktienvermögens angenommen. Im ersten Teil der Tabelle sind die Renditeverteilungen für die unterschiedlichen Strategien dargestellt.

Der Unterschied gegenüber der symmetrischen Absicherung (Tabelle 8.1) ist offensichtlich: Durch zunehmenden Optionsschutz sinkt die Häufigkeit (Wahrscheinlichkeit) hoher Verluste, während ein beschränktes Gewinnpotential trotzdem erhalten bleibt. Beiden Strategien ist *gemeinsam*, dass bei einer vollständigen Absicherung (in Tabelle 8.1 in Form eines 100prozentigen Bond-Engagements) Verluste von mehr als 100% vermieden werden können[6]. Die

---

[6]*Dies bezieht sich auf die tatsächlichen Beobachtungen für die Zeitperiode von 1926-1990. Bei der gewählten Put-Strategie gilt es auch theoretisch, während bei einem Portfolio volatiler Bonds theoretisch auch Verluste unter 10% auftreten können – wenn auch bei der*

Strategien unterscheiden sich aber hinsichtlich des Gewinnpotentials: Während die „symmetrische" Absicherung Kursgewinne über 20% ausgeschlossen hat (bzw. sehr unwahrscheinlich gestaltet), ermöglicht die Put-Optionsstrategie in immerhin 13 Fällen eine jährliche Rendite über 20% – gegenüber 18 Fällen in der ungesicherten Aktienstrategie.

Floor = 90%	Absicherungsgrad				
X = 92,58	0%	25%	50%	75%	100%
Mittelwert (stetig)	6,85%	6,78%	6,69%	6,57%	6,43%
Volatilität	18,70%	17,50%	16,48%	15,63%	14,92%
Renditeverteilung (einfache Renditen)					
bis -40%	0	0	0	0	0
40% bis -30%	2	0	0	0	0
-30% bis -20%	1	3	1	0	0
-20% bis -10%	9	9	11	12	0
-10% bis 0%	9	9	9	11	23
0% bis 10%	19	20	21	19	19
10% bis 20%	7	7	8	8	10
20% bis 30%	10	9	7	7	5
30% bis 40%	2	2	2	2	2
40% bis 50%	4	4	4	5	5
50% bis 60%	1	1	2	1	1
über 60%	1	1	0	0	0
Ausfallrisiko (Threshold Return) = -10%					
Ausfallwahrscheinlichkeit	18,50%	18,50%	18,50%	18,50%	0%
Ausfallerwartung	1,92%	1,30%	0,90%	0,44%	0%
Ausfallvolatilität	6,12%	4,41%	2,84%	1,37%	0%
Anmerkungen: X = Ausübungspreis der Put-Option					

Quelle: Eigene Berechnungen aufgrund der Pictet-Rätzer-Indexrenditen, 1926-1990

Tabelle 8.3: Portfolioabsicherung durch Put-Optionen: „asymmetrische Risikobewirtschaftung" (Beispiel: Mindestportfoliowert = 90% des Jahresanfangsvermögens)

Dies führt zu erheblich unterschiedlichen Durchschnittsrenditen der beiden Strategien: Während man sich bei der reinen Bond-Strategie die Sicherheit mit einer reduzierten durchschnittlichen Jahresrendite von 4,15% (stetig) erkauft, das heisst mit einer renditemässigen Einbusse von 2,70% pro Jahr gegenüber der ungesicherten Aktienposition, liegt die Durchschnittsrendite bei der Put-Strategie bei immerhin 6,43% – was einer Einbusse von lediglich 0,42% entspricht. Die geringe Renditeeinbusse mag erstaunen – insbesondere wenn man bedenkt, dass die durchschnittliche Put-Optionsprämie rund 2,86% des Vermögens beträgt. Der Effekt kommt vor allem daher, dass durch die Leistung der Prämie massive Verluste ausgeschlossen werden – was die durchschnittliche

---

historischen Bond-Volatilität mit einer verschwindenden Ausfallwahrscheinlichkeit (unter 0,00%).

Rendite deutlich erhöht. Gleichzeitig zeigt das Beispiel: Eine konsequente Absicherung lässt im Zeitablauf die effektiven Absicherungskosten wesentlich tiefer erscheinen, als vielfach vermutet wird. Vielen Anlegern erscheinen die Absicherungskosten deshalb hoch, weil die Absicherung zu spät, nämlich bei
massiven Kurseinbrüchen, nachgefragt wird – und die Absicherungskosten bei
den ersten Anzeichen der „Gefahr" natürlich stark ansteigen[7]. Den vorliegenden
Berechnungen liegen die durchschnittliche Aktienmarktvolatilität der Zeitperiode 1926-90 sowie der theoretische Preis der Optionen zugrunde. Im Durchschnitt dürfte das Bild deshalb dem tatsächlichen Ergebnis einer konsequenten
Absicherungsstrategie entsprechen[8].

Die Ergebnisse in Tabelle 8.3 zeigen zudem, dass selbst eine teilweise Absicherung die Verlustrisiken erheblich zu reduzieren vermag. Bei einem Absicherungsgrad von 25% schliesst man zwei Verluste unter 30% aus (1931, 1974),
beim Absicherungsgrad 50% zwei Verluste zwischen 20% und 30% (1931,
1974), und bei 75% ist kein Verlust über 20% mehr festzustellen. Man mag
vielleicht überrascht sein, dass für die Vermeidung von ein paar wenigen
schlechten Jahren ein so hoher Absicherungsgrad erforderlich ist. Dadurch zeigt
das Beispiel aber gerade, dass der ökonomische Preis der Sicherheit nicht unbe-
trächtlich ist. Insbesondere liefern Analysen dieser Art verlässliche Informationen darüber, zu welchem Preis (das heisst zu welchem durchschnittlichen
Renditeverzicht) verschiedene, auf ein bestimmtes Anlageziel zugeschnittene
Renditestrukturen erreicht werden können.
Würde beispielsweise eine Strategie verfolgt, bei der anstelle eines maximal
tolerierbaren Verlusts von 10% negative Renditen generell ausgeschlossen werden, so würde die Durchschnittsrendite auf 4,99% zurückgehen (vorher:
6,43%). Das sich aus dieser Strategie ergebende Bild ist in Abbildung 8.3 dargestellt: Offensichtlich partizipiert man auf diese Weise nur noch an positiven
Aktienmarktentwicklungen, wenn auch in einem deutlich geringeren Umfang
(Exposure = 88,9%) als bei einer ungesicherten Strategie. Bei Absicherungsgraden unter 100% resultieren die in Tabelle 8.4 dargestellten Werte.

---

[7]*Primär bestimmen die sogenannten „impliziten" Volatilitäten, also die Volatilitäts-
erwartungen der Anleger, die Optionsprämien und damit die Absicherungskosten. Typischerweise beobachtet man extrem hohe Volatilitäten im Zusammenhang mit Kurseinbrüchen (siehe die Crashs 1987, 1989 sowie den Nestlé-Crash 1988), so dass eine Absicherung namentlich in diesen Perioden sehr teuer ist.*

[8]*Nicht berücksichtigt sind die Transaktionskosten; diese variieren so stark von Produkt zu
Produkt, von Bank zu Bank sowie von Anleger zu Anleger, dass eine repräsentative Aussage hierzu schwierig ist. Den Einbezug von Transaktionskosten bei der Analyse der Performance statischer und dynamischer Absicherungsstrategien findet man bei Tolle (1993).*

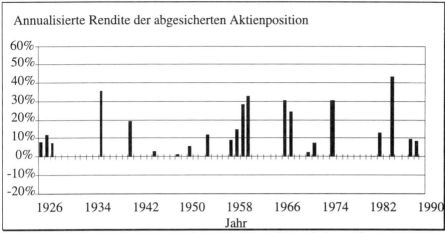

Quelle: Eigene Berechnungen aufgrund der Pictet-Rätzer-Indexrenditen, 1926-1990

Abbildung 8.3: Verteilung der Aktienrenditen, die mit At-the-Money-Put-Optionen zu 100% abgesichert wurden (Floor = 100%)

Floor = 100%	Absicherungsgrad				
X=112,53	0%	25%	50%	75%	100%
Mittelwert (stetig)	6,85%	6,51%	6,07%	5,55%	4,99%
Volatilität	18,70%	15,48%	12,80%	10,65%	9,10%
Ausfallrisiko (Threshold Return = -10%)					
Ausfallwahrscheinlichkeit	32,30%	32,30%	32,30%	32,30%	0%
Ausfallerwartung	4,54%	3,20%	2,01%	0,95%	0%
Ausfallvolatilität	10,14%	7,07%	4,41%	2,08%	0%
Anmerkungen: X = Ausübungspreis der Put-Option					

Quelle: Eigene Berechnungen aufgrund der Pictet-Rätzer-Indexrenditen, 1926-1990

Tabelle 8.4: Portfolioabsicherung durch Put-Optionen: „asymmetrische Risikobewirtschaftung" (Beispiel: Mindestportfoliowert = 100% des Jahresanfangsvermögens)

8.3 Der Risiko-Rendite-Tradeoff aufgrund von Optionspreisen

Die Beispiele im vorangehenden Teil zeigen, dass es ganze "Menüs" unterschiedlicher Absicherungsniveaus (Floors) und damit verbundene Partizipationen an Kurssteigerungen (Exposures) gibt – und je nach der subjektiven Risikotoleranz und Risikofähigkeit wird die eine oder andere Strategie gewählt. In Tabelle 8.5 findet man als Übersicht eine Gegenüberstellung des unterstellten Floors und der damit verbundenen Exposure bei einer 100%-Put-Optionsabsicherung. Begnügt man sich mit einem Versicherungsschutz von 80% des Portfoliowerts, so partizipiert man im Umfang von über 99% an positiven Kursentwicklungen[9]. Fordert man hingegen eine sichere, minimale Steigerung des Portfoliowerts von 3% pro Jahr, so sinkt die Exposure auf 79.4%. Selbstverständlich kann die angestrebte, sichere Mindestverzinsung nicht über dem risikolosen Zinssatz liegen.

Floor	Erforderlicher Ausübungspreis der Put-Option (in %)	Put-Optionskosten (in % des abgesicherten Portfoliowerts)	Exposure (in %)
80%	80,5	0,64	99,4
85%	86,2	1,40	98,6
90%	92,6	2,86	97,2
95%	100,5	5,74	94,6
96%	102,4	6,62	93,8
97%	104,4	7,68	92,9
98%	106,8	8,96	91,8
99%	109,4	10,53	90,5
100%	112,5	12,53	88,9
101%	116,4	15,21	86,8
102%	121,5	19,12	83,9
103%	129,7	25,96	79,4
Anmerkungen: Implizite Volatilität der Optionspreise = 18,7% Risikoloser Zinssatz = 4%			

Quelle: Eigene Berechnungen

Tabelle 8.5:　Asymmetrischer Risiko-Rendite-Tradeoff: Wie hoch ist das Gewinnpotential (Exposure) bei unterschiedlichen Absicherungsniveaus (Floors)?

8.4　Exkurs: Das Schreiben von Call-Optionen auf vorhandene Aktienbestände

Diametral entgegengesetzte Effekte als die in den vorangehenden Abschnitten betrachteten Absicherungsstrategien weist das Schreiben von Call-Optionen auf vorhandene Aktienbestände auf. Während man mit einer Absicherungsstrategie gegen Leistung einer Prämie Kursverluste reduziert oder eliminiert und sich ein (im Umfang der Prämie reduziertes) Gewinnpotential beibehält, verpflichtet man sich beim Schreiben von Call-Optionen zum Liefern vorhandener Aktienbestände, sofern bei Verfall der Aktienkurs oder Index den Ausübungspreis überschritten hat. Auf diese Weise reduziert oder eliminiert man die positiven Kurschancen der Aktienbestände und wird dafür mit der Optionsprämie entschädigt. Anlagestrategisch handelt es sich also gerade um das Gegenteil einer Absicherungsstrategie: Zwar erhöhen sich die laufenden Erträge im Umfang der ausbezahlten Optionsprämien, doch stehen dem eingeschränkten oder gar eli-

---

[9] *„Positiv" ist jeweils auf die Kursveränderung gegenüber dem unterstellten Floor bezogen.*

minierten Gewinnpotential die fast uneingeschränkten Periodenverluste gegenüber.

In Abbildung 8.4 findet man die Ergebnisse einer Strategie, bei welcher bei Jahresbeginn Call-Optionen mit einem Ausübungspreis von jeweils 99,21% des Portfoliowerts geschrieben werden, was unter Einschluss der Prämieneinnahmen eine maximale jährliche Rendite von 10% bewirkt.

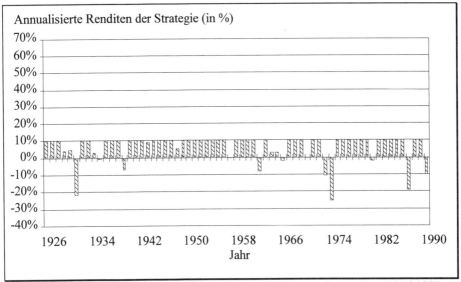

Quelle: Eigene Berechnungen aufgrund der Pictet-Rätzer-Indexrenditen, 1926-1990

Abbildung 8.4: Verteilung der Aktienrenditen einer
Covered-Call-Strategie (Cap = 110%)

Dieser limitierten Gewinnchance steht ein (um die Prämienzahlung reduziertes) Verlustpotential gegenüber. Man begrenzt – im Gegensatz zur Put-Optionsstrategie – das „günstige" Risiko und bleibt dem „negativen" Kursrisiko ausgesetzt. Dafür erhält man eine Prämie, mit welcher der laufende Ertrag verbessert werden kann.

Obwohl diese Strategie eine Volatilitätsstruktur aufweist, welche sich diametral von jener einer Absicherungsstrategie unterscheidet, ist sie bei institutionellen Anlegern sehr beliebt. Zwei Gründe werden angeführt: Erstens können, wie bereits erwähnt, die Optionsprämien als laufender Ertrag verbucht werden und erhöhen die ausgewiesene Performance auf den Wertschriftenbeständen. Zweitens ist der später einmal erzielte Verkaufspreis der Papiere und damit der erwartete realisierte Kursgewinn durch den Ausübungspreis der Call-Option bestimmt und demzufolge bereits heute bekannt. Es wird argumentiert, dass damit ein bereits heute bekannter Kursgewinn „eingefroren" werden kann. Dies stimmt zweifellos – aber mit ebensolcher Sicherheit verzichtet man auf das darüber hinausgehende Gewinnpotential, das ja letztlich für die langfristig höhere Rendite von Aktien gegenüber Bonds verantwortlich ist! Zudem unterstellt die vorangehende Argumentation, dass Kursverluste beliebig lange „verdeckt" werden können. Offenbar ist man mit dem Schreiben von Calls gegenüber massiven Kursverlusten nicht geschützt – aber diese werden kaum als relevant betrachtet, weil man beliebig zuwarten kann, bis sich die Kurse wieder verbessert haben. Während sich vielleicht ein privater Anleger diese zeitliche Flexibilität leisten kann, setzt der periodische Performance-Nachweis einer Pensionskasse voraus, dass die Marktwertveränderungen gerade jener Aktienbestände, auf welche Optionen geschrieben sind, ausgewiesen werden. Nur dadurch wird der ungünstige Risiko-Rendite-Tradeoff, der letztlich mit dieser Strategie verbunden ist, in der ausgewiesenen Performance ersichtlich.

Zusammengefasst zeigen die vorangehenden Überlegungen: Eine Pensionskasse kann durch das Schreiben von Optionen den ausgewiesenen Ertrag fast beliebig in die Höhe treiben und damit etwa Ertragsausfälle auf anderen Wertschriftenpositionen fast beliebig überdecken. Es handelt sich dabei um eine völlig passive Entschädigung des Kapitalmarktes für eine Begrenzung der Volatilität – aber nicht im Sinne einer Absicherung von Verlusten, sondern einer „Absicherung" der Gewinnmöglichkeiten. Die Konsequenzen einer solchen Strategie bezüglich des Ausfallrisikos sind im allgemeinen höchst ungewiss. Auf alle Fälle müssen Erträge aufgrund solcher Strategien bei der Performance-Messung klar von den übrigen Wertschriftenerträgen und Kursgewinnen abgegrenzt werden. Sie dürfen ebensowenig als positive Komponente der Performance betrachtet werden[10], wie die Leistung von Put-Optionsprämien zur Absicherung des Ausfallrisikos nicht als negativer Performance-Beitrag (im Sinne eines Kursverlustes) interpretiert werden darf. Eine solche Betrachtung verunmöglicht den strategischen Einsatz derivativer Instrumente im Sinne der in diesem Kapitel dargestellten Bewirtschaftung von Ausfallrisiken.

8.5 Ist die Ausfallwahrscheinlichkeit ein geeignetes Mass zur Feststellung von Ausfallrisiken?

Die vorangehenden Zahlenbeispiele liefern eine weitere wichtige Erkenntnis. Der Zweck der Absicherung mit Put-Optionen liegt gerade im selektiven Vermeiden von Verlusten bei gleichzeitiger Erhaltung von Erträgen. Zweifellos ist bei einer 100prozentigen Absicherung mit Put-Optionen auf dem Niveau des angestrebten Floors (90%) kein Risiko mehr vorhanden. Trotzdem besteht eine in diesem Fall deutlich positive Volatilität. Diese misst nun offenbar nicht mehr

---

[10]*Das Argument lautet nicht, dass die Prämien rechnerisch nicht als Ertrag erfasst werden sollten; es geht ausschliesslich darum, dass diese Erträge nicht der Leistung (Performance) der Vermögensverwaltung zugeschrieben werden.*

das Risiko im Sinne eines Verlustes, sondern, im Gegenteil, das Gewinnpotential der Strategie. Die Volatilität wird damit zu einem *unzweckmässigen* Mass für das Risiko der abgesicherten Strategie.

Aber auch die Ausfallwahrscheinlichkeit versagt als Masszahl. Ein Vergleich der Häufigkeitsverteilung der Renditen für Absicherungsgrade von 0%, 25%, 50% und 75% in Tabelle 8.3 zeigt, dass Verluste über 10% zwar betragsmässig zunehmend eingeschränkt werden, aber in ihrer Häufigkeit unverändert bleiben. Die in allen Fällen identische Ausfallwahrscheinlichkeit ist deshalb nicht geeignet, den reduzierten Umfang der Verluste wiederzugeben. Bei einem Threshold Return von 0% (in Tabelle 8.3) würde sogar eine Zunahme der Ausfallwahrscheinlichkeit resultieren[11]. Wie lässt sich dies erklären? Offensichtlich steigt mit zunehmendem Absicherungsgrad die zu leistende Prämienbelastung, welche sich immer stärker als „negative", aber betragsmässig doch sehr tiefe Renditen bemerkbar machen. Es wird also mit relativ grosser Sicherheit ein begrenzter Verlust (sprich Absicherungsprämie) in Kauf genommen, um durch den auf diese Weise erworbenen Versicherungsschutz noch grössere Verluste (im konkreten Beispiel über 10%) ausschliessen zu können.

Zusammengefasst führt der Put-Optionsschutz zu zwar „wahrscheinlicheren", aber im Ausmass kleineren Renditeausfällen unter dem gewählten Floor. Weil die Ausfallwahrscheinlichkeit nur die Häufigkeit (Wahrscheinlichkeit), nicht aber den Betrag berücksichtigt, mit welchem die jährlichen Renditen unter dem Threshold Return liegen, liefert sie demzufolge kein adäquates Mass zur Beurteilung des Verlustrisikos, wenn durch den Einsatz von Optionen damit eine asymmetrische Veränderung des Verlust-Gewinn-Potentials erreicht werden soll[12].

Die vorangehenden Untersuchungen zeigen, dass Ausfallrisiken gegen Leistung einer Prämie selektiv abgesichert werden können, ohne dass das Gewinnpotential in demselben Umfang abnimmt. Optionen lassen deshalb eine asymmetrische Bewirtschaftung der Volatilität einer Anlage zu, was genau dem strategischen Anlageziel einer Pensionskasse entspricht. Einfacher ausgedrückt heisst dies, dass sich die Wahrscheinlichkeit und das Ausmass von Verlusten mit Optionen gezielt beschränken lassen. Der Einsatz von Optionen bedeutet aber auch, dass sowohl die Volatilität als auch die Ausfallwahrscheinlichkeit unzweckmässige Masszahlen für das Anlagerisiko darstellen und ein irreführendes Bild über das anlagepolitisch relevante Risiko vermitteln können. Ein geeigneteres Konzept wird später mit Hilfe der Ausfallvolatilität dargestellt.

---

[11]*Bei Absicherungsgraden von 0%, 25% und 50% gibt es in der ganzen Zeitspanne 21 negative Jahresrenditen, während bei 75% und 100% nur alle 23 Jahre negative Renditen auftreten.*

[12]*Ausser im Spezialfall, wo der Threshold Return mit dem gewählten Floor identisch ist.*

8.6 Ein alternativer Ansatz zur Messung von Ausfallrisiken: Lower Partial Moments (LPM)

Das prinzipielle Problem der Messung von Ausfallrisiken mit Hilfe von Ausfallwahrscheinlichkeiten besteht darin, dass die Wahrscheinlichkeit eines Verlustes über $x\%$ noch nichts über dessen Höhe aussagt. Zwei Risikokennziffern, welche die Wahrscheinlichkeit von Verlusten mit deren Ausmass verbinden, sind die Ausfallerwartung und die Ausfallvolatilität[13]. Genau wie die Ausfallwahrscheinlichkeit erfordern die beiden Kennziffern, dass ein Threshold Return festgelegt wird, demgegenüber das Ausfallrisiko gemessen werden soll:

a) Die *Ausfallerwartung* bezeichnet den durchschnittlichen, mit der Wahrscheinlichkeit gewichteten Renditeausfall und entspricht dem erwarteten Verlust unterhalb des Threshold Returns.

b) Die *Ausfallvolatilität* bezeichnet die Volatilität der Rendite und widerspiegelt das negative Kurspotential unterhalb des Threshold Returns.

	Ausmass des Put-Optionsschutzes (Floor = 90%)				
	0%	25%	50%	75%	100%
Mittelwert	6,85%	6,17%	5,50%	4,83%	4,15%
Volatilität	18,70%	14,28%	9,90%	5,87%	3,24%
Ausfallrisiko (Threshold Return = 0%) Ausfallwahrscheinlichkeit	32,30%	32,30%	32,30%	35,40%	35,40%
Ausfallerwartung	4,54%	4,12%	3,73%	3,37%	3,05%
Ausfallvolatilität	10,14%	8,65%	7,35%	6,28%	5,46%

Quelle: Eigene Berechnungen aufgrund der Pictet-Rätzer-Indexrenditen, 1926-1990

Tabelle 8.6: Ausfallerwartung und Ausfallvolatilität – eine Illustration

Die beiden Masszahlen sind beispielhaft in Tabelle 8.6 im vorangehenden Put-Optionsbeispiel (vergleiche Tabelle 8.3) dargestellt. Die Ausfallrisiken werden gegenüber einem Threshold Return von 0% berechnet. Im Gegensatz zur ansteigenden Ausfallwahrscheinlichkeit zeigt sich hier nun deutlich, dass die beiden Masszahlen mit zunehmendem Put-Optionsschutz sinken und demzufolge auf ein kleines Anlagerisiko hindeuten. Die beiden Masszahlen findet man

---

[13]*Beide Kennzahlen gehören zu den sogenannten „lower partial moments": Die Ausfallerwartung ist das erste partielle Moment, die Ausfallvolatilität ist die Quadratwurzel des zweiten partiellen Moments. Das Konzept wurde für die Portfolioselektion bereits von Markowitz (1959) und später von Harlow/Rao (1989) vorgeschlagen. In einer neueren Arbeit (Harlow (1991)) wird das Konzept einfach und verständlich dargestellt. „Lower partial moments" werden auch behandelt in Rudolf (1994).*

überdies in den Tabellen 8.3 und 8.4 als Ergänzung zu den Ausfallwahrscheinlichkeiten. Im Gegensatz zur Ausfallwahrscheinlichkeit erkennt man nun
die Abnahme der beiden neuen Risikokennzahlen mit zunehmendem Put-
Optionsschutz.

8.7 Die modifizierte Effizienzlinie

Die Effizienzlinie der Portfoliotheorie, welche die Renditen effizient diversifizierter Portfolios gegenüber den Portfoliovolatilitäten zum Ausdruck bringt,
lässt sich natürlich auch gegenüber den Ausfallvolatilitäten darstellen. Dadurch
verändert sich die Gestalt der Effizienzlinie geringfügig. Wir bezeichnen sie als
die modifizierte Effizienzlinie. Dies ist in Abbildung 8.5 und 8.6 am Beispiel
der Diversifikation zwischen dem schweizerischen und dem amerikanischen
Aktienmarkt dargestellt; das Währungsrisiko ist in beiden Fällen nicht abgesichert[14].

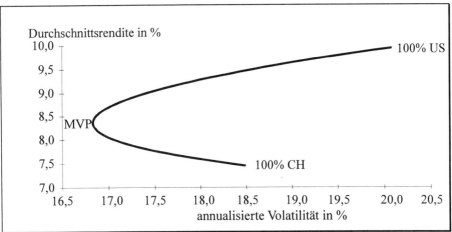

Quelle: Eigene Berechnungen aufgrund der Pictet-Rätzer-Aktienrenditen (Schweiz) bzw. Ib-
botson/Sinquefield-Aktienrenditen (USA) von 1926-1990

*Abbildung 8.5: Diversifikationsmöglichkeiten zwischen US-Aktien und CH-Aktien: Minimum-
Volatilität-Portfolio (MVP): CH-Aktienanteil = 59%, US-Aktienanteil = 41%, Durchschnittsrendite = 8,3%, Volatilität = 16,9%*

---

[14]*Das bedeutet, dass die Wechselkursveränderungen in den ausgewiesenen inländischen
Renditen berücksichtigt sind.*

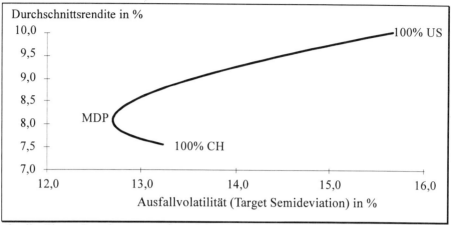

Quelle: Eigene Berechnungen aufgrund der Pictet-Rätzer-Aktienrenditen (Schweiz) bzw. Ibbotson/Sinquefield-Aktienrenditen (USA) von 1926-1990

Abbildung 8.6: Diversifikationsmöglichkeiten zwischen US-Aktien und CH-Aktien in einem Mean-Lower Partial Moments Diagram. Minimum Downside Portfolio (MDP): CH-Aktienanteil = 72%, US-Aktienanteil = 28%, Durchschnittsrendite = 8,0%, Ausfallvolatilität = 12,8%

	Currency gehedgt				Currency ungehedgt			
	MVP (% Ausl.)	stetige Rendite (in %)	Vola-tilität (in %)	Ausfall-volatilität (in %)	MVP (% Ausl.)	stetige Rendite (in %)	Vola-tilität (in %)	Ausfall-volatilität (in %)
CH-USA	51	13,57	14,99		19	12,06	16,13	
	76	14,71		10,51	7	11,54		11,54
CH-UK	28	13,92	15,85		14	12,10	16,23	
	12	12,39		11,48	0	11,24		11,56
CH-Jap	53	15,93	12,94		37	16,32	14,19	
	73	17,71		8,03	49	17,97		9,31

Quelle: Eigene Berechnungen aufgrund der Daten der monatlichen MSCI-Aktien- und Salomon-Brothers-Bondrenditen, 1985-1989

Tabelle 8.7: Internationale Diversifikation und die verschiedenen Risikomasse

Zur Bestimmung der Ausfallvolatilität ist die Festlegung eines Threshold Returns, demgegenüber der „Ausfall" bestimmt wird, erforderlich. In den nachfolgenden Beispielen wird dafür nicht ein einheitlicher Wert, sondern die für jedes Portfolio spezifische, erwartete (durchschnittliche) Portfoliorendite herangezogen.

Man erkennt, dass sich die modifizierte Effizienzlinie von der traditionellen nur relativ wenig unterscheidet. Eine genauere Analyse zeigt jedoch, dass die modifizierte Effizienzlinie für dieselbe Risikotoleranz einen geringen US-Aktienanteil impliziert. So weist beispielsweise das volatilitätsminimale Portfolio (MVP) einen US-Aktienanteil von 41% auf, das ausfallvolatilitätsminima-

le Portfolio (MDP) jedoch lediglich 28%. Falls nur das Verlustpotential in die
Risikobetrachtung einfliesst, erscheint die risikoreichere Anlage (hier: US-
Aktien) ungünstiger und im optimalen Portfolio weniger stark gewichtet, als
wenn die gesamte Volatilität, das heisst auch das positive Gewinnpotential, in
die Risikobetrachtung einflösse. Dies ist jedoch keine generelle Regel. In Tabelle 8.7 findet man einige diesbezügliche Vergleiche diversifizierter Portfolios
(jeweils währungsgesichert und -ungesichert) für Schweiz-USA, Schweiz-UK
und Schweiz-Japan. In der Spalte „MVP" (Minimum-Volatilität-Portfolio) ist
jeweils der Anteil der Auslandsanlage des volatilitätsminimalen beziehungsweise ausfallvolatilitätsminimalen Portfolios dargestellt. Man erkennt, dass sich die
vorangehende Vermutung insbesondere für den japanischen Aktienmarkt nicht
bewährt.

8.8 Optionen, Ausfallvolatilität und effiziente Risiko-
absicherung

Die Analyse effizienter Portfolios gegenüber Ausfallvolatilitäten ist insbesondere im Zusammenhang mit dem Einsatz von Optionen bedeutungsvoll. Wie oben
diskutiert wurde, verändern Optionen das Gewinn- und Verlustpotential in
asymmetrischer Weise; die Verwendung der Ausfallwahrscheinlichkeit ist jedoch besonders hier aus den oben diskutierten Gründen problematisch. Die
Ausfallvolatilität bietet hingegen die Möglichkeit, Ausmass und Wahrscheinlichkeit der Verluste unterhalb des Threshold Returns in kompakter Weise zu
messen – unabhängig von der Symmetrie und Asymmetrie der Portfoliorenditen.
In Abbildung 8.7 sind zwei Kurven dargestellt. Die stark ausgezogene Linie ist
die modifizierte Effizienzlinie einer Diversifikation zwischen schweizerischen
Bonds und Aktien (Pictet-Rätzer-Indexrenditen für die Zeitperiode 1926-90).
Als Threshold Return wird, im Gegensatz zu den vorangehenden Berechnungen, ein konstanter Wert von 0% gewählt. Demgegenüber erfolgt die Risikore-
duktion bei den Portfolios auf der schwächer ausgezogenen Linie durch den
Erwerb von Put-Optionen. Punkt C bezeichnet beispielsweise ein Aktienportfolio, das im Ausmass von 50% durch Put-Optionen geschützt ist. Der Ausübungspreis wird so angesetzt, dass ein Floor von 100% resultiert. Konkret
handelt es sich bei den beiden Kurven um die in Tabelle 8.4 bereits betrachteten
Risikocharakteristiken.

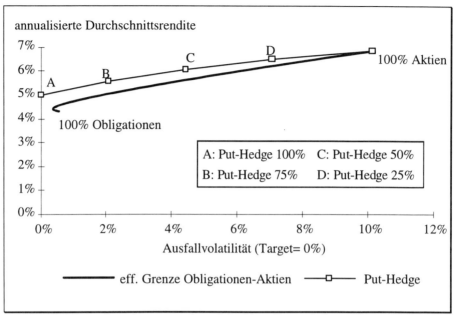

Quelle: Eigene Berechnungen aufgrund der Pictet-Rätzer-Indexrenditen, 1926-1990

Abbildung 8.7: Portfoliokombinationen zwischen Aktien und Obligationen sowie der mit Put-Optionen abgesicherten Aktienposition

Die entscheidende Erkenntnis daraus ist: Die Absicherung mit Put-Optionen führt gegenüber der Streuung zwischen Aktien und Bonds zu effizienteren Portfolios. So wird für eine gegebene Ausfallvolatilität eine höhere erwartete Rendite beziehungsweise bei einer gegebenen erwarteten Rendite eine geringere Ausfallvolatilität erreicht. Ob die Absicherung mit Put-Optionen immer eine effizientere Absicherung als die Diversifikation darstellt oder nicht, hängt von der Höhe der Put-Optionskosten, spezifisch der impliziten Volatilität der Optionen ab. Wenn die implizite Volatilität sehr hoch ist, also die Absicherung „teuer" ausfällt, dann verschiebt sich die modifizierte Effizienzlinie, ausgehend vom unabgesicherten Portfolio (100% Aktien in Abbildung 8.7), nach unten und kann möglicherweise, zumindest für ein gewisses Segment der Kurve, unter der ausgezogenen Linie liegen. In diesem Fall wäre die Absicherung durch Diversifikation zwischen Aktien und Bonds (oder äquivalent: der Verkauf von Index-Futures) vorteilhafter.

Dies illustriert, dass die Verwendung eines adäquaten Ausfallrisikomasses eine genauere Analyse der Wirkungsweise von Optionen hinsichtlich der Effizienz von Portfolios zulässt. Mit der klassischen Effizienzlinie sind solche Aussagen nicht möglich: Die Volatilität ist ein unvollständiges oder gar irreführendes Mass für das Risiko eines Portfolios.

8.9 Zusammenfassung

Im vorliegenden Kapitel wurde die Bedeutung von Optionen als Instrumente zur Bewirtschaftung von Ausfallrisiken (Shortfall Risk) dargestellt. Es wurde aber auch gezeigt, dass sich Optionspreise zur Messung des Ausfallrisikos von Anlagen eignen. Während mit Hilfe der Lower Partial Moments (Ausfallerwartung, Ausfallvolatilität) zwar eine technisch befriedigende Möglichkeit zur Erfassung von Ausfallrisiken vorliegt, namentlich wenn diese durch Optionen aktiv bewirtschaftet werden, so dürfte das Hauptproblem zweifellos in der konkreten Interpretation der Masszahl liegen. Letztlich handelt es sich, wie beim gewöhnlichen Volatilitätsmass, um ein statistisches Konzept. Als anlagestrategisch naheliegendere Möglichkeit bieten sich deshalb Optionspreise[15] an. Es wurde gezeigt, dass Put-Optionen die Funktion von Versicherungspolicen bezüglich des zugrunde liegenden Vermögenswerts erfüllen. Die Höhe des Put-Optionspreises misst daher die Kosten, die zur Vermeidung (oder Herabsetzung) eines individuell gewählten Risikos anfallen und kann somit als Masszahl für das Ausfallrisiko herangezogen werden. In Kapitel 9 wird diese Masszahl für die Analyse des Zeithorizonteffekts von Aktienrisiken Verwendung finden.

---

[15]Diesen Vorschlag findet man erstmals explizit bei Makarov (1991), S.57, und indirekt bei Bodie (1991), S.59; vgl. auch Zimmermann (1992).

8.10 Literatur

BLACK, F. und SCHOLES, M. (1973): The Pricing of Options and Corporate Liabilities. Journal of Political Economy, 81, No. 3, S. 638-654

BLACK, F. und JONES, R. (1988): Simplifying Portfolio Insurance for Corporate Pension Plans. Journal of Portfolio Management, Summer,   S. 33-57

BODIE, Z. (1991): Shortfall Risk and Pension Fund Asset Management. Financial Analysts Journal, May/June, S. 57-61

BOOKSTABER, R. (1985): The Use of Options in Performance Structuring. Journal of Portfolio Management, Summer, S. 36-50

BOOKSTABER, R. und CLARKE, R. (1984): Option Portfolio Strategies: Measurement and Evaluation. Journal of Business 57, Nr. 4, S. 473-492

COX, J.C. und RUBINSTEIN, M. (1985): Options Markets. Prentice Hall, Englewood Cliffs

HARLOW, W. und RAO, R. (1989): Asset Pricing in a Mean-Lower Partial Moment Framework: Theory and Evidence. Journal of Financial and Quantitative Analysis, September, S. 285-311

HARLOW, W. (1991): Asset Allocation in Downside-Risk Framework. Financial Analysts Journal, September/October, S. 28-40

HULL, J. (1993): Options, Futures, and Other Derivative Securities. Prentice-Hall, 2. Auflage

MAKAROV, V. (1991): Measure Your Measure. Risk 4, Oktober, S. 51-58

MARKOWITZ, H. (1959): Portfolio Selection. Efficient Diversification of Investments. Wiley

PEROLD, A. und SHARPE, W. (1988): Dynamic Strategies for Asset Allocation. Financial Analysts Journal 44, January/February, S. 16-27

RUBINSTEIN, M. und LELAND, H. (1981): Replicating Options with Positions in Options and Cash. Financial Analysts Journal 37, August, S. 63-72

RUDOLF, M. (1994): Algorithms for Portfolio Optimization and Portfolio Insurance. Paul Haupt

SCHWARTZ, E. (1986/87): Options and Portfolio Insurance. Finanzmarkt und Portfolio Management I/1

TOLLE, S. (1993): Dynamische Hedging-Strategien mit SMI-Futures. Paul Haupt, Bank- und finanzwirtschaftliche Forschungen, Band 173

ZIMMERMANN, H. (1992): The Riskiness of Stocks Over the Short Term and the Long Term as Measured by Option Prices. Manuskript, Hochschule St.Gallen

ZIMMERMANN, H. /ARCE, C. /JAEGER, S. /WOLTER, H.-J. (1992): Pensionskassen Schweiz: Neue Strategien für wachsende Leistungsansprüche. Wirtschaft und Gesellschaft, Zürcher Kantonalbank

Kapitel 9

Zeithorizont, Anlagestruktur und Performance[1]

Der Rolle des Anlagezeithorizonts bei Anlageentscheidungen in Aktien wurde in der Portfoliotheorie lange Zeit kaum Beachtung geschenkt. Ist ein Portfolio, das für einen Planungshorizont von drei Monaten als optimal gilt, auch für einen Horizont von einem, zehn oder zwanzig Jahren optimal? Wenn ein Aktienanteil von 40% für zwei Monate angemessen ist, ist dieser Anteil auch für einen Planungshorizont von vier Jahren zweckmässig? Steigt oder sinkt die Performance, also die risikoadjustierte Rendite eines Aktienportfolios, mit zunehmender Anlageperiode? Weisen Aktien langfristig ein geringeres oder höheres Anlagerisiko auf als über die kurze Frist? Mit diesen Fragestellungen befasst sich das vorliegende Kapitel.

9.1 Rendite, Varianz und Zeithorizont: Statistische Grundlagen 198

9.2 Zeithorizont und Portfoliozusammensetzung im
Mean-Variance-Portfolio-Selektionsmodell 202

9.3 Ausfallwahrscheinlichkeit und Zeithorizont:
Aktienrisiko in der kurzen und langen Frist 205

9.4 Ausfallwahrscheinlichkeit, Zeithorizont und Anlagestruktur 207

9.5 Performance und Zeithorizont 211

9.6 Risiko als Put-Optionspreis und der Effekt des Anlagezeithorizonts 214

9.7 Langfristige Optionen und dynamische Replikation:
Der Einfluss des Anlagezeithorizonts 217

9.8 Anwendung: Anlagehorizont versus Planungshorizont bei Vermögensanlagen und
Konsequenzen für die Performance 223

9.9 Zusammenfassung 226

9.10 Literatur 227

---

[1]*Zeithorizonteffekte der Anlagepolitik und ihre Auswirkungen auf die Investment Performance werden in Zimmermann (1991), Zimmermann (1992), Zimmermann (1993) und Wolter (1993) analysiert.*

9.1 Rendite, Varianz und Zeithorizont: Statistische Grundlagen

Um den Einfluss des Anlagezeithorizonts auf das Ausfallrisiko bei Aktien zu analysieren, muss von einer spezifischen Annahme über die zeitliche Entwicklung der Aktienkurse, den sog. stochastischen Aktienkursprozess, ausgegangen werden. In den Kapiteln 2 und 7 wurde gezeigt, dass stetige Aktienrenditen in vielen Fällen durch eine Normalverteilung approximiert werden können. Aus diesem Grund wird naheliegenderweise ein Modell für den Aktienkursprozess gewählt, der zu normalverteilten stetigen Aktienrenditen führt. Der geometrische Wiener-Prozess, populär auch als stetiger Random Walk bezeichnet, erfüllt diese Voraussetzung. Dieser Prozess hat die folgenden Eigenschaften:

1. Die Kursentwicklung ist stetig, d.h. sie weist weder Sprünge noch Unterbrüche auf.

2. Die Kursveränderungen sind zeitlich unkorreliert, d.h. aus der Grösse und dem Vorzeichen der Kursveränderung in der Periode t kann (abgesehen von einem konstanten Trend) nichts über die Grösse und das Vorzeichen der Kursveränderung in der nächsten Periode (t+1) abgeleitet werden. Der Kurs folgt einem Zufallspfad, genannt Random Walk.

3. Die (logarithmierten) Kursveränderungen, d.h. die stetigen Aktienrenditen, sind normalverteilt.

4. Der Mittelwert (Erwartungswert) und die Varianz der normalverteilten Aktienrenditen verhalten sich proportional zur Länge des Zeitintervalls, über welches die Renditen gemessen werden.

Die Punkte 3 und 4 sind für die nachfolgende Analyse von Zeithorizonteffekten besonders wichtig: Wenn $S(t)$ den Kurs im Zeitpunkt t und $S(t+\Delta t)$ den Kurs nach Ablauf der Zeitperiode Δt bezeichnen[2], dann ist die stetige Rendite durch:

(9.1) $r(\Delta t) = \ln[S(t + \Delta t)] - \ln[S(t)]$

gegeben. Δt wird meistens in Jahren gemessen. Bezeichnet man die annualisierte Durchschnittsrendite (oder den Erwartungswert) mit μ und die annualisierte Varianz mit σ^2, dann lässt sich der in den Punkten 3 und 4 beschriebene Tatbestand mit:

---

[2] *$S(t+\Delta t)$ beinhaltet auch die Ausschüttungen in der Periode Δt.*

(9.2) $r(\Delta t) \sim N\left[\mu \cdot \Delta t, \ \sigma^2 \cdot \Delta t\right]$

zusammenfassen. Der Einfluss des Anlagezeithorizonts auf den Erwartungswert und die Varianz von Anlagerenditen ist damit einfach zu bestimmen. Bei einer annualisierten erwarteten Portfoliorendite von 8% und einer annualisierten Volatilität von 20%, d.h. einer Varianz von 0,04, beträgt die erwartete Fünfjahresrendite 5 · 8% = 40% und die Fünfjahresvarianz 5 · 0,04 = 0,2. Letzteres entspricht einer Volatilität der Portfoliorendite von $\sqrt{0.2}$ = 0,447 = 44,7%.

Diese Eigenschaft eines Wiener-Prozesses lässt sich mathematisch beweisen. Darauf wird allerdings verzichtet. Statt dessen wird die Proportionalität von Mittelwert und Varianz anhand eines Zahlenbeispiels illustriert. Nun ist es natürlich nicht möglich, das zeitliche Verhalten eines sich stetig verändernden Kurses durch Zahlenwerte zu veranschaulichen (man müsste für jeden endlichen Zeitraum unendlich viele Zahlen aufschreiben). Es soll statt dessen ein Aktienkursprozess dargestellt werden, welcher einem Wiener-Prozess sehr „ähnlich" ist, nämlich ein binomialer (statt stetiger) Random Walk. Dieser ist in Abbildung 9.1 dargestellt. Die Ähnlichkeit besteht mathematisch darin, dass der binomiale Random Walk unter bestimmten Konvergenzbedingungen in einen stetigen Random Walk überführt werden kann.

Der hier betrachtete binomiale Random-Walk-Prozess weist die folgenden Merkmale auf:

1. Der Kurs kann von einer „Periode" zur nächsten genau zwei verschiedene Werte annehmen, einen höheren und einen tieferen[3].

2. Die Wahrscheinlichkeit, dass der Kurs von einer Periode zur nächsten steigt oder fällt, ist im Zeitablauf konstant. Damit ist sie insbesondere auch nicht von der historischen Kursentwicklung abhängig.

3. Die Volatilitätsfaktoren (im Zahlenbeispiel 1,2 und 1/1,2) verhalten sich reziprok und sind im Zeitablauf konstant.

---

[3] *Im vorliegenden Zahlenbeispiel ist die Periodenlänge 1 Jahr. Selbstverständlich kann diese beliebig kurz festgesetzt werden. In einem hochliquiden Markt dürfte diese vielleicht einige wenige Sekunden betragen. Dazu müssten die binomialen Volatilitätsfaktoren entsprechend reduziert werden – im Falle einer Minute beispielsweise auf up = 1,000276 und down = 0,999724.*

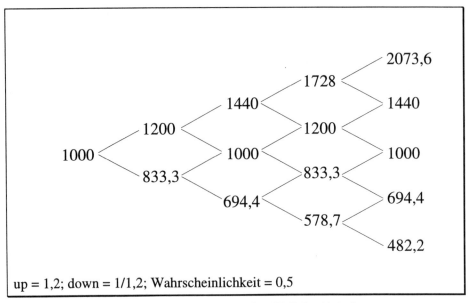

up = 1,2; down = 1/1,2; Wahrscheinlichkeit = 0,5

Abbildung 9.1: Binomialer Random Walk der Aktienkurse

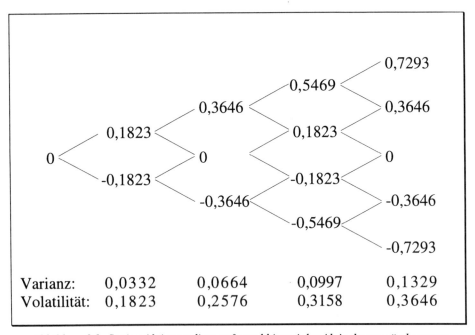

| Varianz: | 0,0332 | 0,0664 | 0,0997 | 0,1329 |
| Volatilität: | 0,1823 | 0,2576 | 0,3158 | 0,3646 |

Abbildung 9.2: Stetige Aktienrenditen aufgrund binomialer Aktienkursveränderungen

Die erste Eigenschaft gibt dem Prozess die Bezeichnung „binomial", die zweite bewirkt einen „Random Walk" der Kurse[4]. Die dritte Eigenschaft garantiert, dass die stetigen Aktienrenditen symmetrisch verteilt sind und dass deren Volatilität im Zeitablauf konstant bleibt.

In Abbildung 9.2 sind die (stetigen) Renditen dargestellt, welche sich aus dieser Kursentwicklung ergeben. Sämtliche Renditen beziehen sich auf die Ausgangsbasis 1000.

Aufgrund dieser Renditen und den unterstellten Wahrscheinlichkeiten kann für jeden Zeithorizont der Erwartungswert sowie die Varianz der Renditen berechnet werden. Für die Varianz berechnet man beispielsweise die folgenden Werte:

Zeithorizont: 1 Jahr

$$\text{Var}(R) = 0{,}5 \cdot (0{,}1823 - 0)^2 + 0{,}5 \cdot (-0{,}1823 - 0)^2 = 0{,}0332$$

Zeithorizont: 2 Jahre

$$\text{Var}(R) = 0{,}25 \cdot (0{,}3646 - 0)^2 + 0{,}25 \cdot (-0{,}3646 - 0)^2 = 0{,}0664$$

Zeithorizont: 3 Jahre

$$\text{Var}(R) = 0{,}125 \cdot (0{,}5469 - 0)^2 + 0{,}375 \cdot (0{,}1823 - 0)^2 +$$

$$+0{,}375 \cdot (-0{,}1823 - 0)^2 + 0{,}125 \cdot (-0{,}5469 - 0)^2 = 0{,}0997$$

Es lässt sich unschwer feststellen, dass sich die Varianz (ungefähr) proportional zur Länge des analysierten Zeithorizonts verhält. Dies ist eine Eigenschaft, welche bei einer Erhöhung der Zahl der unterstellten Kursänderungen (pro ZEH) nicht nur erhalten bleibt, sondern immer besser erreicht wird. Im Grenzfall unendlich vieler Veränderungen, aus dem eine Normalverteilung resultiert, ergibt sich die Proportionalität sogar mit absoluter Exaktheit.
Die ökonomische Implikation liegt darin, dass das „Risiko" einer Anlage, deren Wertveränderung auf die beschriebene Art charakterisiert werden kann, mit zunehmendem Anlagezeithorizont steigt. Das Risiko „verschwindet" also nicht,

---

[4]*Man beachte die Terminologie: Wenn die „Kurse" durch einen Random-Walk-Prozess charakterisiert werden, folgen die Veränderungen (also die „Renditen") einem sog. „white noise" Prozess. Letzteres ist gleichbedeutend mit der Aussage, dass die „Renditen" einem reinen Zufallsprozess folgen.*

wenn man „lange genug wartet". Samuelson (1963, p. 5) hat diese oftmals miss-
verstandene Tatsache so charakterisiert, dass sich durch das längere Halten
einer Aktie das Risiko im Zeitablauf nicht, wie irrtümlich unterstellt
„diversifiziert", sondern kumuliert; vergleiche auch Samuelson (1989).

Diese Schlussfolgerung gilt unabhängig davon, ob als Risiko die Varianz oder
die Standardabweichung (nachfolgend als Volatilität bezeichnet) der Renditen
betrachtet wird. Wenn sich die Varianz proportional zur Länge des
Zeithorizonts verhält, so steigt die Volatilität proportional zur Wurzel des
Zeithorizonts. Wenn σ die annualisierte Volatilität der Renditen bezeichnet und
$\sigma \cdot [r\Delta t]$ die Volatilität der Renditen über das Zeitintervall Δt, dann bedeutet
dieser Zusammenhang:

$$(9.3) \qquad \sigma \cdot [r\Delta t] = \sigma \cdot \sqrt{\Delta t}$$

Damit wächst die Volatilität zwar unterproportional zum Zeithorizont, aber sie
ist zunehmend. Im Zahlenbeispiel:

Zeithorizont: 1 Jahr: $\sigma(r) = \sqrt{0{,}0332} = 0{,}1823$

Zeithorizont: 2 Jahre: $\sigma(r) = \sqrt{0{,}0664} = 0{,}2576$

Zeithorizont: 3 Jahre: $\sigma(r) = \sqrt{0{,}0997} = 0{,}3158$

Das unterproportionale Wachstum der Volatilität hat wichtige Implikationen für
Betrachtungen in den nun folgenden Abschnitten.

9.2 Zeithorizont und Portfoliozusammensetzung im Mean-Variance-Portfolio-Selektionsmodell

Wie wirkt sich die Länge des Anlagezeithorizonts auf die optimale
Portfoliostruktur aus? Dies kann am Beispiel eines einfachen Stock-Bond-Mix
gezeigt werden, wo ω des Vermögens in ein diversifiziertes Aktienportfolio und
der Rest, $1 - \omega$, in eine Festgeldanlage investiert werden. Der optimale
Aktienanteil lässt sich aufgrund der Formel:

$$(9.4) \qquad \omega = 100 \cdot \tau \cdot \left(\frac{\mu - r}{\sigma^2} \right)$$

bestimmen. μ ist die erwartete Aktienrendite, σ^2 die Varianz der Aktienrenditen
und r die Verzinsung der risikolosen Anlage. τ ist eine Masszahl für die
subjektive Risikotoleranz des Investors. Aufgrund dieser Formel leuchtet sofort

ein, dass die Länge des Zeithorizonts den optimalen Stock-Bond-Mix nicht beeinflusst. Wenn μ, r und σ^2 annualisierte Grössen darstellen und die Anlageperiode Δt ist, dann betragen der Erwartungswert $\mu\Delta t$, der Zinssatz $r\Delta t$ und die Varianz $\sigma^2 \Delta t$. In die Formel eingesetzt ergibt sich:

$$(9.5) \qquad \omega = 100 \cdot \tau \cdot \left(\frac{\mu\Delta t - r\Delta t}{\sigma^2 \Delta t} \right) = 100 \cdot \tau \cdot \left(\frac{\mu - r}{\sigma^2} \right)$$

d.h. die optimale Portfoliozusammensetzung ist unabhängig von der Länge des Zeithorizonts Δt. Dasselbe gilt auch für Portfolios, welche beliebig viele Anlagen enthalten. Samuelson (1963) liefert ein allgemeines Theorem zu diesem Tatbestand, das besagt, „that a person whose utility schedule prevents him from ever taking a specific favorable bet when offered only once can never rationally take a large sequence of such bets, if expected utility is maximized". Dieser Erkenntnis sollte in der Portfoliotheorie vermehrt Beachtung geschenkt werden.

Für viele Investoren werden diese Erkenntnisse auf Widerspruch stossen: Sie werden überzeugt sein, dass in der langen Frist das Risiko einer Aktienanlage tiefer ausfällt als kurzfristig. Dies kann verschiedene Gründe haben:

1. Erstens können die Annahmen bezüglich des zugrunde liegenden Kursprozesses von den hier unterstellten abweichen:

   Wird beispielsweise aus „fundamentalen" Gründen angenommen, dass der Erwartungswert kurzfristig höher als langfristig anzusetzen ist, dann wird man das Portfolio „timen", indem kurzfristig eine höhere Aktien-Exposure gewählt wird als langfristig[5].
   Ebenso würde man langfristig einen höheren Aktienanteil wählen als kurzfristig, wenn „Mean Reversion" im Aktienkursverhalten unterstellt würde. Darunter versteht man eine Abweichung von der Random-Walk-Eigenschaft insofern, als mit fortgesetztem Kursanstieg die Wahrscheinlichkeit einer Kursreduktion zunimmt (und umgekehrt). Das bewirkt, dass die langfristige Volatilität ab einem genügend langen Zeithorizont unter die kurzfristige fällt.

   Ob sich Aktienkurse langfristig durch einen Random Walk oder einen Mean-Reverting-Prozess charakterisieren lassen, ist unklar. Immerhin häuft sich in neueren Untersuchungen die Evidenz für Mean Reversion im langfristigen

---

[5]*Man beachte aber, dass diese Argumentation häufig mit Markteffizienz nicht vereinbar ist – beispielsweise wenn unterstellt wird, dass langfristig andere Preisfaktoren als relevant erachtet werden als kurzfristig. Auf einem effizienten Markt fliesst beides in den heutigen Kurs ein.*

Aktienkursverhalten[6]. In den vorliegenden Betrachtungen wird jedoch von den Zeithorizonteffekten, die daraus resultieren können, abgesehen.

2. Zweitens wird häufig die Volatilität der Renditen mit der Volatilität der Durchschnittsrendite verwechselt. Die Standardabweichung (Volatilität) der durchschnittlichen Rendite ergibt sich durch die folgende Formel[7]:

$$\sigma \cdot \left[\frac{1}{n}\sum_t r(t)\right] = \sigma \cdot \sqrt{\frac{1}{n}}$$

n bedeutet die Zahl der Jahre, über welche der Durchschnitt berechnet wird; $r(t)$ ist die effektive Rendite für das Jahr t, und σ bezeichnet die annualisierte Volatilität der Renditen. Offensichtlich nimmt die Varianz der Durchschnittsrendite über zunehmenden Zeithorizont (hier durch die Zahl der Jahre n charakterisiert) ab. Beträgt beispielsweise die annualisierte Volatilität 20%, dann weist die Durchschnittsrendite über einen Horizont von fünf Jahren eine Volatilität von 8,9%, über einen Horizont von zehn Jahren eine Volatilität von 6,3% und über einen von 50 Jahren eine solche von 2,8% auf. Dies bestätigt zwar, dass langfristig die Durchschnittsrendite „immer sicherer" wird – steht aber nicht im Widerspruch zur Tatsache, dass die Streuung der Renditen um diesen Durchschnitt mit zunehmendem Zeithorizont immer grösser wird.

3. Drittens wird für viele Investoren die Varianz resp. die Volatilität nicht ein geeignetes Risikomass hinsichtlich ihrer Anlageziele darstellen. So schreibt beispielsweise Zenger (1992): „Wenn der Vermögensverwaltungskunde sein Portefeuille in ein paar Monaten, beispielsweise wegen eines Hauskaufs, liquidieren muss, dann dürfen die volatilen Aktienanlagen gar nicht erst in Betracht gezogen werden. Ein Kurssturz an den Börsen könnte nämlich das benötigte Eigenkapital dermassen reduzieren (eigene Hervorhebung), dass der Hauskauf verunmöglicht würde." Aber bei normalverteilten Renditen wäre natürlich ein entsprechender Kursgewinn ebenso wahrscheinlich! Offensichtlich geht es in vielen Fällen, wie das Beispiel sehr gut zeigt, um das Vermeiden von Verlusten – insbesondere wenn der Zeithorizont kurz ist und man sich bereits emotional oder vertraglich an eine Leistung gebunden hat. Mit dem Zusammenhang zwischen Ausfallrisiko und Zeithorizont befasst sich der nächste Abschnitt.

---

[6]Vgl. Fama/French (1988) sowie Porteba/Summers (1987) für Evidenz über Mean Reversion.

[7]Diese Formel beruht auf der Annahme des Random Walks, d.h. der Unabhängigkeit der Renditen im Zeitablauf.

9.3 Ausfallwahrscheinlichkeit und Zeithorizont: Aktienrisiko in der kurzen und langen Frist

Im Kapitel 7 wurde das Konzept des Ausfallrisikos (Shortfall Risk) und dessen Bedeutung für Portfolioentscheidungen dargestellt. In Kapitel 8 wurde schliesslich gezeigt, dass das Ausfallrisiko durch den Einsatz von Optionen auf sehr flexible Weise beeinflusst werden kann. In diesem Abschnitt wird der Einfluss des Anlagezeithorizonts auf das Ausfallrisiko und die sich daraus ergebenden Implikationen für die Portfolioentscheidungen betrachtet.

Das Ausfallrisiko (Shortfall Risk) wird im vorliegenden Abschnitt als Wahrscheinlichkeit des Unterschreitens einer Schwellenrendite (Threshold Return) r^* definiert, also als Ausfallwahrscheinlichkeit. Wenn die betrachtete Anlage eine durchschnittliche Jahresrendite von 10% sowie eine Volatilität von 20% aufweist, so beträgt die Wahrscheinlichkeit des Unterschreitens einer Renditevorgabe von 5% p.a.:

$$(9.7) \qquad \begin{aligned} k &= N\left[\frac{r^* - E(r)}{\sigma(r)}\right] \\ &= N\left[\frac{5\% - 10\%}{20\%}\right] = N[-0,25] = 40,13\% \end{aligned}$$

worin *N[.]* die kumulative Normalverteilung bezeichnet. Graphisch handelt es sich um den Flächenabschnitt unter der angenommenen Renditeverteilung (vgl. Kapitel 2 und 7). Es muss betont werden, dass sich die Annahme der Normalverteilung auf die stetigen Renditen bezieht und demzufolge alle Grössen in stetiger Form einzusetzen sind.

Ein zentraler Aspekt bei der Verwendung von Ausfallwahrscheinlichkeiten liegt im Zeithorizonteffekt. Wie hoch fällt das Ausfallrisiko im vorangehenden Beispiel für eine Anlageperiode von drei Jahren aus? Die Antwort gewinnt man, indem man das Renditeziel und der Erwartungswert im vorangehenden Beispiel mit 3 und die Volatilität mit $\sqrt{3}$ multipliziert. Die Ausfallwahrscheinlichkeit wird so zu:

$$k = N\left[\frac{3 \cdot 5\% - 3 \cdot 10\%}{\sqrt{3} \cdot 20\%}\right] = N[-0,433] = 33,25\%$$

In Tabelle 9.1 sind Ausfallwahrscheinlichkeiten für unterschiedliche Anlagezeitperioden dargestellt. Aus der Tabelle geht hervor, dass die Wahrscheinlichkeit rund 33,3% beträgt, nach drei Jahren ein durchschnittliches (d.h. stetig fortgeschriebenes) Ertragsziel von 5% zu verfehlen. Bei einer Verdoppelung des Zeithorizonts auf sechs Jahre sinkt diese Wahrscheinlichkeit auf 27%; bei zehn Jahren liegt sie noch bei 21% und bei 25 Jahren bei 10,5%. Wenn bei 50 Jahren der Wert bei 3,86% liegt, so bedeutet dies, dass in ungefähr zwei der betrachteten Jahre das Ertragsziel verfehlt wird. Daraus erkennt man, dass die Ausfallwahrscheinlichkeit mit zunehmendem Zeithorizont abnimmt. Wer deshalb das Ausfallrisiko (und nicht die Varianz) als das relevante Anlagerisiko betrachtet, wird Aktien über lange Anlageperioden als weniger risikoreich betrachten als über kurze Perioden. Dies illustriert, dass der gewählte Risikobegriff auf sehr direkte Weise bestimmt, ob der Zeithorizont ein relevantes Anlagekriterium darstellt oder nicht.

t	1	2	3	4	5	10	15	20	25	50	100
k %	40,1	36,1	33,3	30,8	28,8	21,4	16,6	13,1	10,5	3,8	0,6

t: Zeithorizont (Jahre)
k: Ausfallwahrscheinlichkeit

Annahmen:
– Schwellenrendite, r* = 5% (stetig)
– Erwartete Rendite, E(r) = 10%
– Volatilität, σ(r) = 20%

Tabelle 9.1: Ausfallwahrscheinlichkeiten für verschiedene Anlagezeitperioden

Abschliessend soll noch die Frage geklärt werden, ob der Zeithorizonteffekt der Ausfallwahrscheinlichkeit auch dann noch vorliegt, wenn ein variables Ertragsziel zugrunde gelegt wird. So wird man möglicherweise nicht an der Frage interessiert sein, mit welcher Wahrscheinlichkeit Aktien ein (festes) Ertragsziel von beispielsweise 5% untertreffen, sondern mit welcher Wahrscheinlichkeit sie eine schlechtere Performance aufweisen als Obligationen. Das Problem liegt also darin, dass die „Benchmark"-Rendite selbst ungewiss ist. Es interessiert also die Frage, mit welcher Wahrscheinlichkeit eine positive Differenz zwischen Aktienrendite- und Obligationenrendite erwartet werden kann.

Es wird eine (stetige) jährliche Durchschnittsrendite-Differenz zwischen Obligationen und Aktien von 3% unterstellt sowie eine Bondvolatilität von 3,5% und eine Aktienvolatilität von 20%. Um die Verteilung der Differenz der beiden Renditen zu finden, muss zudem der Korrelationskoeffizient zwischen den beiden Renditeentwicklungen festgelegt werden; es wird ein Wert von 0,3 angenommen. Daraus berechnet man eine Varianz für die (stetige) Renditedifferenz von:

$$\sigma^2 = \sigma_B^2 + \sigma_S^2 - 2 \cdot \rho_{SB} \cdot \sigma_S \cdot \sigma_B = 0{,}035^2 + 0.2^2 - 2 \cdot 0{,}3 \cdot 0{,}035 \cdot 0{,}2 = 0{,}03703$$

d.h. eine Volatilität von 19,2%. Wie aus Tabelle 9.2 hervorgeht, liegt die Wahrscheinlichkeit bei rund 43,8%, dass bei einem jährlichen Zeithorizont eine negative Renditedifferenz eintritt. Bei zehn Jahren liegt die Wahrscheinlichkeit immerhin noch bei rund 30%, d.h. in drei von zehn Jahren wird man mit Bonds eine höhere Rendite erzielen als mit Aktien. Voraussetzung für die negative Renditedifferenz ist auch hier, dass die durchschnittliche Renditedifferenz (zugunsten der Aktien) positiv ist.

t	1	2	3	4	5	10	15	20	25	50	100
$k\%$	43,8	41,2	39,3	37,7	36,3	31,0	27,2	24,2	21,7	13,5	5,9

t: Zeithorizont (Jahre)
k: Ausfallwahrscheinlichkeit (in %)

Annahmen:
– erwartete Renditedifferenz, $E(r_S) - E(r_B) = 3\%$
– Volatilität Bonds, $\sigma_B = 3{,}5\%$
– Volatilität Aktien, $\sigma_S = 20\%$
– Korrelation Aktien/Bonds, $\rho_{SB} = 0{,}3$

Tabelle 9.2: Wahrscheinlichkeiten für eine negative Renditedifferenz zwischen Aktien (S) und Bonds (B) bei verschiedenen Zeithorizonten

9.4 Ausfallwahrscheinlichkeit, Zeithorizont und Anlagestruktur

Die Erkenntnis des vorangehenden Abschnitts, dass das Ausfallrisiko von der Länge des unterstellten Anlagezeithorizonts abhängig ist, hat naheliegenderweise Auswirkungen für die Portfolioselektion. Es bedeutet insbesondere, dass für einen wachsenden Zeithorizont bei gleicher Ausfallwahrscheinlichkeit ein immer grösserer Anteil des Vermögens in die relativ risikobehaftetere Anlage investiert werden kann. Dies kann an einem einfachen Beispiel illustriert werden. Als Anlagealternativen stehen ein diversifiziertes Aktienportfolio und risikolose Depositen zur Verfügung. Wenn angenommen wird, dass das Aktienportfolio eine jährliche Renditeerwartung von 10% und eine Volatilität von 20% aufweist und die risikolose Anlage einen jährlichen Zins von 5% abwirft, so lässt sich durch unterschiedliche Verteilung des Vermögens das Rendite-Risiko-Spektrum:

$$(9.8) \qquad E(r_p) = r + \frac{\sigma_p}{\sigma_m}\left[E(r_m) - r\right] = r + \omega \cdot \left[E(r_m) - r\right]$$

$$= 5\% + \omega \cdot \left[10\% - 5\%\right]$$

erreichen. Dabei bezeichnet ω den Aktienanteil[8]. Der betrachtete Zeithorizont sei vorläufig stets ein Jahr. Es soll die Frage analysiert werden, welche dieser Portfolios mit 99%-Wahrscheinlichkeit jeglichen Verlust (d.h. eine negative Rendite) ausschliessen. Zwei „Kandidaten" werden in Betracht gezogen: Portfolio A mit $\omega_A = 0,1$ und Portfolio B mit $\omega_B = 0,8$. Das erste Portfolio weist eine erwartete Rendite von $(0,1) \cdot (10\%) + (0,9) \cdot (5\%) = 5,5\%$ und eine Volatilität von $(0,1) \cdot (20\%) = 2\%$ auf, das zweite eine erwartete Rendite von 9% und eine Volatilität von 16%. Daraus lassen sich die gesuchten Wahrscheinlichkeiten gemäss:

$$A: \quad N\left[\frac{0\% - 5,5\%}{2\%}\right] = N[-2,75] = 0,003$$

$$B: \quad N\left[\frac{0\% - 9\%}{16\%}\right] = N[-0,5625] = 0,2869$$

ermitteln, wobei $N(z)$ den Flächenabschnitt unter der Standardnormalverteilung bezeichnet. Für das erste Portfolio beträgt die Wahrscheinlichkeit eines Verlusts 0,3%, für das zweite hingegen 28,7%. Somit erfüllt nur das erste Portfolio die gestellte Bedingung. Welches ist der maximal mögliche Aktienanteil, so dass das Verlustkriterium gerade noch erfüllt ist? Man erhält die Lösung durch Gleichsetzung der Shortfall-Geraden (siehe Kapitel 7 Gleichung 7.3) mit der Kapitalmarktgeraden (9.8), d.h. der Ermittlung jenes Portfolios ω, welches auf dem Schnittpunkt der beiden Geraden liegt. Der Aktienanteil dieses Portfolios ist durch:

$$(9.9) \qquad \omega = \frac{r^* - r}{\sigma_m \cdot z + E(r_m) - r}$$

gegeben. Da im vorliegenden Beispiel mit einem Target Return (r^*) von 0% und einer zulässigen Ausfallwahrscheinlichkeit von 1% (und damit einem z-Wert von -2,33) gerechnet wird, ergibt sich ein Aktienanteil von:

$$\omega = \frac{0 - 5\%}{(20\%) \cdot (-2,33) + 10\% - 5\%} = 0,120 = 12\%$$

Ist man bereit, ein höheres Ausfallrisiko in Kauf zu nehmen, beispielsweise 5%, müsste mit einem z-Wert von -1,64 gerechnet werden, und es würde ein

---

[8]*Die erwartete Rendite des beschriebenen Portfolios ergibt sich aus $E(r_p) = \omega \cdot (r_m) + (1-\omega) \cdot r$ und die Volatilität aus $\sigma(r_p) = \omega \cdot \sigma(r_m)$. Daraus ergeben sich die ersten beiden Zeilen von (9.8).*

erhöhter Aktienanteil von 18% resultieren. Bei einer noch höheren Risikoaversion, beispielsweise bei einer Ausfallwahrscheinlichkeit von 1%, beträgt der z-Wert -2,33, und der Aktienanteil würde sich weiter auf 24,3% erhöhen.

Mit Hilfe der Gleichung (9.9) lässt sich zudem der Einfluss des Anlagezeithorizonts auf den tolerierbaren Aktienanteil berechnen. Wie in Abschnitt 9.2 gezeigt wurde, spielt die Länge des Zeithorizonts so lange keine Rolle, wie Entscheidungen aufgrund eines mean-variance-Kriteriums gefällt werden und für die Aktienkurse ein stetiger Random-Walk-Prozess (geometrischer Wiener-Prozess) unterstellt wird. Letzteres bewirkt nämlich, dass der Mittelwert und die Varianz der Aktienrenditen <u>proportional</u> zur Länge des analysierten Zeithorizonts sind. In unserem Zahlenbeispiel würde die erwartete Aktienrendite für einen Zehnjahreshorizont demzufolge 100%, der Depositensatz für zehn Jahre 50%[9] und die Volatilität des Aktienmarktes (20%) $\cdot (\sqrt{10})$ = 63,2% betragen. Ein Portfolio, das für eine Anlagezeitdauer von drei Monaten optimal ist, gilt aufgrund dieser klassischen portfoliotheoretischen Annahmen auch für drei oder zehn Jahre als optimal. Man erkennt dies in der folgenden Gleichung (9.10), wenn ω als der für eine gewünschte Anlagerendite $E(r_p)$ erforderliche Aktienanteil interpretiert wird. Wünscht ein Investor eine jährliche Durchschnittsrendite von 8%, so ergibt sich daraus ein optimaler Aktienanteil von:

$$(9.10) \qquad \omega = \frac{E(r_p) - r}{E(r_m) - r} = \frac{8\% - 5\%}{10\% - 5\%} = 0,6$$

d.h. 60%. Gibt sich der Investor auch bei einem zehnjährigen Anlagehorizont mit einer jährlichen Durchschnittsrendite von 8% zufrieden, d.h. wünscht eine Zehnjahresrendite von 80%, dann beträgt sein optimaler Aktienanteil für diesen verlängerten Zeithorizont:

$$(9.11) \qquad \omega = \frac{\left[E(r_p) - r\right] \cdot \Delta t}{\left[E(r_m) - r\right] \cdot \Delta t} = \frac{80\% - 50\%}{100\% - 50\%} = 0,6$$

ebenfalls 20%; man erkennt, dass sich die Länge des unterstellten Zeithorizonts Δt wegkürzt. Dieses Resultat ist aus Abschnitt 9.2 bekannt.

Dass der Anlagehorizont bei Berücksichtigung von Ausfallrisiken in den optimalen Aktienanteil einfliesst, lässt sich durch Gleichung (9.9) direkt zeigen.

---

[9] *Die Proportionalität der Verzinsung ergibt sich daraus, dass es sich um stetige Renditen handelt; dies entspricht einer zinseszinslichen Verzinsung der einfachen Renditen:* $ln\,(1+R)^t = t\,ln(1+R) = rt.$

Unterstellt man im vorangehenden Zahlenbeispiel einen Anlagehorizont von
zehn Jahren, so ergibt sich ein maximaler Aktienanteil von:

$$\omega = \frac{0 - 50\%}{63.25\% \cdot (-2,33) + 100\% - 50\%} = 0,513 = 51,3\%$$

was im Vergleich zu 12% deutlich höher ausfällt. In Tabelle 9.3 findet man die
Aktienanteile desselben Zahlenbeispiels für verschiedene Zeithorizonte bis 25
Jahre.

t	1	2	3	4	5	10	15	20	25
ω (%)	12,0	17,9	22,8	27,3	31,6	51,3	71,1	92,2	115,7

t: Zeithorizont (Jahre)
ω: Aktienanteil (in %)

Annahmen:
− Schwellenrendite $r^* = 0\%$
− Ausfallwahrscheinlichkeit k = 1% (z_k = -2.33)
− Risikoloser Zinssatz r = 5%
− Erwartete Aktienrendite E(r) = 10%
− Volatilität σ(r) = 20%

Tabelle 9.3: Aktienanteile in Abhängigkeit des Zeithorizonts

Allgemein erkennt man den positiven Zusammenhang zwischen
Anlagezeithorizont und Aktienanteil, indem obige Gleichung allgemein
geschrieben wird und die für den Zeithorizont Δt geltenden Momente
(Erwartungswert und Varianz) eingesetzt werden; es resultiert daraus:

$$(9.12) \quad \omega = \frac{r^* \cdot \Delta t - r \cdot \Delta t}{\sigma_m \cdot z\sqrt{\Delta t} + E(r_m) \cdot \Delta t - r \cdot \Delta t} = \frac{r^* - r}{\sigma_m \cdot z\frac{1}{\sqrt{\Delta t}} + \left(E(r_m) - r\right)}$$

Hieraus erkennt man direkt, dass der maximal mögliche Aktienanteil, der mit
einer vorgegebenen Wahrscheinlichkeit (ausgedrückt mit z) die Erreichung
eines bestimmten, jährlichen Rendite- oder Verlustziels r^* ermöglicht, mit
zunehmendem Zeithorizont Δt, steigt. Nichts hindert den Aktienanteil ω, einen
Wert über 100% anzunehmen! Im vorangehenden Zahlenbeispiel tritt dieser
Fall bereits bei einem Zeithorizont von 25 Jahren ein. Unter einem lange genug
angesetzten Zeithorizont wären demnach sogar fremdfinanzierte
Aktienpositionen zulässig.

Daraus kann geschlossen werden: Wenn das Ausfallrisiko ein explizites
Kriterium der Anlagepolitik darstellt, so bildet der Zeithorizont eine

wesentliche Determinante der optimalen Vermögensstruktur. Es lässt sich i.d.R. ein um so höherer Aktienanteil für eine gegebene Ausfallwahrscheinlichkeit rechtfertigen, je länger der Zeithorizont ist. Dies beruht darauf, dass diese Wahrscheinlichkeit mit zunehmendem Zeithorizont abnimmt.

9.5 Performance und Zeithorizont

Die nächste, unmittelbar an die vorangehenden Überlegungen anschliessende Frage betrifft den Einfluss des Zeithorizonts auf die Performance von Wertschriftenanlagen. Typischerweise ist die Performance einer Anlage definiert als[10]:

$$(9.13) \qquad T = \frac{\text{Anlagerendite} - \text{Benchmarkrendite}}{\text{Volatilität}}$$

wobei als Benchmarkrendite die Rendite einer risikolosen Anlage oder ein nominelles Ertragsziel gilt. Meistens wird die Gleichung dahingehend interpretiert, dass die erzielte Überrendite (Zähler) mit dem dafür eingegangenen Risiko (Nenner) standardisiert wird. In diesem Sinne entspricht Gleichung (9.13) dem Sharpeschen Performance-Mass. Für die folgenden Zwecke wird eine etwas andere, allgemeinere Interpretation vorgenommen. Der Quotient kann als statistischer Test (konkret: als *t*-Test) verstanden werden, mit welchem die Signifikanz der Anlagerendite gegenüber der Benchmark-Rendite beurteilt werden kann. In diesem Sinne sei er im folgenden (9.13) nicht primär als Performance-Mass, sondern als Masszahl für das „Vertrauen" in die beobachtete Anlagerendite verstanden. Es ist eine Masszahl dafür, ob eine konkrete, über eine bestimmte Zeitperiode beobachtete Anlagerendite besserem Können oder reinem Glück zugeschrieben werden kann.

Diese Interpretation ermöglicht insbesondere auch eine Interpretation des Falls, bei dem als Benchmark ein Index oder ein Modellportfolio verwendet wird. Hier ist der Quotient wie folgt zu interpretieren: Als Anlagerendite gilt ein risikobereinigtes Performance-Mass (beispielsweise Jensen's Alpha), als Benchmark wird jener Wert eingesetzt, gegen den die Performance beurteilt wird (beispielsweise 0), und die Volatilität entspricht dem Stichprobenfehler, mit der die Überschussrendite gemessen wird (beispielsweise der Schätzfehler des Jensen-Alphas). So entspricht der Quotient (9.13) einem *t*-Test, mit Hilfe dessen die Signifikanz der Anlage-Performance gemessen wird.

Wesentlich ist, dass bei jeder Beurteilung der statistischen Signifikanz des Anlageerfolgs eine Renditemasszahl durch eine Volatilitätszahl dividiert wird.

---

[10] *Vgl. Sharpe Ratio (Gleichung 3.4).*

Diese Idee wird von Kritzman (1990) für den folgenden Gedankengang verwendet: Weil (durchschnittliche oder erwartete) Renditen proportional sind zur Länge des unterstellten Zeitintervalls, Standardabweichungen hingegen nur proportional zur Wurzel des betrachteten Zeitintervalls, nimmt das „Vertrauen" (d.h. die Signifikanz), mit welcher eine bestimmte Überschussrendite (r_{exc}) beobachtet wird, mit zunehmendem Zeithorizont d.h.: mit dem Faktor $\sqrt{\Delta t}$ zu:

$$(9.14) \qquad T = \frac{r_{exc} \cdot (\Delta t)}{\sigma \cdot \sqrt{\Delta t}} = \frac{r_{exc}}{\sigma} \cdot \sqrt{\Delta t}$$

Wenn es einem Portfoliomanager gelingt, eine bestimmte Überrendite über vier Jahre hinweg aufrechtzuerhalten, so ist das Vertrauen doppelt so gross ($\sqrt{4}=2$), dass es sich um eine systematische statt eine zufällige Überrendite handelt, als wenn die Beurteilung nach einem einzigen Jahr vorgenommen wird. Entsprechend wäre nach neun Jahren das Vertrauen dreimal grösser, nach 16 Jahren viermal grösser etc. Von einer statistisch signifikanten Überrendite spricht man i.d.R. dann, wenn der T-Wert über 2 liegt; auf diese Weise erreicht man in 95 von 100 Fällen, also mit einem relativ hohen Vertrauen, eine korrekte Identifikation zufälliger resp. tatsächlicher Überrenditen. Erzielt man bei einer Volatilität von 20% p.a. über fünf Jahre eine Rendite von durchschnittlich 5% p.a., ergibt sich ein Vertrauenswert von $(0,05/0,2) \cdot \sqrt{5} = 0,56$, womit kein hinreichend hohes Vertrauen vorliegt, dass die Überrendite nicht nur rein zufällig entstanden ist.

Die Idee von Kritzman wird besonders dann anschaulich, wenn die Formel (9.14) nach der Länge des Zeithorizonts aufgelöst wird, der erforderlich ist, um eine Überrendite als statistisch signifikant zu beurteilen. Dies führt zu:

$$(9.15) \qquad \Delta t = \left(\frac{T \cdot \sigma}{r_{exc}} \right)^2$$

Im vorangehenden Zahlenbeispiel bedeutet dies, dass eine statistisch gesicherte Aussage über Zufall und Strategie (die mit einer Wahrscheinlichkeit von 95% stimmt) erst nach 64 Jahren (!) möglich ist. Wäre die jährliche Überrendite lediglich 2,5% statt 5%, dann wären sogar 256 Jahre nötig. Und selbst wenn man sich mit einer geringeren statistischen Toleranzschwelle begnügt (d.h. in nur 90% der Fälle eine korrekte Aussage zu gewinnen), wären noch 172 Jahre nötig. Wenn es hingegen gelänge, die Überperformance von 5% mit einer Volatilität von 10% statt 20% zu erreichen, könnte die Zeitperiode auf 16 Jahre reduziert werden.

Aus diesen Zahlen müsste geschlossen werden, dass es über „vernünftige" Zeithorizonte nicht möglich ist, statistisch gesicherte Aussagen über Zufall und

Strategie beim Anlageerfolg zu machen. Diese Argumentation von Kritzman beruht jedoch auf der Annahme, dass während des gesamten Zeithorizonts nur genau eine einzige „Beobachtung" über die Performance möglich ist (nämlich am Schluss der betrachteten Periode). Dies ist unrealistisch. Die über eine bestimmte Zeitperiode gemessene Anlagerendite ist vielmehr ein Durchschnitt von Renditen, die über kürzere Teilperioden gemessen werden können. Wenn der Anlageerfolg über sechs Jahre hinweg monatlich gemessen werden kann, so wird zur Beurteilung des Anlageerfolgs ein Durchschnitt von 72 Monatsrenditen verwendet werden. Der modifizierte Signifikanztest lautet dann:

$$(9.16) \qquad T = \frac{r_{exc} \cdot (\Delta t)}{\sigma \cdot \sqrt{\Delta t}} \cdot \sqrt{n} = \frac{r_{exc}}{\sigma} \cdot \sqrt{\Delta t} \cdot \sqrt{n}$$

worin n die Anzahl der verfügbaren Beobachtungen pro Zeiteinheit Δt (hier jeweils ein Jahr) bezeichnet. Man erkennt, dass sich das „Vertrauen" mit der Quadratwurzel der verfügbaren jährlichen „Beobachtungen", $\sqrt{n}$, erhöht. Bei einer durchschnittlich erwarteten Überrendite von 5%, einer Volatilität von 20% sowie einem Anlagehorizont von fünf Jahren erreicht man mit einer monatlichen Beobachtungsfrequenz ein Vertrauensniveau von:

$$T = \frac{5}{20} \cdot \sqrt{5} \cdot \sqrt{12} = 1{,}936$$

was als statistisch signifikant gewertet werden kann. Löst man die Formel (9.16) nach:

$$(9.17) \qquad (\Delta t) \cdot (n) = \left(\frac{T \cdot \sigma}{r_{exc}} \right)^2$$

auf, so erkennt man, dass im Vergleich zur Formel (9.15) eine Erhöhung der Zahl der erforderlichen Jahre (Δt) ohne weiteres durch eine Erhöhung der Beobachtungsfrequenz des Anlageerfolgs (n) kompensiert werden kann. Dies bedeutet, dass man selbst innerhalb eines realistischen Zeithorizonts den Anlageerfolg statistisch zuverlässig beurteilen kann.

In Tabelle 9.4 sind einige Rechenbeispiele zur Länge des erforderlichen Anlagezeithorizonts dargestellt, die eine korrekte Beurteilung des Anlageerfolgs in 95% der Fälle sicherstellen. Es wird unterstellt, dass die Performance aufgrund monatlicher Messwerte (n=12) beurteilt werden kann. Die Werte zeigen beispielsweise, dass bei einer Volatilität des Aktienmarktes von 20% ein Zeithorizont von 128 Jahren erforderlich ist, damit eine durchschnittliche Überrendite von 1% aufgrund monatlicher Messungen als statistisch signifikant beurteilt werden kann. Bei einer durchschnittlichen Überrendite von 3% kann diese Beurteilung bereits nach 14 Jahren erfolgen.

Wäre die Volatilität zusätzlich nur 10%, dann könnte der Schluss bereits nach drei Jahren gezogen werden.

Erforderlicher Zeithorizont (Jahre) für eine in 95% der Fälle zuverlässige Identifikation einer Überschussrendite von x% bei unterschiedlichen Volatilitäten. (12 Beobachtungen pro Jahr)					
Überschuss-rendite	Volatilität				
	5%	10%	15%	20%	25
0,5%	22	128	288	512	800
1%	8	32	72	128	200
2%	2	8	18	32	50
3%	0,8	3	8	14	22
4%	0,3	1,3	3	5	8

Tabelle 9.4: Erforderlicher Zeithorizont zur Identifikation der Überschussrendite

9.6 Risiko als Put-Optionspreis und der Effekt des Anlage-zeithorizonts

Eine anlagestrategisch naheliegende Möglichkeit zur Messung von Ausfallrisiken kann mit Hilfe von Optionspreisen[11] erfolgen. Der Vorteil von Optionspreisen besteht darin, dass diese nicht nur die Wahrscheinlichkeit, sondern auch das Ausmass eines Renditeausfalls gegenüber einer bestimmten Zielrendite messen. Im vorliegenden und nächsten Abschnitt soll deshalb analysiert werden, ob die vorher betrachteten Zeithorizonteffekte auf der Grundlage von Optionspreisen erhalten bleiben. Unmittelbarer Anlass zu dieser Fragestellung bietet u.a. ein Beitrag von Bodie (1991); dort wird argumentiert, dass die Messung des Ausfallrisikos mit Optionspreisen zu gegenteiligen Folgerungen führe, als wenn die Ausfallwahrscheinlichkeit betrachtet wird. Diese Aussage wird am Schluss der nachfolgenden Betrachtungen jedoch verworfen.

Ausgangspunkt bildet die Überlegung, dass Put-Optionspreise die Kosten messen, die zur Vermeidung (oder Herabsetzung) eines individuell gewählten Risikos anfallen; sie können somit als Masszahl für das Ausfallrisiko herangezogen werden. Dies soll an einem Beispiel illustriert werden. Angenommen, eine (nominelle) Leistung in der Höhe von 100 Geldeinheiten muss in 1, 10 oder 25 Jahren ohne Ausfallrisiko in voller Höhe erbracht werden. Es wird ein (stetiger) risikoloser Zinssatz von 8% vorausgesetzt. Dieses Leistungsziel kann prinzipiell auf zwei Arten erreicht werden:

---

[11]*Diesen Vorschlag findet man erstmals explizit bei Makarov (1991), S.57 und indirekt bei Bodie (1991), S.59; Vgl. auch Zimmermann (1992).*

a) Das gesamte Vermögen wird in risikolose Depositen angelegt. Das erforderliche Vermögen (Deckungskapital) ergibt sich aus der mit dem risikolosen Zinssatz abdiskontierten Leistungsverpflichtung, also je nach Anlagehorizont 93,24, 49,66 oder 17,38. Auf diese Weise wird der Betrag von 100 nach zehn Jahren mit Sicherheit erreicht – aber mit ebensolcher Sicherheit wird auch kein positiver Surplus erwirtschaftet.

b) Das Vermögen von 93,24, 49,66 oder 17,38 wird in Aktien (Volatilität = 20%) investiert, wodurch sich einerseits die Chance zur Erwirtschaftung eines Surplus eröffnet, aber anderseits das Risiko einer Unterdeckung eintritt. Sie kann das Ausfallrisiko jedoch durch Erwerb einer Put-Option absichern. Diese kostet im vorliegenden Fall 7,96%, 24,82% beziehungsweise 38,29% des investierten Vermögens. Damit wird eine Unterdeckung mit absoluter Sicherheit ausgeschlossen und gleichzeitig besteht ein (infolge der Leistung der Put-Optionsprämie zwar reduziertes) Gewinnpotential, falls sich der Aktienkurs günstig entwickelt.

Beide Fälle führen insofern zum gleichen Ergebnis, als die Leistungserbringung mit hundertprozentiger Sicherheit eintrifft. Sie unterscheiden sich aber dadurch, dass im zweiten Fall (das heisst bei der Put-Option) die Erwirtschaftung eines Surplus ermöglicht wird. Dafür muss heute aber zuzüglich zum investierten Vermögen eine (nicht unerhebliche) Prämie geleistet werden! Ein zulässiger Vergleich der beiden Strategien setzt demnach voraus, dass im zweiten Fall die Optionskosten durch das ursprüngliche Vermögen gedeckt werden. Wie im Abschnitt 8.1 (Gleichung 8.1) gezeigt wurde, erfordert dies den Erwerb von Put-Optionen, deren Ausübungspreis über dem angestrebten minimalen Schlussvermögen liegt[12]. Was nun den vorangehenden Fall b) betrifft, muss festgehalten werden, dass selbst ein beliebig hoch angesetzter Ausübungspreis keine Deckung der anfallenden Optionskosten durch das Anfangsvermögen ermöglicht[13]. Das ursprünglich eingesetzte Vermögen kann natürlich nicht gleichzeitig eine sichere Verzinsung abwerfen und die Chance einer darüber hinausgehenden Rendite bieten, ohne dass ein zusätzlicher Kapitaleinsatz geleistet (was hier explizit ausgeschlossen) beziehungsweise ein entsprechendes Ausfallrisiko in Kauf genommen wird. Daraus folgt: Mit Put-Optionen können nur Mindestverzinsungen (das heisst Mindestleistungen) ohne Ausfallrisiko angestrebt werden, die unter dem risikolosen Zinssatz liegen. Diese vielleicht naheliegende Schlussfolgerung hat erhebliche Konsequenzen für die korrekte Messung des Ausfallrisikos anhand von Put-Optionspreisen.

---

[12]*Die exakte Berechnung des erforderlichen Ausübungspreises ist beispielsweise in Zimmermann (1988), Kapitel 7, beschrieben; mathematisch ist die numerische Lösung einer nichtlinearen Gleichung erforderlich.*

[13]*Ein steigender Ausübungspreis verteuert die Put-Optionskosten, was wiederum einen höheren Ausübungspreis erfordert, was erneut die Put-Optionskosten erhöht usw.*

In Tabelle 9.5 sind die Put-Optionspreise (in Prozent des eingesetzten Anfangskapitals) für unterschiedliche Mindestverzinsungen (0% bis 7,5%) und Anlagehorizonte (1, 5, 10, 25 und 50 Jahre) dargestellt. Die Tabelle hilft bei der Beantwortung der folgenden Frage: Wieviel kostet es, eine jährliche (und zinseszinslich fortgeschriebene) Mindestrendite von $x\%$ vollständig gegenüber einem Ausfallrisiko abzusichern? Als Anfangsvermögen wird stets von 100 Geldeinheiten ausgegangen. Die Optionspreise werden aufgrund einer jährlichen Volatilität von 20% und einem Zinssatz von 8% für risikolose Anlagen (Depositen) ausgerechnet. Man erkennt, dass mit zunehmendem Absicherungszeithorizont die Absicherungskosten sinken. Je näher sich die geforderte Mindestverzinsung beim risikolosen Zinssatz befindet, um so schwächer fällt der degressive Zeiteffekt aus, beziehungsweise desto später setzt er ein.

Threshold Return (%)	1 Jahr	5 Jahre	10 Jahre	25 Jahre	50 Jahre
0	7,92	4,85	2,47	0,36	0,016
1	9,09	6,38	3,71	0,78	0,064
2	10,51	8,41	5,51	1,61	0,224
3	12,23	11,15	8,18	3,19	0,706
4	14,43	14,96	12,21	6,17	2,04
5	17,36	20,56	18,60	11,90	5,55
6	21,60	29,58	29,73	23,77	14,96
7	29,02	47,41	53,90	54,75	45,65
7,5	36,49	67,59	83,78	99,84	98,52
Annahmen: Marktvolatilität = 20%, Zinssatz = 8%					

Quelle: Zimmermann (1992)

Tabelle 9.5: Put-Optionskosten in Prozent des Anfangsvermögens bei unterschiedlicher (sicherer) Mindestverzinsung und unterschiedlichem Zeithorizont

Anstelle der Optionskosten lässt sich auch die sogenannte Exposure betrachten. Diese zeigt die prozentuale Partizipation des Vermögens im Falle einer vorteilhaften Kursentwicklung – also das Gewinnpotential im Falle des Optionsverzichts. Wenn beispielsweise die Option 9,09% des Anfangsvermögens kostet, berechnet man die Exposure als 100 / (100 + 9,09) = 0,9166, das heisst mit 91,7%. Erreicht die Aktienkursveränderung die angestrebte Mindestrendite (hier von 1%) nicht, wird die Put-Option ausgeübt, und die angestrebte Rendite ist sichergestellt. Übertrifft die Aktienkursveränderung die angestrebte Mindestrendite, profitiert man im Umfang von 91,7% von der Kurssteigerung. Die Exposure ist offensichtlich um so tiefer, je höher die geleisteten Optionskosten ausfallen. Die Exposure-Werte, welche den Optionskosten in Tabelle 9.5 entsprechen, sind in Tabelle 9.6 dargestellt.

Man erkennt, dass bei einer über fünf Jahre garantierten Mindestrendite von jährlich 5% im Umfang von 82,9% an günstigen Aktienmarktentwicklungen profitiert wird, bei 25 Jahren sogar im Ausmass von 89,4% oder bei 50 Jahren mit fast 95%. Auf jeden Fall steht fest, dass das Risiko langfristig insofern sinkt, als die Absicherungskosten eine stets zunehmende Partizipation an günstigen Kursentwicklungen zulassen.

Threshold Return (%)	1 Jahr	5 Jahre	10 Jahre	25 Jahre	50 Jahre
0	92,70	95,40	97,60	99,60	99,98
1	91,70	94,00	96,40	99,20	99,94
2	90,50	92,20	94,80	98,40	99,78
3	89,10	90,00	92,40	96,90	99,30
4	87,40	87,00	89,10	94,20	98,00
5	85,20	82,90	84,30	89,40	94,70
6	82,20	77,10	77,10	80,80	87,00
7	77,50	67,80	65,00	64,60	68,60
7,5	73,30	59,70	54,40	50,00	50,40
Annahmen: Marktvolatilität = 20%, Zinssatz = 8%					

Quelle: Zimmermann (1992)

Tabelle 9.6: Prozentuale Partizipation an positiven Kursentwicklungen (Exposure) bei unterschiedlicher (sicherer) Mindestverzinsung und unterschiedlichem Zeithorizont

9.7 Langfristige Optionen und dynamische Replikation: Der Einfluss des Anlagezeithorizonts

Man kann gegenüber den vorangehenden Betrachtungen einwenden, dass Put-Optionskontrakte mit mehrjährigen Laufzeiten in der Praxis gar nicht verfügbar sind. In der Tat beträgt die typische Maximallaufzeit für Aktienindexoptionen an den meisten Börsen weniger als ein Jahr. Dem ist entgegenzuhalten, dass an einigen amerikanischen Optionsbörsen in den letzten Jahren längerfristige Kontrakte gerade im Hinblick auf Portfolio-Absicherungszwecke eingeführt wurden. Doch scheint sich die Liquidität standardisierter, börsenmässiger Optionen eher auf das kurzfristige Segment zu konzentrieren. Längerfristige Optionskontrakte finden sich hingegen im Bereich der Stillhalteroptionen oder kundenspezifischer OTC-Instrumente[14]. Aber auch deren Laufzeit beschränkt sich auf höchstens zwei bis drei Jahre.

Dies bedeutet nun keineswegs, dass eine längerfristige Absicherung unmöglich ist. Mit Hilfe von Optionspreismodellen können nämlich Optionen repliziert werden: Es wird ein Portfolio aus Aktien und Depositen gewählt, welches (unter idealen Voraussetzungen) die gleichen Risikoeigenschaften aufweist wie die mit der Put-Option abgesicherte Aktienposition. Weil dazu eine laufende Umschichtung zwischen Aktien und Depositen erforderlich ist, bezeichnet man

---

[14]*Eine gute Übersicht über diese Instrumente liefert Cavaleri/Planta (1991).*

diese Strategie als „dynamische Absicherung", „dynamische Replikation" oder „Dynamische Asset Allocation"[15].

Der zugrunde liegende Mechanismus ist einfach zu verstehen und soll am Beispiel einer Pensionskasse illustriert werden, die einen Deckungsüberschuss (Surplus) von 10% aufweist, d.h. deren Anlagevermögen um 10% über dem Barwert ihrer Verbindlichkeiten liegt. Sie kann diesen Überschuss als „Schwankungsreserve" betrachten, um eine gewisse Aktienposition aufzubauen. Vielleicht wird sie 10% in Aktien und den Rest in Depositen anlegen. Als Alternative könnte sie das gesamte Vermögen in Aktien investieren und mit Hilfe einer Put-Option die Verluste, welche den Überschuss übersteigen, absichern. Da es möglicherweise die erforderliche Option nicht gibt, wird sie eine dynamische Absicherung wählen: Sollte sich nämlich im Laufe der Zeit der Portfoliowert negativ entwickeln und der Deckungsüberschuss auf beispielsweise 5% fallen, wird der auf diese Weise reduzierte Überschuss einen kleineren Aktienanteil zulassen, damit das Ausfallrisiko unverändert bleibt. Sie wird beispielsweise den 10%/90%-Aktien-/Depositen-Mix auf 5%/95% verändern. Wäre umgekehrt der Portfoliowert und damit der Überschuss um 10% angestiegen, würde dies ein höheres Aktienengagement rechtfertigen. Die Pensionskasse könnte bei unverändertem Ausfallrisiko ihre Vermögensstruktur beispielsweise auf 25%/75% verändern und damit in grösserem Ausmass von guten Kursentwicklungen profitieren.

Die Zahlen im vorangehenden Beispiel sind völlig arbiträr gewählt und sollen nur den prinzipiellen Mechanismus einer dynamischen Absicherungsstrategie aufzeigen. Selbstverständlich wird man um so mehr in Depositen investieren müssen, je tiefer beispielsweise ihre Verzinsung ist. Oder der Aktienanteil wird um so geringer angesetzt werden, je volatiler der Aktienmarkt eingeschätzt wird. Mit Hilfe von Optionspreismodellen kann eine exakte Quantifizierung der Zusammensetzung und der laufenden Anpassung des replizierenden Portfolios vorgenommen werden. Zu den grundlegenden Erkenntnissen der Optionspreistheorie gehört,

- dass eine Aktien-Call-Option als fremdfinanzierte Investition in die zugrunde liegende Aktie;
- dass eine Aktien-Put-Option als fremdfinanzierte Investition in eine Festgeldanlage

---

[15]*Das Konzept der dynamischen Replikation von Optionen wurde durch den Beitrag von Rubinstein/Leland (1981) verbreitet. Nützliche Übersichten zu diesen Verfahren liefern: Perold/Sharpe (1988), Kritzman (1990), Benninga (1990) sowie Trippi/Hariff (1991). Black/Jones (1988) zeigt eine einfache Alternative zu den synthetischen Optionsstrategien und ihre Anwendungsmöglichkeit für Pensionskassen.*

verstanden werden kann[16]. Im ersten Fall (Call) erfolgt die Fremdfinanzierung durch einen festverzinslichen Kredit, im zweiten Fall (Put) erfolgt sie durch einen Leerverkauf der zugrunde liegenden Aktie. Für den vorliegenden Fall interessiert ausschliesslich die Replikation einer Put-Option. Die Optionspreistheorie zeigt, dass die Replikation einer Put-Option mit Ausübungspreis X und einer Restlaufzeit von τ Jahren aus einer (zum Zinssatz r stetig verzinsten) Festgeldanlage von:

$$(9.18) \qquad \text{long}: \ X \cdot e^{-r\tau} \cdot \left[1 - N(z_2)\right]$$

besteht, die (teilweise) durch den Leerverkauf von:

$$(9.19) \qquad \text{short}: \ \left[1 - N(z_1)\right]$$

Aktien fremdfinanziert wird. S bezeichnet den Kurs und σ die Volatilität der zugrunde liegenden Aktie, und $N(.)$ steht für den Flächenabschnitt unter der Standardnormalverteilung. z_1 ist definiert als:

$$(9.20) \qquad z_1 = \frac{\ln\left(\dfrac{S}{X}\right) + \left(r + \dfrac{1}{2} \cdot \sigma^2 \cdot \tau\right)}{\sigma \cdot \sqrt{\tau}}$$

Die Festgeldanlage (9.18) wird nachfolgend mit B abgekürzt, und Ausdruck (9.19) mit negativem Vorzeichen bezeichnet das Put-Optionsdelta, $-\Delta_P$. Zur Replikation einer Put-Option muss deshalb anfänglich ein Betrag B als Festgeld zum Zinssatz r angelegt werden, wovon ein Teil durch den Leerverkauf von Δ_P Aktien finanziert wird; das erforderliche Eigenkapital entspricht schliesslich dem Preis der replizierten Put-Option:

$$(9.21) \qquad P(X) = B + \Delta_P \cdot S \qquad\qquad B > 0, \ \Delta_P < 0$$

Nun wird im Rahmen einer Portfolioabsicherungsstrategie nicht eine einzelne Put-Option repliziert, sondern ein durch Put-Optionen abgesichertes Aktienportfolio:

$$(9.22) \qquad S + P(X)$$

S bezeichnet den in Aktien angelegten Vermögenswert, und $P(X)$ bezeichnet den Betrag, der in Put-Optionen mit dem Ausübungspreis X investiert werden muss. Im vorangehenden Abschnitt 9.6 wurde gezeigt, dass der Ausübungspreis über dem beabsichtigten Mindestwert (Floor) anzusetzen ist, weil die

---

[16]Vgl. *Cox/Rubinstein (1985) für entsprechende Darstellungen.*

Absicherungskosten durch den vorgegebenen Vermögenswert mitabgedeckt
werden müssen:

$$(9.23) \qquad W = n \cdot [S + P(X)]$$

n bezeichnet die „Exposure", und der zur Erreichung eines bestimmten
Mindestwerts erforderliche Ausübungspreis lässt sich mathematisch bestimmen.
Welche Gestalt nimmt das abgesicherte Portfolio an, wenn die erforderliche
Put-Option nicht existiert, sondern repliziert werden muss? Dazu muss lediglich
der Put-Optionswert $P(X)$ durch Gleichung (9.21) ersetzt werden:

$$(9.24) \qquad W = n \cdot [S + P(X)] = n \cdot [S + B + \Delta_P \cdot S]$$

was zu:

$$(9.25) \qquad W = n \cdot (1 + \Delta_P) \cdot S + n \cdot B$$

umgeformt werden kann. Das Vermögen wird auf Aktien und Festgeld
aufgeteilt: $n \cdot (1 + \Delta_P) \cdot S$ in Aktien und den Rest, $n \cdot B$, als Festgeld. Die
notwendigen Schritte zur Konstruktion eines replizierenden Portfolios können
wie folgt zusammengefasst werden:

1. Man bestimmt die zur Absicherung erforderliche Put-Option, namentlich
   deren Ausübungspreis X.

2. Man bewertet diese Put-Option $P(X)$.

3. Man bestimmt die „Exposure" n, d.h. jenen relativen Teil des ursprünglich
   vorhandenen Vermögens, der in Aktien investiert werden kann (vgl.
   Abschnitt 9.6).

4. Man berechnet das Optionsdelta der Put-Option Δ_P.

5. Die Aufteilung des Vermögens auf Aktien und Festgeld ergibt sich dann
   direkt aus Gleichung (9.25).

Dies soll an einem Beispiel erläutert werden: Es wird ein Portfolio abgesichert,
das nach zehn Jahren eine jährliche Mindestrendite von 4%, also einen
Mindestwert von rund 140% des heutigen Vermögenswerts, aufweisen soll. Die
für die Errichtung des replizierenden Portfolios erforderlichen Annahmen und
Berechnungen sind in Tabelle 9.7 dargestellt.

Die erforderliche (zehnjährige) Put-Option, welche es zu replizieren gilt, weist
einen Ausübungspreis von 166,09% auf. Der Put-Optionspreis beträgt 12,21%
des heutigen Vermögens. Das Optionsdelta beträgt 0,2324: Das bedeutet, der
Kauf einer einzigen Put-Option entspricht dem Leerverkauf von 0,2324 Aktien
(pro Option), beziehungsweise, der Kauf von 100 Put-Optionen entspricht dem

Leerverkauf von rund 23 Aktien. Tatsächlich müssen aber keine Aktien leerverkauft werden, da die Strategie ja gerade dazu dient, ein bestehendes Aktienportfolio abzusichern. Somit zeigt das Delta lediglich, in welchem Umfang der Aktiengehalt des abzusichernden Portfolios reduziert werden muss: Im vorliegenden Fall von 100% auf 76,76%. Der Festgeldanteil der Put-Option entspricht dann einfach der Summe vom (theoretischen) Optionspreis (hier 12,21) und dem Erlös aus dem Leerverkauf (23,24), also 35,45. Dies bedeutet, dass das synthetisch abgesicherte Portfolio einen Aktien-Festgeld-Mix von 77:35 beziehungsweise (auf 100 normiert) 68:32 aufweist.

Put-Option:	Aktienkurs =	100%
	Ausübungspreis =	166,095809 %
	Laufzeit =	10 Jahre
Annahmen:	Zinssatz =	8% (einfach)
	Volatilität =	20%
Optionspreis:	Optionspreis =	12,21
Optionsdelta:	Options-Delta =	-0,2324
Synthetische Put-Option:	(a) Aktienleerverkauf =	23,24
	(b) Festgeldposition = 12,21+23,24 =	35,45
Abgesicherte Aktienposition:	Aktie plus synthetische Put-Option	
	= Aktie plus (Aktienleerverkauf + Festgeld)	
	= (Aktie + Aktienleerverkauf) plus Festgeld	
	(a) Aktienposition = 100-23,24 =	76,76
	(b) Festgeld =	35,45
	Summe	112,21
Normierung auf ein Vermögen von 100	(a) Aktienposition = 76,76/112,21 =	68,40
	(b) Festgeld = 35,45/112,21 =	31,60
	Summe	100,00
Faustregel:	Aktienanteil in % = Exposure·(1+Put-Delta)	
	= 89,1%·(1 - 0,2324) =	68,40%
	(die Exposure ist in Tab. 9.6 ausgewiesen)	

Quelle: Eigene Berechnungen

Tabelle 9.7: Zahlenbeispiel zur Portfolioabsicherung mit synthetischer Put-Option und Bestimmung des delta-äquivalenten Aktienanteils

Die bisherigen Überlegungen haben sich stets nur mit der Errichtung des replizierenden Portfolios befasst. Wichtig ist aber, dass der beabsichtigte Mindestwert nur erreicht werden kann, wenn die Relation (9.25) bis zum Schluss des Absicherungszeithorizonts ständig aufrechterhalten wird. Da sich das Delta einer Option (*a*) mit kürzer werdender Restlaufzeit und (*b*) mit den Aktienkursschwankungen ständig verändert, muss die Zusammensetzung des replizierenden Portfolios laufend neu bestimmt und angepasst werden:

(9.26) $W(S,\tau) = n \cdot \left[1 + \Delta_P(S,\tau)S\right] + n \cdot B(S,\tau)$

Wenn im soeben betrachteten Beispiel der Aktienkurs ansteigt, wird das Put-Optionsdelta von -0,2324 auf beispielsweise -0,21 steigen (das negative Vorzeichen deutet auf den Leerverkauf hin). Aus der oben angestellten Rechnung würde man daraus einen neuen Aktienanteil von rund 70,40% (statt 68,4%) ableiten. Der Kursgewinn hat das Vermögen erhöht, damit die Gefahr des Unterschreitens des Floors verringert wird – was bei gleichbleibendem Ausfallrisiko einen höheren Aktienanteil rechtfertigt. Aufgrund von Optionsmodellen – selbst wenn es die erforderlichen Optionen gar nicht gibt – lässt sich bestimmen, wie die im vorigen Abschnitt beschriebene dynamische Anpassung des Aktienanteils hinsichtlich einer sich verändernden Schwankungsreserve (Surplus) vorzunehmen ist.

Auf diese Weise kann jede der in den Tabellen 9.5 und 9.6 unterstellten Optionsstrategien durch einen ausfallrisikomässig völlig äquivalenten Aktien-/Depositen-Mix ersetzt werden. Die entsprechenden Werte sind in Tabelle 9.8 dargestellt. Es wird deutlich: Der mit einer Optionsabsicherungsstrategie vergleichbare Aktienanteil nimmt mit steigendem Zeithorizont auf jedem Absicherungsniveau (das heisst für jede Minimalrendite) zu. Man beachte aber deutlich, dass es sich nicht um die Aktienanteile handelt, welche durch eine passive Buy-and-hold-Strategie die angestrebte Minimalrendite sicherstellen; es sind die Aktienanteile, welche nur bei einer dynamischen (zyklischen) Anpassung zum angestrebten Ergebnis führen.

Threshold Return (%)	1 Jahr	5 Jahre	10 Jahre	25 Jahre	50 Jahre
0	50,20	79,70	91,00	98,90	99,96
1	45,80	75,00	87,40	97,70	99,80
2	41,10	69,40	82,60	95,70	99,40
3	36,10	62,70	76,40	92,10	98,40
4	30,60	54,90	68,40	86,40	95,90
5	24,50	45,40	58,10	77,10	90,20
6	17,80	34,10	44,70	62,60	78,10
7	10,10	20,00	26,90	39,80	53,50
7,5	5,60	11,30	15,40	23,50	32,80
Annahmen: Marktvolatilität = 20%, Zinssatz = 8%					

Quelle: Zimmermann (1992)

Tabelle 9.8: Aktienanteile einer dynamischen (zyklischen) Absicherungsstrategie bei unterschiedlicher (sicherer) Mindestverzinsung und unterschiedlichem Zeithorizont in Prozent

Diese Aktienanteile können herangezogen werden, um die Risikoposition einer Vermögensanlage hinsichtlich einer mit hundertprozentiger Sicherheit zu erbringenden Rendite von $x\%$ zu beurteilen[17]. Beschränkt man die

---

[17]*Selbstverständlich können auch die äquivalenten (synthetischen) Aktienanteile einer Position, die nur einer teilweisen Absicherung mit Optionen entspricht, d.h. die nicht eine*

Anlagekategorien wie im vorliegenden Beispiel auf eine risikobehaftete Position (Aktien) und auf eine risikolose Position (Depositen), so implizieren die vorliegenden Zahlen beispielsweise bei einer jährlich auszuweisenden sicheren Mindestrendite von 4% bezeichnenderweise einen Aktienanteil von 30,6%.

Der vorliegende Abschnitt muss durch einige warnende Worte abgeschlossen werden: Tatsächlich liefert die vorher betriebene dynamische (zyklische) Absicherungsstrategie nur unter idealen Voraussetzungen dieselben Resultate, wie wenn Optionen verwendet werden können. Unerwartete Veränderungen der Marktvolatilität, der Zinssätze, markante Kurseinbrüche, aber auch hohe Transaktionskosten können den Erfolg dieser Strategien teilweise beeinträchtigen. Auch wenn solche Strategien in der Praxis gelegentlich nicht die beabsichtigte respektive erhoffte Absicherung bringen, muss immerhin festgehalten werden, dass sie immer noch einen höheren Schutz vor Vermögensverlusten sicherstellen, als wenn jegliche Absicherung unterbleiben würde. Fraglich ist hingegen, ob diese Strategien sogar für die höheren Volatilitäten und Kurseinbrüche an den Kassamärkten verantwortlich sind oder ob sie unvermeidliche fundamentale Kurskorrekturen allenfalls nur beschleunigen[18]. Entscheidend scheint zu sein, dass Verbreitung und Ausmass dieser Strategien für die Marktteilnehmer abschätzbar sind – was durch geeignete Börsenstrukturen (Market Makers) oder Auftragssysteme (öffentliche Limit-Order Books) begünstigt werden kann.

Trotz diesen Einschränkungen haben die Ausführungen dieses Abschnitts gezeigt, dass Optionspreismodelle nicht nur verwendet werden können um den theoretischen Preis tatsächlich gehandelter Optionskontrakte zu bestimmen, sondern dass sie als Grundlage für die Replikation beliebiger Optionskontrakte dienen. Daraus lassen sich wichtige Folgerungen über das Management der Ausfallrisiken von Kassapositionen, namentlich in Verbindung mit Zeithorizonteffekten, gewinnen.

9.8 Anwendung: Anlagehorizont versus Planungshorizont bei Vermögensanlagen und Konsequenzen für die Performance

Eine letzte Fragestellung kann aufgrund des in den vorangehenden Abschnitten diskutierten Optionsmodells untersucht werden. Das heutige BVG erfordert

---

vollständige Absicherung des Risikos bezüglich des Floors sicherstellt, bestimmt werden. Darauf wird jedoch verzichtet.

[18]*Vgl. Rubinstein (1988), Grossmann (1988) oder Zimmermann (1989) für eine Diskussion dieser Fragen sowie Zimmermann/Bill/Dubacher (1989), Kapitel 4.*

einen jährlichen Leistungsnachweis der Pensionskassen; dieser aufsichtsrechtlich vorgegebene Zeithorizont wird anschliessend als Planungshorizont bezeichnet. Er stellt die relevante Zeitdauer dar, innerhalb der die Kassen ihre Vermögensanlage hinsichtlich des auszuweisenden Ertrags optimieren. Dem gegenüber steht der Anlagehorizont, der durch die Erfüllung der Leistungsverpflichtungen bestimmt wird. Typischerweise werden die beiden Zeithorizonte massiv auseinanderklaffen, da der Anlagehorizont 10, 20 oder noch mehr Jahre umfassen kann. Natürlich sind die Leistungsverpflichtungen an mehreren, zeitlich und umfangmässig möglicherweise noch gar nicht bestimmten Zeitpunkten zu fällen. Am einfachsten stelle man sich unter dem Anlagehorizont den mittleren Verfall (Duration) der erwarteten Leistungen vor. Werden Teile des Anlagevermögens durch professionelle Asset Managers verwaltet, so wird der Planungshorizont typischerweise noch kürzer ausfallen: Der Nachweis einer möglichst guten Performance gegenüber konkurrierenden Asset Managern muss kurzfristig, nach einem Quartal oder gar einem Monat, erbracht werden, da auf dieser Grundlage die spätere Reallokation des Vermögens erfolgt.

Anlagehorizont gemäss Leistungsverpflichtungen							
Planungshorizont des Asset Managers	1 Monat	1 Quartal	1 Halbjahr	1 Jahr	5 Jahre	10 Jahre	25 Jahre
1 Woche	0,19%	0,44%	0,66%	0,94%	1,94%	2,54%	3,44%
1 Monat		0,25%	0,47%	0,76%	1,75%	2,35%	3,26%
1 Quartal			0,22%	0,50%	1,50%	2,10%	3,01%
1 Halbjahr				0,29%	1,28%	1,88%	2,79%
1 Jahr					1,00%	1,60%	2,50%
5 Jahre						0,60%	1,51%
10 Jahre							0,91%

Berechnungsgrundlagen:
E (Aktien) = 7,81%, risikoloser Zinssatz = 3,16%, sichere Mindestrendite = 5%.
Aktienanteile bei unterschiedlichem Anlagehorizont:

1 Woche	4,71%
1 Monat	8,63%
1 Quartal	13,93%
1 Halbjahr	18,50%
1 bis 25 Jahre	vgl. Tab. 9.8

Quelle: Eigene Berechnungen

Tabelle 9.9: Anlage- gegenüber Planungshorizont: Erwarteter Renditeverzicht bei allzu kurzfristig orientierter Anlagestrategie

Das Auseinanderklaffen von Anlage- und Planungshorizont sowie das Erfordernis, innerhalb des Planungshorizonts eine bestimmte Rendite mit möglichst hoher Sicherheit auszuweisen, zwingt die Pensionskasse gewissermassen zu einer „zu sicheren" Anlagestrategie: Die vorangehenden Abschnitte haben gezeigt, dass dasselbe Ausfallrisiko langfristig einen höheren

Risikoanteil zulässt[19]. Wie lassen sich die damit verbundenen Opportunitätsverluste quantifizieren? Der vorzeitige Nachweis einer sicheren Performance zwingt die Pensionskasse gewissermassen zum Erwerb allzu kurzfristiger Absicherungsinstrumente (Laufzeit = Planungshorizont) anstelle einer einzigen Option, deren Laufzeit genau mit dem Anlagehorizont übereinstimmt. Der kurzfristige Performance-Nachweis zwingt den Kassen praktisch eine „Überversicherung" auf. Was sind die Kosten dieser Überversicherung? Der Vergleich der kurz- und langfristigen Aktienanteile der dynamischen Absicherungsstrategie, wie sie in Tabelle 9.9 dargestellt sind, vermag eine Grössenordnung abzugeben.

Das Erreichen einer sicheren Jahresrendite von 5% lässt beispielsweise bei einem einjährigen Horizont einen Risikoanteil von 24,5% zu, bei einem Zehnjahreshorizont hingegen einen von 58,1%. Damit wird eine Risiko-Exposure von 33,6% unnötigerweise verdrängt.

Die Differenz (33,6%) multipliziert mit der Aktien-Risikoprämie (4,76%[20]) ergibt einen Opportunitätsverlust von jährlich 1,60%. Für andere Anlage- und Planungshorizonte sind die entsprechenden Werte in Tabelle 9.9 dargestellt. Man beachte, dass selbst kleine Jahreswerte zinseszinslich zu erheblichen Ertragsausfällen bei gleichem Ausfallrisiko führen!

---

[19]*Vgl. auch Ammann (1990) und Wydler (1991) zu den anlagepolitischen Auswirkungen des kurzfristigen Anlagehorizonts bei langfristigen Leistungsverpflichtungen.*

[20]*Die stetigen Aktien- und Depositenrenditen für die Zeitperiode 1950-90 betragen 7,81% und 3,16%; die sich daraus ergebende einfach verzinsliche Risikoprämie beträgt $exp(0,0465)-1 = 4,76\%$.*

9.9 Zusammenfassung

Das vorliegende Kapitel befasst sich mit dem Zusammenhang zwischen der Struktur des Anlagevermögens und dem Anlagezeithorizont und seinen Auswirkungen auf die Performance-Messung. Wichtige Masszahlen in der Performance-Messung sind die Volatilität der Anlagerenditen und die durchschnittliche Rendite. Im ersten Abschnitt wird gezeigt, dass die Volatilität mit der Quadratwurzel des Zeithorizontes wächst, hingegen sich die durchschnittliche Rendite proportional zum Zeithorizont entwickelt. Der zweite Abschnitt zeigt auf, welche Konsequenzen diese Zusammenhänge auf die Zusammensetzung von Portfolios haben. Nachfolgend werden im dritten Abschnitt die Risiken von Aktien im Vergleich zu Bonds unter der Annahme verschiedener Zeithorizonte aus dem Blickwinkel des Shortfall Risk Ansatzes untersucht. Der Frage der optimalen Zusammensetzung von Anlageportfolios wird im vierten Abschnitt erneut nachgegangen. Hier ist diese Fragestellung, im Gegensatz zum zweiten Abschnitt, allerdings durch das Konzept des Shortfall Risk motiviert. Der fünfte Abschnitt beschäftigt sich mit der Frage der Performance-Messung bei unterschiedlichen Anlagezeithorizonten. Neben der Volatilität von Anlagerenditen und dem Shortfall Risk kann das Risiko von Anlagen auch gemessen werden, indem man den Preis der Absicherung gegen besonders niedrige Renditen bestimmt. Absicherungen werden auf Finanzmärkten durch Put-Optionen durchgeführt. Deshalb untersucht der sechste Abschnitt den Preis von Put-Optionen mit unterschiedlichen Laufzeiten, d.h. die Absicherungskosten für unterschiedliche Zeithorizonte. Das Ergebnis dieses Abschnittes ist, dass die Absicherungskosten mit steigendem Zeithorizont sinken. Manche Vermögen von Investoren unterliegen einem besonders langfristigen Zeithorizont, z.B. das Vermögen von Pensionskassen. Da Optionen mit sehr langfristigen Absicherungshorizonten nicht handelbar sind, untersucht der siebte Abschnitt die Frage der Replikation langfristiger Optionskontrakte. Obwohl die Absicherungshorizonte von vielen institutionellen Investoren längerfristig sind, schreiben die Gesetzgeber einen Planungshorizont von einem Jahr vor, indem sie einen Ausweis der Vermögenspositionen von zumeist einmal im Jahr verlangen. Daraus ergeben sich zum Teil drastisch zu hohe Absicherungskosten. Die Konsequenzen der Diskrepanz von Absicherungs- und Planungshorizont werden im letzten Abschnitt beleuchtet.

9.10 Literatur

AMMANN, D. (1990): Anlagestrategien für Pensionskassen. Paul Haupt, Schriftenreihe des Instituts für Betriebswirtschaft, WWZ, der Universität Basel, Band 21

BLACK F. and JONES R. (1988): Simplifying Portfolio Insurance for Corporate Pension Plans. Journal of Portfolio Management, Summer, S. 33-57

BENNINGA, S. (1990): Comparing Portfolio Insurance Strategies. Finanzmarkt und Portfolio Management 4, Nr. 1, S. 20-30

BODIE Z. (1991): Shortfall Risk and Pension Fund Asset Management. Financial Analysts Journal, May/June, S. 57-61

CAVALERI, 0. und PLANTA, R. von (1991): GROI /CLOU /IGLU: Strukturierte Produkte oder Zauberei? Finanzmarkt und Portfolio Management 6, Nr.1, S. 118-126

COX, J.C. and RUBINSTEIN, M. (1985): Options Markets. Prentice Hall, Englewood Cliffs

FAMA E. and FRENCH K. (1988): Permanent and Transitory Components of Stock Prices. Journal of Political Economy, 96, S. 264-273.

GROSSMANN, S. (1988): Insurance Seen and Unseen. The Impacts on Markets. Journal of Portfolio Management, Summer, S. 5-8

KRITZMAN, M. (1990): Portfolio Insurance and Related Dynamic Trading Strategies. St. Figlewski /W. Silber /M. Subrahmanyam, Financial Options, Irwin, Kapitel 11

PEROLD, A. and SHARPE, W. (1988): Dynamic Strategies for Asset Allocation. Financial Analysts Journal, July/August, S. 42-52

PORTEBA J. and SUMMERS L. (1987): Mean Reversion in Stock Prices: Evidence and Implications. NBER Working Paper, Nr. 2343

RUBINSTEIN, M. and LELAND, H. (1981): Replicating Options with Positions in Stocks and Cash. Financial Analysts Journal, July/August, S. 63-72

RUBINSTEIN, M. (1988): Portfolio Insurance and the Market Crash. Financial Analysts Journal, January/February, S. 38-47

SAMUELSON, P. (1963): Risk and Uncertainty: A Fallacy of Large Numbers, Scienta, 6th series, 57th. year, April/May, S. 1-6

SAMUELSON, P. (1989): The Judgement of Economic Science on Rational Portfolio Management: Indexing, Timing, and Long Horizon Effects. Journal of Portfolio Management, Fall, S. 4-12

TRIPPI, R. and HARIFF, R. (1991): Dynamic Asset Allocation Rules: Survey and Synthesis. Journal of Portfolio Management, Summer, S. 19-26

WOLTER, H.-J. (1993): Shortfall-Risiko und Zeithorizonteffekte. Finanzmarkt und Portfolio Management 7, Nr. 3, S. 330-338

WYDLER, D. (1991): Kurzfristiger Anlagehorizont für langfristige Pensions- kassengelder. Neue Zürcher Zeitung, Nr. 109, 14. Mai

ZENGER, CH. (1992): Zeithorizont, Risiko und Performance: eine Übersicht. Finanzmarkt und Portfolio Management 5, S. 165-181

ZIMMERMANN, H. (1988): Preisbildung und Risikoanalyse von Aktien- optionen. Rüegger

ZIMMERMANN, H. (1989): Informationen, Volatilität und Finanzmärkte. Zur volkswirtschaftlichen Bedeutung von Aktienindexmärkten. Wirtschaft und Recht 41, Heft 3, S. 152-174

ZIMMERMANN, H. /BILL, M. /DUBACHER, R. (1989): Finanzmarkt Schweiz: Strukturen im Wandel. Wirtschaft und Gesellschaft 4, Zürcher Kantonalbank

ZIMMERMANN, H. (1991): Zeithorizont, Risiko und Performance: Eine Übersicht. Finanzmarkt und Portfolio Management 5, S. 164-181

ZIMMERMANN, H. (1992): The Riskiness of Stocks over the Short Term and the Long Term as Measured by Option Prices. Manuskript Hochschule St. Gallen

ZIMMERMANN, H. (1993): Pensionskassen: Massive Ertragsausfälle durch unzweckmässige Performance-Kontrolle. Schweizer Bank, September, S. 48-50

Index

- A -

Absicherung, dynamische 218
Absicherungsgrad 177; 181; 182; 183; 187
Absicherungskosten 177; 178; 182
Absicherungskosten 216; 217; 220; 226
Absicherungskosten 9
Absicherungsniveau 222
Absicherungsprämie 187
Absicherungsstrategie 176; 182; 184; 185
Absicherungsstrategie 218; 222
Absicherungszeithorizont 216
Aktienindexklassen 120
Algorithmus 114
Anlage, risikolose 46; 47; 53; 168; 207; 216
Anlageerfolg 49; 52
Anlageerfolg 7; 13; 94; 63; 76; 82
Anlagerisiko 11; 35; 48; 74; 187; 197
Anlagestruktur 197
Anlagezeithorizont 210; 226
Anlageziel 12; 16; 135; 182; 187
Anreiz 13; 15; 132; 137; 142; 144; 145; 146
Anreizstruktur 133; 146
Appraisal Ratio 75-77
Arbitrage Pricing Theorie 2; 61; 111
Asset 2; 44; 48; 52; 55; 57ff; 90ff; 109ff; 131ff; 155; 168; 194; 218; 224; 227; 228
Asset Allocation 1; 64; 66; 67; 86; 90ff; 110; 129; 133; 194; 218; 228
Asset Allocation, taktische 66; 103

Attribution 9; 12; 13; 17; 24; 89; 90; 93; 95; 98; 103; 104; 107
Ausfallerwartung 181; 183; 188; 193
Ausfallvolatilität 173ff
Ausschüttung 24; 30; 64; 116; 146; 177
Austauschbedingung 136
Austauschoption 134; 136; 142

- B -

Benchmark 4; 7; 8; 9; 10; 12; 16; 25; 49; 50; 52; 53; 57ff; 89; 90; 91; 94; 100; 103; 110; 111; 112; 115; 120; 124; 125; 126; 133ff; 206; 211
Benchmark, deterministischer 135
Benchmarkindex 90; 93
Benchmarkrendite 91; 92; 134; 211
Bestimmtheitsmass 109; 112; 115; 127
Beta 35; 49; 50; 51; 52; 53; 54; 59; 104; 111
Black & Treynor-Ratio 75-77

- C -

Capital Asset Pricing Model 2; 3; 48; 52; 53; 58ff; 103; 110; 111

- D -

Deckungsgrad 166; 168; 169; 170
Deckungskapital 11; 215
Deckungsüberschuss 12; 218
Derivative 194
Diversifikation 5; 9; 11; 16; 44; 45; 46; 47; 58; 68; 70; 73; 76; 98; 100; 173; 174; 189; 190; 191; 192
Diversifikationseffekt 46; 65; 154

Dividend Yield 44
Dividende 38; 124
Downside Potential 155; 164
Downside Risk 129; 171
DTB 177
Duration 11; 49; 224
Durchschnittsrendite 23ff; 71; 73; 74; 75; 116; 154; 155; 157; 158; 159; 174; 190; 198; 204; 209
Durchschnittsrendite, geometrische 27; 28

- E -

Efficient Frontier 61; 154ff
Efficient Shortfall Frontier 151ff
Effizienz des Marktes 16; 203
Effizienz von Portfolios 154
Effizienzlinie 173; 189; 190; 192
Effizienzlinie, modifizierte 173; 189; 190; 192
Entlöhnung fix 141
Entschädigung 48; 132; 133; 135; 148; 186
Erfolgskomponente 15; 133; 134; 135; 137; 138
Ertragsziel 44; 211
Erwartungswert 70; 139; 144; 158; 198; 199; 201; 203; 205; 210
Excess Return 43; 48; 58; 59; 69; 73; 74; 77; 78; 83; 89; 103; 134ff; 212; 214
Exercise Price 62; 80; 83; 175ff; 215; 219; 220; 221
Exposure 66; 67; 103; 104; 106; 126; 177; 180; 182; 183; 184; 203; 216; 217; 220; 221; 225

- F -

Faktormodell 49; 104; 109ff
Fee, flat 138; 139; 140; 141; 151

Floor 179; 180; 181; 183; 184; 187; 188; 191; 219
Fond 113; 123; 124
Fremdwährungsquoten 101
Führungsinstrument, finanzielles 1; 25

- G -

Geldrendite 29; 30
Gesamtperformance 66

- H -

Hedge 16; 41; 42
Hedge für Inflation 43
Henriksson und Merton Modell 62; 80
high Beta stock 67

- I -

Inflation 23; 39; 41; 42; 55
Instrumente, derivative 11
Investment Style 17; 109ff

- J -

Jahreszins, effektiver 31
Jensen 1; 2; 59ff; 104; 211
Jensen's Alpha 68-72

- K -

Kapitalertrag 9; 24
Kommission 132; 133
Konfidenzintervall 38
Konvexität 78
Korrelation 9; 42; 51; 65; 112; 136ff; 153; 154; 207
Kovarianz 42; 45; 50; 127; 167

- L -

Leistungspartizipation   131;   136; 138; 139; 151
Liability 15; 166; 167; 168; 194
Logarithmus 32
Low Beta Stock 67
Lower Partial Moment   173; 188; 190; 193; 194

- M -

Management Style   20;   86; 109; 113; 115; 116
Management, aktives   16; 61; 96; 110; 111; 124; 126
Marktportfolio 47; 48; 60; 61; 65; 68; 78; 110; 111
Marktwert 24; 25; 9; 10; 110
Mean Downside Risk Portfolio 190; 191
Mean Reversion 203; 204; 227
MILO 117; 118; 119; 122; 125
Mindestrendite   151ff; 216;   220; 223; 224
Mindestverzinsung 184; 216; 217; 222
Mindestwert   177; 178; 219; 220; 221
Minimum Volatilitäts Portfolio 189; 190; 191
Mittelwert 36; 37; 39; 41; 43; 51; 94; 116; 119; 174; 181; 183; 188; 198; 199; 209
Moral Hazard 145

- N -

Nebenbedingung 114
Nettobeitrag 92
Nichtnegativität 113; 127
Normalgewichte 8; 90; 92; 93; 94; 95; 100; 102

Normalrenditen   13; 92; 94; 95; 99; 100; 101
Normalverteilung   36;   37; 38; 39; 156; 198; 205

- O -

Optimierungsmodell 120
Option   3; 62; 77; 80; 81; 83; 134; 135; 136; 142; 149; 175ff; 215ff
Option Pricing Theory 3; 62; 77
Optionsdelta 219; 220; 221; 222
Optionskosten 184; 192; 215; 216
Optionsprämie 177; 181; 184; 215
Ordinatenabschnitt 159; 162; 164

- P -

Partizipation   119;   120;   121; 134; 139; 140; 141; 151; 216; 217
Partizipationsschein 119
Pensionskasse 4; 11; 25; 30; 44; 55; 75; 152; 166; 168; 169; 186; 187; 218; 224; 89; 93; 94; 97; 100; 101; 106
Pensionskassenmanagement   151; 166
Performance-Komponente   10; 77; 93ff; 111; 146
Planungshorizont   197; 223;   224; 226
Portfolio Insurance   11; 62; 171; 176; 194; 195; 227; 228
Portfoliomanagement, aktives   57; 65
Portfoliorendite, standardisierte 157
Portfoliotheorie   17;   43-45;   151; 152; 161; 164; 170; 189; 197; 203
Positive Period Weighting Measure 62

- R -

Random Walk 198; 199; 200; 201; 203; 204
Random Walk, binomialer 200
Referenzindex 71; 75; 82
Regressionsgleichung 2; 61; 69; 79; 80
Regressionskoeffizient 69; 78
Rendite einer Anlage 9; 24; 25; 28; 42; 91; 83; 111; 112; 113; 134; 209; 211
Rendite eines Portfolios 45; 46; 59; 68; 73; 77; 80; 91ff; 114; 127; 134; 140-142; 153-157; 168;190; 199
Rendite, nominelle 44
Rendite, reale 41; 44
Rendite, stetige 32-39; 40; 49; 54; 95-101; 155; 190; 198; 209
Renditedifferenz 40; 44; 80; 207
Renditeverteilung 36; 174; 178; 181; 205
Renditeziel 205
Replikation 80; 144; 175; 220
Replikation, dynamische 197; 217; 218
Residualterm 95
Residuen 72; 104; 112; 115; 127
Reward-to-Variability Ratio 67-77
Reward-to-Volatility Ratio 67-77
Risiko 58ff; 173ff; 197ff
Risiko, finanzielles 9
Risiko, systematisches 49; 50; 52; 73
risikoäquivalent 11
Risikobegrenzung 173; 176
Risikoeinstellung 155
Risikoprämie 40; 48; 52; 73; 103; 169; 225
Risikoprämie, erwartete 52
Risikostruktur 103; 142
Risk Controlling 7

- S -

Schweizeraktien 64; 71; 72; 75; 76; 81; 116; 120; 122; 124; 125
Security Market Line 60; 61; 68; 69; 73; 78; 83; 84
Selektivität 12; 60; 76-81; 87; 89ff; 123; 134; 146
Selektivitätseffekt 103
Sharpe Ratio 67-77
Shortfall Constraint 129; 159; 160; 161; 162; 165; 167; 171
Shortfall Risk 151ff; 193; 194; 205; 226; 227
SILO 117; 118; 119; 122; 125
SOFFEX 177
Standardabweichung 23; 35; 36; 37; 38; 42; 71; 74; 104; 116; 123; 137; 152; 157; 158; 202; 204
Standardisierung 157; 158
Standardnormalverteilung 208; 219
Stichprobenfehler 211
Stichprobenfehler 71; 72
Stock Picking 134
Strategie 3; 6; 11-16; 61-83; 89ff; 112; 123; 124; 132-146; 147; 148; 173ff; 212-222
Strategie, marktübliche 105
Strategie, spezifische 105
Strategierendite 91; 92; 93; 96; 97; 99
Strike Price 175
Style 17; 20; 86; 109ff
Surplus 12; 13; 166; 167; 168; 171; 215; 218; 222
Swiss Market Index 117; 118; 119; 121; 122; 125; 195
Swissbar 64; 71; 72; 75; 76; 81; 116; 120; 122; 124; 125
Swissvalor 64; 71; 72; 75; 76; 81; 116; 120; 122; 124; 125

- T -

Taktik 146
Tangentialportfolio 46; 47; 48; 52; 163
Target Return 157; 158; 162; 165; 168; 208
Threshold Return 174ff; 205; 216; 217; 222
Treynor Ratio 67-77
Timing 3; 7; 12; 17; 30; 91ff; 123; 133; 146; 228
Tragfähigkeit 169

- U -

Unterbewertung 53; 69
Unterschreitungswahrscheinlichkeit 156; 158; 159

- V -

Valsuisse 64; 70; 71; 72; 75; 76; 81; 116; 120; 121; 122; 124; 125
Varianz 2; 37-51; 58; 70; 72; 97; 98; 112-127; 154; 167; 197ff
Vermögensstruktur 211
Vermögensverwaltungsgebühr 131; 132; 133; 134; 151
Vermögensverwaltungsgebühr 14
Vermögensverwaltungsgebühr, leistungsabhängige 134
Versicherungsschutz 187
Volatilität 11; 23; 68-76; 119; 135-151; 152ff; 174ff; 199ff
Volatilität eines Portfolios 46; 137; 154
VSCI 115; 116; 120; 122; 124; 125

- W -

Wahrscheinlichkeitsverteilung 156; 157
Wahrscheinlichkeitsverteilung, symmetrische 156
Währungsanteil 99; 100; 102
Währungskomponente 89; 99; 100; 101; 106

- Z -

Zeithorizont 13; 17; 21; 137; 149; 171; 177; 197ff
Zeitrendite 30
Zinssatz, einfacher 32